SOUTH KOREA'S GRAND STRATEGY:
MAKING ITS OWN DESTINY

南韓大戰略

한국 대전략

中等強國，
自己的命運自己創造

RAMON PACHECO PARDO
拉蒙・帕切科・帕爾多——著

林添貴——譯

繁體中文版作者序
致台灣讀者

中等強國能有大戰略嗎？簡而言之，它們能夠從容地就外交及安全目標以及達成它們的工具進行長期規劃嗎？

乍看之下，這像是一個學術研究的問題，但它有清晰的戰略和政策層面。換句話說，這不僅僅是學者在象牙塔中研究的問題。是的，這是學者要回答的問題。但它也是決策人士掌控國家實力和政策選擇，以及最大化人民長期安全和福祉，所必須解答的問題。

長期以來，一般人都認為，只有大國才需要考慮大戰略。譬如十九世紀末、二十世紀初的殖民大國；冷戰時期的美國和蘇聯；二十一世紀的美國和中國。事實上，有關大戰略的研究文獻、書籍文章也都是以這一類型國家為主。畢竟，它們才是具有必需的資源與意願、試圖塑造有利於己的整體國際體系的國家。美國在第二次世界大戰之後所發展的自由主義國際秩序，以及迄今為止，歷任美國總統無不努力維持此一秩序，就是一個明證。冷戰時期蘇聯發展共產主義國際秩序，以及今天中國企圖發展可取代自由主義國際秩序的另一套體系，也是兩個鮮明的例證。

可是，有愈來愈多的學者和決策人士認為，中等強國也有大戰略。他們主張，中等強國決策者也能夠進行長期戰略規劃。當然，由於與大國的實力不同，中等強國的戰略受到限制，大國則不然。即使在這些限制所設定的範疇內，中等強國領導人也可以評估他們必須做出決定的國際環境，設定他們想要達成的目標，並執行他們要達成這些目標所必須的政策。其實大國也未必一直能夠從心所欲。歐洲殖民大國在二十世紀就眼睜睜看著他們的帝國崩解。蘇聯解體，它並未能建立持久的全球共產主義世界秩序。至於中國，是否可能發展出取代自由主義國際秩序的體系，猶在未定之天。這些發展都不代表這些大國沒有大戰略。這個推論也適用在中等強國身上。

本書的研究重點就在這上面。我認為，南韓的確有一套大戰略。自從南韓在一九八〇年代末期轉型為民主國家以來，就目標而言，南韓的大戰略一直持續不變。自從民主化以來，南韓出現過保守派政府，也出現過自由派政府，即使歷屆政府必然有過不同的施政重點，但它們的國家戰略目標卻能維持不變。就決策者著重的工具而言，南韓也能維持相當程度的持續不變。隨著自一九八〇年代以來，南韓國力日益強盛，工具的種類也日益增多。當然，歷屆政府會各自側重使用某些工具，但是它們都善用南韓能使用的一切工具。就這方面來說，南韓是中等強國一個很好的例證，不論國內政治如何變化，都能持續一貫地執行它的長期大戰略。

南韓的範例值得中等強國參考，有兩個主要理由。首先，南韓決策者只給自己訂下數量有節制的目標去全力以赴追求。包括自主地位、獲取保護以免遭受外來軍事威脅、兩韓修睦和解及統一、深化融入世界經濟，以及被承認為是具有影響力的中等強國。有些目標，例如取得保護以免遭受外來軍事威脅，是所有的中等強國，乃至世界所有國家都共有的目標。還有些目標，例如被承認為具有影響力，則是南韓特有，或是少數國家才具有的目標。重點是，南韓決策者專注在他們認為本身力所能及的目標，沒有一大堆「盼望或許能夠」達成的目標——不論這些目標是務實的或不切實際的。

此外，南韓決策者了解自己國家的實力，也了解他們能用來達成目標的工具——尤其重要的是，他們善用全部工具。工具包括軍事力量、網路工具、韓美同盟、外交官團隊、貿易投資與援助、公眾外交，以及軟實力。就這方面而言，南韓很幸運，它有大量的手段可運用來達成目標。並不是所有的中等強國都有這麼多工具可資運用。不過，重點不在工具多，而是南韓有意願全面運用它們。在這方面，南韓替其他中等強國立下一個模範，精心運用一切必須的手段以達成選定的目標。

南韓的例證可以給台灣什麼樣的啟示？我在回答這個問題之前必須先聲明，我不是台灣外交和安全政策的專家，也不是台灣國內政治事務的專家。但是我肯定具有對東亞地緣政治和地緣經濟的知識，以及深刻關注台灣基本問題及它在區域及全球事務扮演的角色。

首先，我相信台灣深切明瞭它的關鍵目標，如維持實質獨立國家的生存、透過深化融入世界經濟持續國家經濟成長。同樣密切關聯的是，我認為台灣也了解能夠協助它達成目標的關鍵工具，例如它與外交盟友——尤其是美國——以及志同道合國家的夥伴關係，強化與許多國家——包括對手中國——的貿易及投資關係，以及增強自主的軍事能力和十分幹練的外交官團隊——即使他們的活動空間受到相當的局限。

從這個角度看，二〇二四年的台灣，在全球政治上堪稱遠比過去數十年更具影響力。

台灣由高科技帶動的現代經濟所顯示的固有實力，以及它身為民主燈塔的角色，凸顯出美中競爭的方方面面，以及民主與專制之間的分歧，它們都有助於台灣的國際地位。在精明的決策者領導下，台灣可以追求大戰略，保障在未來數年，乃至數十年的獨立自主、安全和繁榮。終究來講，這應該是台灣大戰略的關鍵目標。

拉蒙・帕切科・帕爾多

目錄

목차

導論

背景說明

소개

大韓民國（南韓）自從過渡到民主政體和冷戰結束以來，就具有清晰的大戰略。從一九八八年至一九九二年之間，南韓的國內和國際環境出現劇烈變化。南韓成為民主政體，與蘇聯及當時崛起中的中國關係正常化，加入聯合國，又目睹蘇聯崩潰。隔不多久，在一九九三年至一九九四年又發生第一次北韓核子危機。這些發展發生在南韓獲致已開發國家地位的同時，它在一九九六年加入經濟合作暨發展組織就是一個里程碑。接下來，南韓在一九九七年碰上韓戰以來最大的經濟危機，慘遭亞洲金融危機的重擊。

這些事件有助於南韓的政治、軍事、外交、經濟和官僚菁英，對於南韓能夠決定本身命運、能夠有獨立自主行動的終極目標，鍛造出新共識。這個至高無上的目標支撐起南韓追求安全、繁榮和地位的長期道路。不論是自由派或保守派總統主持的歷任政府，都堅守這條道路。南韓為了決定自己的命運而需要達成其他目標，諸如：保護本身免受外來軍事威脅，與北韓和解與統一，深化融入世界經濟，以及被承認為一個具有影響力的中等強國等共同想法，凸顯和解釋了這一點。然後，南韓菁英就實現這些目標的優先順序達成共識：它必須增強軍事能力、維繫長期存在的韓美同盟關係、持續培養具備高技能的外交官團隊、促進貿易、投資和援助、推動公眾外交、軟實力以及近年來的網路工具。簡單來講，這些目標和手段就是南韓的大戰略。

甚且，這個大戰略所依據的共識是，南韓外交政策的實施可以區分為以南韓為中心的四個同心圓。這四個同心圓是：三角核心，包括北韓、美國和中國；東亞，包括東北亞和東南亞；大歐亞和印度洋，包括俄羅斯、中亞、南亞、大中東、歐洲、澳洲和印度洋本身；以及世界其餘地區和全球治理。把南韓大戰略區分為這四個同心圓，是基於南韓的地理位置、外交政策利益和目標、握有的資源，以及最重要的，南韓外交政策菁英的優先項目等的自然表現。

當然，南韓動盪的國內政治有時候也給人一種印象，以為包括對某些外交政策議題在內的事項，自由派和保守派一直都是對立的。南韓在與北韓打交道時，應該優先採取交往接觸還是應該著重施加壓力呢？南韓在本身的安全保護上應該依賴美國到什麼程度？處理對中國關係時，正確的作法是什麼？南韓的決策人物對這類外交政策問題的答案似乎莫衷一是，理論上，這將阻礙全國凝聚大戰略所需要的長期共識，然而，辯論、意見不一，乃至定期的變動，在南韓這樣完全、強大的民主國家，可說是再自然不過的事情。

然而，剔除掉南韓政治的表相和誇張的言行，共識就浮現了。結構因素說明了南韓大戰略能跨越歷屆政府的原因；它們並不會在新政府上任後神秘地消失。南韓決策人士想要達成的最終大目標，是經過審慎思考和討論所得出的結果；歷屆政府會訂定它們自身較低層次的目標，但不會去更動大戰略目標。南韓決策人士啟動來追求國家目標的工具，長年下來並沒有改變；新政府並沒有餘裕突然找出前朝政府看不到的新工具。

本書試圖藉由解答下列三個問題來分析南韓的大戰略：

一、什麼因素可以說明南韓的大戰略？

二、南韓大戰略的目標是什麼？

三、南韓大戰略的手段是什麼？

這三個問題建立在如下的共識之上，即大戰略的「範圍是長期的，它涉及國家最重要的優先事項，並包含治國方略的所有領域（軍事、外交和經濟）」。[1]這種共識源自於如下的理解：有一個由思想組成的「知識架構」（intellectual architecture）存在，特定的目標以及如何實現這些目標都源自於它。換句話說，國家並不是單純地針對事件做出反應，而是採取長遠的觀點。[2]因此，大戰略涉及國家以其外交政策追求最重要目標的具體倡議。最終，這些目標及它透過特定手段，旨在實現安全和繁榮的關鍵總體目標，就南韓這樣的中等強國來說，還包括國家的地位。

本書涵蓋的時間範圍是第六共和時期，即第六共和起始到南韓第十三屆總統任期的頭六個月，也就是從一九八八年到二〇二二年這段期間。這段期間涵蓋了四位保守派總統（盧泰愚、金泳三、李明博和朴槿惠），以及三位自由派總統（金大中、盧武鉉、文在寅）的全部任期——他們的在職期間始自南韓最近的民主轉型——以及第五位保守派總統（尹錫悅）上任後的頭六個月。本書透過檢視政治光譜兩側不同陣營——以及雖屬同一陣營，卻又不同派系——甚至不同世代的歷任總統的政策，證明南韓確實具有能夠抵擋自由派和保守派短期政治命運的大戰略。

了解南韓第六共和時期的大戰略很重要，有三個原因。首先，南韓是一個重要的外交政策參與者。它的優勢包括它是世界第十大經濟體、世界第六強大的軍事力量和第十二強大的軟實力。[3]南韓在二十國集團（G20）會議桌上占有一席之地，它也受邀參加七國集團

（G7）高峰會議，並擁有不斷擴大的官方發展援助（official development assistance, ODA）預算。它也是經濟發展、民主轉型和鞏固的成功典範。南韓、日本和印度都是亞洲主要的中等強國之一，因此，首爾的外交政策目標和行動舉足輕重。正如全球體系的發展部分受到亞洲及其他中等強國，如澳洲、法國、德國或英國等國家行為的影響一樣，南韓行為方式的影響力也愈來愈大。

此外，對南韓大戰略的研究，也使我們對這個國家本身的了解進一步提升。韓國研究涵蓋了從歷史到人類學，再到社會學的廣泛領域。當然，國際關係過去就是、現在還是韓國研究的一環。但是對南韓外交政策的研究，遠不如對南韓國內政治的研究普遍，特別是當關注的焦點超越少數議題和國家時，更是罕見。本書透過聚焦南韓的大戰略，更深入地探討我們對南韓外交政策的了解。簡單地說，就作者個人所知，在此之前，還沒有人以一整本書的篇幅就這個主題進行研究分析。

從學術角度來看，國際關係領域已經成熟到可以分析中等強國的大戰略。隨著從非西方角度研究國際關係的步伐加快，也包括研究非「西方」國家在內。譬如，《比較大戰略：框架與案例》（*Comparative Grand Strategy: A Framework and Cases*）等書籍正朝這個方向發展，它將中等強國和大國的大戰略一起進行研究分析。[4] 本書超越以一章或一篇文章的篇幅進行案例研究，並提出一個分析框架來研究中等強國的大戰略，這個框架也可以應用於其他案例。當國際關係學者尋求更妥善了解大國以外的行為體（actors）之地位和角色時，分析中等強國的大戰略，也使我們注意到許多不同類型的行為體都有影響力的事實。結構影響它們的行為，但它們面對結構時並非束手無策。

最終，本書旨在證明中等強國也可以擁有大戰略。南韓是典型的中等強國，自從盧泰愚時期起，南韓外交政策菁英就經常暗示，偶爾則明確地接受這個身分認同。南韓——以及中等強國——可能並不總是能夠成功達成它的最終目標，但即使是大國，想要成功地實現外交政策目標，有時也難免遭遇失敗。重要的是，中等強國是否具有一套長期目標和實現目標的工具。南韓也是如此。它們是幫助南韓追求最終夢想——打破幾個世紀以來南韓猶如「鯨魚群中的一隻小蝦」（shrimp among whales）的地位，讓南韓實現自主，能主宰自己命運——的目標和工具。

對南韓當代大戰略的研究

關於南韓大戰略的學術文獻很少，對多數中等強國也大多如此。(5) 在相當大程度上，這是因為大戰略學者迄今為止的研究主要在關注大國——尤其是美國，以及近來的中國——的結果。一個值得注意的例外是康燦雄（David Kang，有韓裔血統的美國政治科學學者）所寫的專書《二十一世紀的美國大戰略》（*American Grand Strategy in the Twenty-First Century*）當中的一章〈南韓：獨立的大戰略〉（South Korea: An Independent Grand Strategy）。康燦雄採用戰略文化研究方法，將韓國的歷史經驗與南韓最近的具體發展結合起來，解釋為什麼首爾對於與中國的關係採取非對抗的態度，而與日本仍然存在摩擦，並且未必與美國的大戰略保持一致。(6) 康燦雄在這一章中採用了以南韓為中心的方法，其他章節則側重亞洲其他國家，從而進行比較。

不過，有關南韓外交政策的文獻愈來愈多。當然，有關朝鮮半島安全困境——以及南韓處理與北韓關係的方式之文獻——仍然比有關南韓外交政策本身的文獻來得多。但是隨著南韓變得更加強大、在全球事務中更加活躍，有關南韓外交政策的學術研究也確實不斷成長。這些文獻可以作為有關南韓大戰略的學術辯論的代表，因為即使框架必然不同，它也關注南韓的目標、決定因素和工具。這些文獻提供我們有關南韓外交政策的什麼資訊？以下是近年來一些主要研究的總結。

許勛（Uk Heo）和泰倫斯・羅里格（Terence Roehrig）合著的《南韓的崛起：經濟發展、實力和外交關係》（*South Korea's Rise: Economic Development, Power, and Foreign Relations*）是一部雄心勃勃的著作，專注於國內因素如何影響南韓的外交政策。兩位作者認為，南韓的經濟發展是一九八〇年代民主轉型的前提。轉型民主的過渡一發生，南韓政府菁英就感到有必要更積極參與全球事務。這是能力增強和民族自豪心增強兩股力量興起的結果，它導致菁英變得更加積極、更有自信。然後，作者對一九八八年之前和一九八八年之後兩個時期進行比較，研究了適用此一比較的七個不同國家和地區：北韓、美國、俄羅斯和中國、日本、歐盟、印度和四個發展中國家。[7]許勛和羅里格令人信服地指出，南韓已經成為全球事務中更加核心的參與者。

傑佛瑞・羅伯森（Jeffrey Robertson）也開發一個原創性的分析框架，然後將它應用於南韓外交決策的案例研究上。在《外交風格與外交政策：南韓案例研究》（*Diplomatic Style and Foreign Policy: A Case Study of South Korea*）一書中，羅伯森讓我們注意到外交風格在一國外交政策中所扮演的角色。根據對南韓外交官和派駐首爾外國外交官的大量採訪，作者認為南韓的風格傾向於情感主義（emotionalism）。他也認為，地位、世代交替、世界主義以及擔心與國際社會疏離，界定了南韓的外交政策風格。(8) 羅伯森這本專著為我們對南韓作為國際參與者的理解增添了一個有趣的層面，因為它關注的是心理特質如何影響政策。

在《南韓變動中的外交政策：民主化與全球化的影響》（*South Korea's Changing Foreign Policy: The Impact of Democratization and Globalization*）這本書中，作者黃元載（Wonjae Hwang）分析了（國內）民主化和（國際）全球化這兩股力量如何影響一九八〇年代，尤其是一九九〇年代以來的南韓外交政策。黃元載展開實證研究，證明這兩股力量如何影響首爾在聯合國的投票、對日貿易或官方發展援助及貿易合作。(9) 同樣，派崔克・傅拉姆（Patrick Flamm）的《南韓的認同與全球外交政策：自主之夢》（*South Korean Identity and Global Foreign Policy: Dream of Autonomy*）也採用個案研究的方法。傅拉姆運用身分認同為基礎方法，分析南韓的自我認同如何影響它在國際維和與氣候外交領域的政策。(10) 黃元載和傅拉姆的著作分別顯示出影響南韓外交政策行為的不同力量。和對待其他任何國際參與者一樣，只著重一個因素，是無法理解首爾的外交政策的。

近年有關南韓外交政策的其他書籍專注在特定國家。在《南韓外交政策七十年的努力》（*South Korea's 70-Year Endeavour for Foreign Policy*）中，南成旭（Nam Sung-Wook）及其同事專注於南韓數十年來最高的外交政策目標：即與北韓統一的議題。這本書的七位撰稿人各自分析了兩韓關係的不同面向，涵蓋南北兩韓在歷史上的角色，到兩韓統一後可能面臨的種種挑戰。這本書著重採用實證方法來研究兩韓之間的關係。(11) 同樣，加布里埃爾．榮松（Gabriel Jonsson）的《聯合國中的南韓：全球治理、兩韓關係與和平建設》（*South Korea in the United Nations: Global Governance, Inter-Korean Relations and Peace Building*）也採取實證方法，以全球治理概念為指導進行分析。榮松專注於北韓和南韓，深入探討了兩韓加入聯合國之前的年代，以及自一九九一年同步加入聯合國以來的年代。這本書既展示具有聯合國會籍如何有助於外交政策利益，也展示兩韓在國際體系中立場不同的歧異。(12)

南韓與美國同盟關係近年也吸引一些學者的注意。在《處於十字路口的南韓：大國對立時代的自主與同盟》（*South Korea at the Crossroads: Autonomy and Alliance in an Era of*

Rival Powers）一書中，史考特・史奈德（Scott Snyder）仔細研究了韓美同盟關係。作者對韓美同盟的分析可以追溯到一九五三年成立時的源頭，但是他主要集中在一九八八年後的民主化時期。史奈德警告說，南韓對自主的追求——他認為在向民主轉型後更得到強化——在中美戰略競爭的背景下有其局限性。[13]同樣，許勛和羅里格在他們另一本著作《美韓同盟的演變》（*The Evolution of the United States–South Korea Alliance*）一書中深入研究南韓與美國關係。許勛和羅里格以「同盟理論」（Alliance Theory）為基礎進行分析，並且從源頭開始檢視韓美同盟，但是更廣泛關注後民主化時期。兩位作者採取整體方法，深入研究南韓國內政治、安全偏好、經濟成長和軍事層面。他們說明這些力量如何從根本上改變了同盟關係。[14]同時，羅里格在另一本著作《日本、南韓和美國的核保護傘》（*Japan, South Korea, and the United States Nuclear Umbrella*）專注韓美關係中一個十分重要、但尚未充分討論的議題，即華府核保護傘在首爾和東京的安全考量中所扮演的角色。羅里格使用長遠嚇阻方法，說明核子保護傘如何影響這兩個盟友，看待潛在的安全威脅和軍事能力時的政治考量。[15]總而言之，這三部著作，對南韓至關重要的外交政策關係，提供了十分全面且多面向的分析。有趣的是，這三本書一致認為，韓美同盟在南韓民主化之後有了改變，而

南韓的民主化幾乎與冷戰的結束，以及隨之而來的東西方競爭趨於緩和同時發生。

同時，葉敏（Min Ye）則是撰寫有關韓國與中國關係的作品。他的書《新時代的中韓關係：挑戰與機會》（*China–South Korea Relations in the New Era: Challenges and Opportunities*）以多層面博弈方法（multidimensional game approach）對首爾和北京之間的關係進行整體分析。葉敏專注一九九二年中韓關係正常化後的時期，並且展示兩國（尤其是中國）的崛起，以及各自的國內政治如何影響兩國關係。葉敏認為，由於這兩股力量的作用，兩國之間的戰略互動變得更加複雜。(16) 布萊德・葛洛瑟曼（Brad Glosserman）和史奈德曾經撰寫有關南韓和日本之間關係的文章。兩人合著的《日韓認同衝突：東亞安全與美國》（*The Japan–South Korea Identity Clash: East Asian Security and the United States*）一書，認為南韓和日本的國家認同，阻礙了兩國之間更深刻的合作，更有自信的南韓和經歷認同危機的日本導致了這種狀況。(17)

如果說這些不同的作者有一個共同一致的主題的話，那就是南韓的外交政策在一九八〇年代末期和一九九〇年代初期經歷了巨大的轉變，此時南韓也變成民主和已開發國家。正如本章歸納的文獻所顯示，在此後的幾十年裡，南韓的經濟、外交、軍事、軟實力，以及近年來的網路能力，都有長足的增進，這也使得南韓更有自信。這是大多數研究南韓外交政策的作者分析的主題。然而，他們都沒有使用一個大戰略框架來解釋，為什麼從一九八八年以來，首爾的外交政策一直保持連續性。

本書是第一本詳細分析南韓的大戰略，或者說使用大戰略框架分析南韓外交政策的專書。因此，本書有系統地描述和分析南韓的長期戰略，以及實現此一戰略的工具。透過這種方式，本書反駁了南韓是「鯨魚群中的一隻小蝦」、注定要針對大國突如其來的想法做出反應的論述。此外，本書也對南韓的全球大戰略進行分析。大多數文獻集中在討論南韓對北韓、美國、中國、東亞或其他某些狹義界定地區的外交政策，雖然專注在南韓政策制定者最感興趣的領域或特定領域、議題，有其道理，但是這種方法並不能提供首爾大戰略的全貌。本書採取對南韓大戰略整體關照的方法，來解決現有文獻中的這一遺漏。

方法論

本書以中等強國大戰略模型為基礎。這個框架建立在研究和分析大戰略現有的理論辯論和框架的基礎上。然後，將框架與針對中等強國的國際關係研究文獻相結合，這是因為中等強國的特徵、立場和行為，與迄今為止研究大國大戰略所專注的不相同。這個框架的開發和詳細介紹將在第一章中討論。

在資料收集方面，本書主要根據三種方法。第一，我查閱南韓政府兩千三百多份文件。其中包括總統的國家安全戰略、演講和訪談、外交部（Ministry of Foreign Affairs, MOFA）白皮書、國防部（Ministry of National Defense, MND）白皮書、產業通商資源部（Ministry of Trade, Industry and Energy, MOTIE）戰略、企劃財政部（Ministry of Economy and Finance, MOEF）戰略和統一部（Ministry of Unification, MOU）白皮書。[18]這些文件可以從南韓政府網站公開取得，有英文版和韓文版。它們涵蓋了一九八八年二月至二〇二二年十一月期間；也就是說，它們涵蓋了本書所分析的每一位總統任職期間。這項內容分析的目的，是要了解南韓在做出決策當時，對本身大戰略的看法。

第二，我對七十一位南韓總統府和外交部高層決策人士、大韓民國國軍高階軍官，以及總統府、外交部、國防部、統一部和國會的正式顧問，進行了半結構式的深度訪談，另外又和南韓外交官、軍事人員以及正式和非正式顧問進行一百多次背景談話。總合起來，受訪者涵蓋了在一九八八年至二〇二二年間，為歷任南韓總統工作或提供顧問意見的人士，某些人士也曾經在南韓過渡到民主之前於政府或軍隊服務。訪談主要在二〇〇八年和二〇一九年至二〇二二年之間進行，這些訪談的目的，是在掌握南韓外交決策菁英對國家大戰略的反思。

第三，我對來自第三國的決策人士進行了數十次半結構式的訪談，他們都有與南韓合作及與南韓決策人物互動的經驗。這些訪談主要是在二〇〇七年至二〇〇八年和二〇一九年至二〇二二年進行。這些訪談的目的，是要了解南韓外交政策行動接受方的觀點，無論是在這些接受方任職時，或是在反思他們與南韓的互動時。

我的案例研究所選擇的時期，是基於它是南韓歷史上的一個關鍵時刻。根據喬瓦尼．卡普西亞（Giovanni Capoccia）的說法，所謂關鍵時刻是指「發生在遙遠過去的事件和發展，通常又集中發生在相對較短的時期內，它們對日後的結果產生至關重要的影響。」(19)就南韓而言，一九八八年是國家邁入永久民主化的一年。民主化之後迅速出現下列重大事件：一九九〇年與蘇聯外交關係正常化、一九九一年加入聯合國和冷戰結束、一九九一年至一九九二年兩韓達成兩項重要協議，以及一九九二年與中國關係正常化。過了幾年，南韓於一九九六年加入經濟合作暨發展組織（Organization for Economic Cooperation and Development, OECD），從而鞏固了作為已開發國家的地位，而後又在一九九七年遭受亞洲金融危機（Asian Financial Crisis, AFC）的打擊。換句話說，民主化以及這一關鍵時刻後不久發生的各項事件，從根本上改變了南韓以及它的大戰略。(20) 自此以後，南韓再也沒有經歷過任何類似的緊要關鍵考驗。

本書的結構

本書分為七章。我在第一章中首先討論大戰略概念的意義，然後分析它的理論和缺陷。接下來我探討有關中等強國外交政策行為的學術文獻。藉由結合這兩種類型的文獻，我發展出中等強國大戰略的模型。這個模型將運用在所有實證章節。

在第二章中，我透過分析南韓從一九四八年建國到一九八七年獨裁統治的最後一年這段期間的外交政策來提供作為歷史背景。這個歷史背景重點專注南韓在這段年代的關鍵關係：主要就是與北韓、美國、日本和中國的關係。本章與南韓一九八八年後的大戰略形成鮮明對比，顯示出一九四八年至一九八七年期間，南韓外交政策的範圍要狹窄得多，自主權也有限。

在第三章中，我以第一章提出的模型和第二章所闡述的歷史背景為基礎，說明南韓一九八八年之後大戰略的關鍵要素。在本章中，我列出、說明並討論解釋南韓大戰略的關鍵因素；南韓實現其安全、繁榮和地位等核心利益的關鍵目標，以及南韓運作其大戰略的手段。接下來再討論自從一九八八年以來，南韓大戰略所區分的四個同心圓。

在第四章至第七章中，我對南韓在四個同心圓中的大戰略逐一進行實證分析：這四個同心圓分別是包括北韓、美國和中國的三角核心；東亞，即東北亞和東南亞；大歐亞和印度洋，包括俄羅斯、中亞、南亞、大中東、歐洲、澳洲和印度洋本身；以及世界其他地區和全球治理。每一章都深入探討一九八八年至二〇二二年南韓八位歷任總統的核心政策和概念。

最後，我對整本書的分析提出總結。我先總結南韓在第六共和時期的大戰略。然後，我解釋了對南韓大戰略的分析所告訴我們的，關於一般中等強國大戰略的資訊。在本書結尾，我大膽地探討南韓未來的大戰略可能會是什麼樣子。

第一章

中等強國的大戰略

하나

大戰略是推動本書分析的關鍵概念。如同〈導論〉所說明，目前尚沒有人對南韓的大戰略進行詳細分析。到目前為止，對南韓作為國際角色的深入研究，主要集中在它的外交政策上。這些研究通常集中在一個或少數的問題或區域上面，但南韓的大戰略本身就值得關注。本書將展示，因南韓在外交政策上採取積極主動的態度，這產生了能夠抵禦南韓菁英面對國際關係和外交決策短期變化的大戰略，它決定了南韓外交政策行為的長期方針。

不過，大戰略的概念存在爭議。因此，在本章中，我首先探討它的意義，以及國際關係、戰略研究和相關學科的學者如何運用它。接下來，我討論現有大戰略學術研究的缺陷——特別是迄今為止它有多麼忽視中等強國。事實上，對大戰略的研究絕大多數涉及美國，以及在某種程度上涉及中國的研究。但是我在本章將說明，中等強國可以有自己的大戰略。因此，我開發了一個模型來分析它們的大戰略，然後我將在整本書中應用此一模型。

大戰略的意義

大戰略概念的起源可以追溯到十八世紀和十九世紀，當時外交政策和戰爭的實踐者開始更有系統地思考他們所參與的軍事衝突。卡爾・馮・克勞塞維茨（Carl von Clausewitz）在他一八三二年的論文《戰爭論》（*On War*）中指出，「戰爭是政策透過其他手段的延續」和「加上其他手段的政治互動的延續」，這其中已經包括了戰爭本身並不是目的的觀點，[1] 它是國家實現其目標的更廣泛戰略之一部分，但是幾十年來，戰爭一直是戰略概念的核心。尼娜・西洛夫（Nina Silove）提醒我們，首先討論這個概念的是軍事歷史學家，也是他們首先提出了大戰略的概念。[2]

一般普遍認為，「大戰略」這個名詞是由軍事歷史學家巴塞爾・亨利・李德哈特（Basil Henry Liddell Hart）於一九二九年首次提出。他在《戰略：間接方法》（*Strategy: The Indirect Approach*）一書中指出，「真正意義上的勝利指的是和平狀態，以及一個國家的人民在戰後的日子過得比戰前更好。」[3] 因此，李德哈特強調，大戰略尋求「協調和引導一個國家或一群國家的所有資源，以實現戰爭的政治目標——由基本政策所確定的目標。」[4] 藉由提及戰爭的「政治目標」，李德哈特汲引了克勞塞維茨的思想，即認識到贏得戰爭本身並不是一個目標。一個國家或一群國家決定對另一個國家發動戰爭的背後動機別有用心，雖然這些動機可能會導致戰爭作為滿足動機的最佳手段，但是可能還有其他方法可以實現它們。李德哈特提到「一個國家的所有資源」已經表明了這一點。但是李德哈特將這些資源與準備戰爭或進行戰爭聯繫起來，即使他在書中也說明了大戰略也應該適用於和平時期。

威廉・馬特爾（William Martel）解釋說，大戰略思想家最後放棄了戰爭和軍事歷史的狹隘範圍。孫子、修昔底德（Thucydides）、尼可洛・馬基維利（Niccolò Machiavelli）或克勞塞維茨都可以被視為偉大的戰略家，但是他們的出發點和焦點大多是戰爭。第二次世界大戰爆發後，某些學者開始不僅思考如何贏得戰爭，也思考如何為戰後的持久和平奠定基礎。考慮到經濟實力和社會士氣對進行戰爭的重要性，這兩個要素必須成為任何大戰略不可或缺的一部分。這個想法在第二次世界大戰之後的幾十年中繼續盛行。[5]無論如何，冷戰期間對大戰略的研究主要仍然著重於為進行戰爭做準備。這就是蒂埃里・巴爾扎克（Thierry Balzacq）、彼得・多姆布羅夫斯基（Peter Dombrowski）和西蒙・瑞希（Simon Reich）所說的大戰略的「古典主義研究方法」（classicist approach），它與戰略研究學科密

切相關。(6)

在冷戰即將結束時，保羅．甘迺迪（Paul Kennedy）出版了《霸權興衰史》（*The Rise and Fall of the Great Powers*）。在這部具有里程碑意義的鉅作中，甘迺迪分析了軍事力量與經濟力量的結合如何在一五〇〇年至一九八〇年間，導致歐洲列強相繼取得權力，然後又相對的失去權力。(7) 這本書重新點燃讀者注意，軍事與經濟力量的匯集如何決定大國的命運。蘇聯解體後不久，甘迺迪又編輯了一本極具影響力的專書《戰爭與和平的大戰略》（*Grand Strategies in War and Peace*）。在這本書中，幾位作者分析了英國、法國、德國、西班牙和羅馬帝國鼎盛時期的大戰略，作為美國的借鏡。甘迺迪在這本書的〈導論〉中明確指出，大戰略「對和平的關注與對戰爭的關注一樣（甚至可能更加關注）」，因此「在和平時期和戰爭時都需要取得目的與手段的平衡」。(8) 透過明確地將和平時期納入他對大戰略的理解中，甘迺迪的論述幫助打開了巴爾札克、多姆布羅夫斯基和瑞希所說的這一概念的「國際關係研究方法」（International Relations approach）的大門。這三位學者指出，這個觀點擴大了大戰略的範圍，因為它明確包含了長期層面，也包括物質和社會形式的權力。(9)

在本書中，我採用國際關係研究方法來探討大戰略。這個方法在冷戰結束後變得更加流行，因為國家間戰爭的發生率已經下降，而我們對安全的定義和理解也有所擴大。在整個冷戰期間，現實主義對安全的解釋是：透過軍事力量保證「國家生存」，這一主張相當盛行。[(10)] 的確，在冷戰的大環境下，美國和蘇聯都顯現出它們願意推翻其他政府和入侵其他國家，著重這種解釋是有道理的。冷戰結束後，大國（例如美國）和中等強國（例如俄羅斯）仍繼續入侵其他國家，使得這種解釋在近來受到了挑戰。最明顯的是，建構主義學者（constructivist scholars）指出，安全是一種社會建構。[(11)] 從亞歷山大・溫特（Alexander Wendt）的定理「無政府狀態是國家造成的」開始，採取這種方法的學者令人信服地主張，不同的國家對於什麼構成安全威脅或它們的資源有多強大，會有不同的看法。[(12)] 與此同時，採用後現代主義或女性主義等其他方法的學者，則是從根本上排斥安全可以從國家層面研究和理解的觀念，他們認為，必須從國家內不同單元的角度來理解安全。[(13)] 簡單地說，安全不只是透過今天的軍事力量保證生存。因此，國家的目標和手段取決於所處的情況。

不過，分析大戰略的國際關係學者還未就這個概念的共同定義達成一致意見。李德哈特在他的開創性著作中，對大戰略下的定義是：「雖然『大戰略』一詞實際上與指導戰爭行為的政策同義，但與應該指導其目標的更基本的政策卻不同，這個字詞的作用是帶出『執行中的政策』此一意義。」[14]李德哈特接著說明為什麼「大戰略」——或「執行中的政策」——與克勞塞維茨的「戰略」概念類似，但又超越它，因為它協調一個國家的所有資源，也關注和平。[15]

幾十年後，甘迺迪在提出自己的定義時，仍然以李德哈特的定義為基礎，他寫下：「這是關於政策的演變和整合，這些政策的運行應該持續數十年，甚至數百年。它不會在戰爭結束時停止，也不會在戰爭開始時開始。」[16]甘迺迪接著解釋說，李德哈特是對的，他認為，克勞塞維茨在主張「戰爭是『政策透過其他手段的延續』」時有試圖表達此一觀點。[17]因此，甘迺迪對大戰略的定義是從李德哈特的定義為基礎再擴展的，並且對於時間範圍，以及在戰爭之外持續堅持大戰略的重要性更加明確。

巴里·波森（Barry Posen）也在冷戰最後十年採取了不同的方法，提出他自己對大戰略的定義。用波森的說法，大戰略是「一條政治—軍事、手段—目的鏈，是一個國家關於如何最好地為自身『帶來』安全的理論。」[18]波森的定義明確地表明，大戰略具有政治元素，並非僅有軍事元素。波森也明確表示，大戰略的終極目標的確確就是安全。由於波森採取的是現實主義觀點，且是在冷戰期間寫作，他的著作是在審視兩次世界大戰之間那段戰間期的軍事理論，因此他專注這一終極目標是必要的。

這三個定義為一九九〇年代以來的大戰略定義奠定了基礎。但是隨著定義擴散，學者們對這個概念的確切含義存在分歧。哈爾・布蘭茲（Hal Brands）針對這一概念及它如何應用於實務上，發表了許多文章，他將大戰略簡潔地理解為：「為外交政策提供形式和結構的知識架構」。(19) 因此，布蘭茲將我們的注意力，轉向導致決策者使用數量有限的可用工具來最大化國家利益的邏輯。他也提醒人們注意過程，他認為過程與原則同樣重要，因為布蘭茲認為，短期行動與長期目標息息相關。(20)

同時，馬特爾對大戰略發展出更詳細的定義。他的理解是：「大戰略是對國家在全球範圍內，長期追求的最高政治目標的連貫聲明。它的正確功能是在不同的內政和外交政策選擇中確定優先順序，協調、平衡和整合各種類型的國家手段——包括外交、經濟、科技和軍事力量——以達成銜接的目標。實際上，大戰略提供了一個組織原則的框架，以有效的方式幫助政策制定者和社會，就外交政策的行為做出一致的選擇。」(21) 馬特爾包羅萬象的大戰略概念，既注重長期的時間階段，也著重關鍵目標。

最後，大戰略的定義與撰寫這個主題的作者一樣多如繁星。(22) 西洛夫解釋說，這個詞語的概念可以分為三類：大戰略是一種計畫、大戰略是一種組織原則，以及大戰略是一種行為模式。[23] 根據學者的興趣，他們對大戰略的定義可歸入或此或彼不同的類別。正是因為這個原因，我在本書中克制住自己，不給大戰略下定義。反之，我對大戰略的理解源於西洛夫提出的共識，摘要如下：大戰略採取長遠的觀點，著眼於國家的首要目標，並運用一切可用的手段來實現這些目標。[24]

大戰略的目標與手段

如上所述，大戰略研究深受戰略研究的影響。可以說，這種古典主義研究方法的最大影響來自亞瑟．萊克（Arthur Lykke）一九八九年的一篇具有奠基意義的文章〈界定軍事戰略＝E＋W＋M〉。這篇文章提出了制定和分析大戰略的框架。萊克在他的文章中解釋說，軍事戰略是根據國家或大戰略來定義的，是目的（ends）、方式（ways）和手段（means）的總和。根據這個公式，「戰略等於**目的**（努力想要實現的目標）加上**方式**（行動方針）加上**手段**（可以達成某些目的的工具）」（粗體為原文所強調）。[25] 這三個組成成分的總和導致最終狀態，亦即戰爭的結束。萊克明確地以李德哈特的著作為基礎，特別是採用了「目的」和「手段」這兩個詞彙。[26] 他的簡單公式已經被全世界的軍事機構廣泛採用，也影響到美國及其他國家的大戰略思想家。[27]

然而，萊克的公式並不是沒有受到批評。在軍事戰略領域內，理查・伯克比爾（Richard Berkebile）認為，目的、方式和手段這個「數學」公式「與過程不符」。[28] 根據伯克比爾的說法，戰略的實踐不能簡化為數學公式，因為它無法掌握涉及多個變數之過程的複雜性，這些變數的影響均無法孤立來看。此外，伯克比爾認為萊克的公式過於狹隘，只關注衝突。[29] 對於這項批評，我們還可以加上勞倫斯・佛里德曼（Lawrence Freedman）對萊克的公式有暗示的排斥，佛里德曼認為實際的作戰只是更廣泛過程的一部分。[30] 戰略——無論宏大與否——都包含一個過程，要事先思考行動，要考慮目標和能力。[31] 這裡面隱含的意思是，大戰略不能簡化為只有戰場。以佛里德曼的著作為基礎，傑佛利・麥瑟（Jeffrey Meiser）對萊克對大戰略的理解又提出第三個批評。麥瑟認為，（大）戰略應該著重於創造優勢、產生新的力量來源、利用對手的弱點。[32]

話雖如此，大戰略學者們還是常常使用「目的」和「手段」的詞語。採取古典主義方法以及國際關係研究方法的學者都是如此。正如西洛夫所指出的，無論學者將大戰略視為計畫、組織原則或行為模式，目的和手段都是大戰略的兩個基本組成成分。[33] 西洛夫特別指出，「與美軍有關聯的人士」通常會加入「方式」，成為大戰略的第三個要素。但正如她的解釋，在軍事領域，方式和手段可以分開，因為物資和學理可以分開。然而，在其他所有領域，學者們「使用『手段』一詞來指涉所動員的資源以及動員資源的方式。」[34] 的確，分析過一些有助於我們理解大戰略的重要文獻，就顯示出這種交互運用的分析方法相當流行。布蘭茲、甘迺迪、李德哈特、馬特爾和波森都使用這兩個詞語。[35]

馬特爾甚至更進一步，確認大戰略層次的具體目標和手段，把它們和較低層次的策略、運作、戰術和技術區分開來。馬特爾解釋說，大戰略是指最高的政治目標，而不是整體軍事勝利、戰役勝利、戰術目標的實現，以及相對於敵人的競爭優勢等其他四個層次。就手段而言，大戰略綜合運用了外交、資訊、軍事、經濟等各種類型的手段。同時，戰略與軍事、資訊和經濟手段相聯繫；運作與軍事和資訊手段相聯繫；戰術與軍事手段相聯繫；技術和技術專業相聯繫。[36] 馬特爾將大戰略與其他層次的戰略區分開來是有用的，因為他表明了，為什麼重點應該放在目的和手段上，而且還應該放在國家可用的手段上。在本書中，我將以被廣泛接受的「以目的和手段為重點」作為基礎。此外，我亦將遵循馬特爾對不同類型手段所做的分類，作為國家大戰略的一部分。

大戰略理論和對中等強國的輕忽

迄今為止，關於大戰略的學術研究主要集中在大國上。正如巴爾扎克、多姆布羅夫斯基和瑞希所解釋的，大戰略的研究迄今已將範圍縮小到「幾個大國常見的例子上」。[37]這個假設似乎是說，只有大國才有必要的體制資源來設計和執行大戰略。[38]此外，大國的政策和行動對國際體系的影響，遠大於較弱國家的政策和行動。[39]威廉森．穆瑞（Williamson Murray）對專注大國提出簡潔的辯護，他說：「大戰略是有關大國的事，而且只涉及大國。」[40]如果持這種觀點，那麼研究中等強國和弱國的大戰略就是白費力氣。

對現有關於大戰略的文獻進行分析，確實清楚顯示了迄今為止的確優先著重大國。首先，有一種文獻採用歷史方法，集中討論過去好幾個世紀的大國大戰略。甘迺迪具有開創性的《戰爭與和平的大戰略》就是一個明顯的例子。這本書各章的作者以英國、法國、德國、西班牙和羅馬帝國在不同歷史時期的歷史為例，探討它們各自統治——或想要統治——遠遠超出其首都之外的大片領土的歷史。這樣，甘迺迪就可以對這些國家進行比較，並向美國這個現代「帝國」提出建議。[41] 以古鑑今的主題經常就是這類文獻的一部分。例如，阿塔納西奧斯・普雷蒂亞斯（Athanasios Platias）和康士坦丁諾斯・柯利奧普洛斯（Konstantinos Koliopoulos）研究伯羅奔尼撒戰爭（Peloponnesian War）中交戰雙方所採用的大戰略，明確地顯示他們獲取的教訓在今天仍然值得參考。[42]

還有一些其他案例，學者研究過去大國的大戰略，基本上是為了了解它們的行為。例如，愛德華・魯瓦克（Edward Luttwak）在他的一本書中，專注討論羅馬帝國在整個帝國歷史中不斷演變的戰略。[43] 在另外一本書中，他又把注意力轉向拜占庭帝國（Byzantine Empire）的大戰略。[44] 史蒂芬・羅貝爾（Steven Lobell）則探討英國和西班牙在身為帝國強國時的大戰略，著重於它們對其他崛起大國的反應。[45] 馬克・布勞烈（Mark Brawley）著重研究英國、法國、蘇聯和美國在居於大國地位時期的大戰略。[46] 至於理查・羅斯克蘭斯

（Richard Rosecrance）和亞瑟・史坦因（Arthur Stein），他們編輯的著作則揭示英國、德國、日本、蘇聯和美國在被稱為大國的時期之大戰略。[47]

同時，波森分析了兩次世界大戰間那段戰間期英國、法國和德國的大戰略。在這段時期，英國和法國仍然保持它們的殖民帝國，而德國則正在發展企圖征服其他領土的能力。[48]戰間期是分析大戰略的沃土。最值得注意的是，傑佛利・塔利亞費羅（Jeffrey Taliaferro）、諾林・里普斯曼（Norrin Ripsman）和羅貝爾在他們編輯的一本書中策劃了一些章節，探討英國、法國、德國、日本、蘇聯和美國在這段期間的大戰略。[49]

鑒於美國在冷戰之後居於世界唯一超級大國的地位，目前又為極少數大國之一，以及現代美國學者在研究分析大戰略方面人多勢眾，美國在過去三十年成為大量有關大戰略研究的焦點，也就不足為奇了。這些著作中有些採取歷史方法，分析過去數十年來美國大戰略的演變。布蘭茲對哈利・杜魯門（Harry Truman）、理查・尼克森（Richard Nixon）、隆納・雷根（Ronald Reagan）和喬治・W・布希（George W. Bush）等四位美國總統的大戰略進行了比較分析。[50]就杜克（Dueck）而言，他著重的是美國在下列四個重大轉折點之後的大戰略：第一次世界大戰、第二次世界大戰、冷戰和九一一恐怖攻擊美國本土。[51]同時，克里斯多福．赫默（Christopher Hemmer）解釋了美國大戰略在整個二十世紀和二十一世紀是如何演變的。他首先分析狄奧多．羅斯福（Theodore Roosevelt）主政時期的大戰略，然後將讀者一直帶到巴拉克．歐巴馬（Barack Obama）時期。[52] 至於馬特爾，他則分析了大戰略理論長時期下來的演變，然後將分析應用到美國歷史上的四個不同時期，分別從喬治．華盛頓（George Washington）領導的建國時期直到歐巴馬的總統任期。[53]

還有一些關於美國大戰略的文獻是規範性的，而不是分析性的。羅伯特．阿特（Robert Art）的著作就是一個典型的例子，他在書中為美國擬訂一個混合集體安全、圍堵、選擇性接觸或離岸平衡等工具的大戰略。[54] 就布蘭茲而言，他討論唐納．川普（Donald Trump）擔任總統期間的大戰略。布蘭茲提出一些尖銳的問題，包括川普上任前歐巴馬所面臨的困境、川普領導下的美國國際主義是否殞亡，或是美國是否擁有軍事能力實施大戰略。[55] 至於崔佛．薩爾（Trevor Thrall）和班傑明．傅利曼（Benjamin Friedman），他們編輯了一本書，其中不同篇章的作者提出美國大戰略克制的理由。[56]

中國是近年來大戰略學者關注的另一個大國。一般公認，這個亞洲強國是自從蘇聯解體以來，唯一有可能挑戰美國的國家。因此之故，有關中國大戰略的書籍如雨後春筍大量出現。盧卡斯・丹納（Lukas Danner）探討中國歷史——尤其是朝貢體系和「百年屈辱」——如何影響當代中國的大戰略。[57]艾維理・高德斯坦（Avery Goldstein）則分析崛起中的中國的大戰略背後的刺激因素、中國的目標，以及考慮到中國所經歷的快速變化，它能夠在多大程度上維持長期大戰略。[58]蘇曼・瓦西夫・汗（Sulmaan Wasif Khan）採用歷史方法，對從毛澤東到習近平的中國大戰略進行研究。[59]同時，門洪華（Honghua Men）提出一個研究中國大戰略的框架，這個框架集合國家資源、能力、方向、目標、內容規畫，以及手段的實施。[60]至於葉自成（Ye Zhicheng），他專注於國內政治和經濟對中國大戰略的影響。葉自成認為，國內的弱點可能會破壞中國的宏圖大計。[61]杜如松（Rush Doshi）認為，中國有一個精心策劃的、長達數十年的大戰略，冀圖取代美國成為區域和全球霸主。[62]

總之，關於大國大戰略的文獻非常豐富。無論是從歷史角度審視，或直到最近美國身為唯一超級大國的情況，或者是審視中國這個新興大國，許多作者都試圖解釋大國如何將目的與手段結合起來。儘管兩者都是有限的，但毫無疑問，大國往往擁有更廣泛的目標和更多的手段來實現它們的目標。因此，為什麼有些作者懷疑弱國是否也可能擁有大戰略，也算是合理的。

中等強國與大戰略

怎麼樣才算是中等強國？這個概念並沒有一致的定義。根據安德魯・庫伯（Andrew Cooper）、理查・席戈特（Richard Higgott）和金・諾薩爾（Kim Nossal）的說法，中等強國的定義相當多樣化，可以分為四類：地位的（positional）、地理的（geographic）、規範的（normative）和行為的（behavioral）。地位定義涉及國家在國際階層中的高下，著重的是不同類型國家的物質能力。地理定義是指中等強國在大國中的地理或意識型態位置。規範性定義是指中等強國在主要國家和其他國家之間扮演「誠實的中間人」（honest brokers）的角色。行為定義是由庫伯、席戈特和諾薩爾自行提出的，指的是中等強國共有的外交行為類型。[63] 然而，這種分類方式一直存在爭議。安德魯・卡爾（Andrew Carr）認為，中等強國的定義可以分為三組：地位（position）、行為（behavior）和身分認同（identity）。地位是指經濟規模、軍事實力等可量化因素，以及地理位置等其他因素。行為則關係到中等強國所表現出來的獨特行為類型。身分認同是指國家採用「中等強國」一詞來稱呼自己。[64] 因此，我們可以看到庫伯、席戈特和諾薩爾三個人這一方和卡爾這另一方，兩邊都同意地位、地理和行為定義的類別。這表明這種定義相當普遍。

愛德華．喬丹（Eduard Jordaan）可以說是提出最接近國際關係學者可以達成共識的定義，他說：「中等強國是指在國際實力、能力和影響力方面既不是大國、也不是小國的國家，它展現出在世界體系中能促進凝聚力和穩定的傾向。」[65] 換句話說，中等強國可以根據個別情況予以認定，排除掉那些行為總是對國際體系產生影響的大國（今天的中國和美國就是例子），以及對國際關係幾乎沒有影響力的弱國。一般公認澳洲、加拿大、南韓或瑞典等國家是中等強國，並且過去已經被研究了數十年。還有一些以前的大國，但是到了二十一世紀優勢地位已不復存在，現在則可以被視為中等強國，包括法國、德國、日本、俄羅斯或英國。另外，還有一些對國際體系影響力日益上升的新興中等強國，如巴西、印度、印尼、奈及利亞、南非和土耳其等。

巴爾札克、多姆布羅夫斯基和瑞希等三位學者以及西洛夫，都堅信中等強國確實有自己的大戰略。就前三位學者而言，他們主張，如果大戰略關注的是一個國家如何思考它的國家安全及如何運用其資源來強化國家安全，那麼就沒有什麼先驗（a priori）可以阻止「小國」擁有它們自己的大戰略——這裡所謂的小國包括不含括在大國之列的中等強國與其他所有國家。[66]事實上，他們所編輯的關於比較大戰略的專書，已要求各篇章作者將他們設定的框架運用於大國和中等強國身上。第二組包括巴西、印度、伊朗、以色列和沙烏地阿拉伯以及歐盟。因此，巴爾札克、多姆布羅夫斯基和瑞希，明確主張中等強國可以有它們自己的大戰略。

西洛夫解釋說，「小國」可以訂定宏偉的計畫來決定如何使用有限的資源；可以有自己的組織原則來做出必要的決定，以達成長期目標；也可以建立某種行為模式。[67]因此，只要中等強國和其他「小國」能夠控制自己的手段，我們就可以說它們可以擁有自己的大戰略。

然而，有關大戰略的國際關係學術研究樣本卻非常有限，理查・塞繆爾（Richard Samuels）對日本大戰略厚厚一本書的研究是例外，並不是常態。塞繆爾在書中分析了這個亞洲國家不斷演變的大戰略，尤其是似乎遠離和平主義的發展。[68]最近，布萊德・威廉斯（Brad Williams）也分析了日本的大戰略，然而，他的重點是冷戰結束以來日本外交情報的演變，以及它如何影響日本的大戰略。[69]同樣在最近，麥可・葛林（Michael Green）寫了一本討論日本大戰略的書，重點擺在安倍晉三（Abe Shinzo）主政時期。[70]艾特爾・索林根（Etel Solingen）採用獨創的方法來研究下列不同中小國家群組的大戰略：包括南北韓在內的朝鮮半島、中東，以及包括阿根廷和巴西在內的南錐地區。[71] 同時，麥可·衛思禮（Michael Wesley）在一篇有關澳洲的文章中，側重討論澳洲二〇一六年的《國防白皮書》如何成為大戰略的藍圖。[72] 以大戰略方法為基礎，傑佛利·萊格羅（Jeffrey Legro）、馬文·萊夫勒（Melvyn Leffler）和威廉·希區考克（William Hitchcock）編輯了一本書，分析巴西、德國、印度、以色列、俄羅斯和土耳其，以及中國和美國這兩個大國的國家戰略。[73]

這一切都表明，有關中等強國大戰略的研究不僅數量有限，而且篇幅普遍短於針對美國、中國或歷史上大國以專書進行分析。因此，為了建立一個模型來分析中等強國的大戰略，有必要運用有關其外交政策行為的文獻。這種文獻具有悠久的傳統，可以闡明中等強國的大戰略分析。

中等強國的外交政策行為

已經有愈來愈多的文獻分析中等強國的外交政策行為。當然，中等強國展現了廣泛的戰略、政策和行動作為它們外交政策的一部分。然而，庫伯、席戈特和諾薩爾認為，有一種外交政策行為是大多數（如果不是全部）中等強國的共同特點，就是它們支持多邊主義和以多邊解決方案處理國際問題。它們在國際爭端中傾向尋求妥協，以及一般來說，它們參與尋求全球問題解決方案的倡議。[74]的確已有大量文獻分析中等強國對多邊主義、妥協和國際合作的偏好。

為什麼中等強國會表現出偏好這種最終相當於國際外交的行為呢？最重要的是，國際體系的穩定，符合中等強國本身的利益。一般來說，中等強國得益於沒有衝突所帶來的可預測性和絕對利益。中等強國的能力有限，意味著它們無法像大國那樣塑造符合自身利益的國際體系。全球不穩定會產生意想不到的後果，對它們的經濟或政治地位產生負面影響。[75]我們不應忘記，與絕大多數弱國相比，中等強國具有特殊地位，很少有中等強國能夠躋身晉級為大國，但在二十一世紀的頭二十年，中國已經畢業升級，而印度或甚至俄羅斯，可能在未來幾年也將晉升進入大國行列，但在大多數情況下，中等強國將尋求維持其地位，而穩定對它們在這方面會有幫助。

中等強國通常也被認為是「優良公民」，這是它們支持國際外交的另一個原因。其理由是，中等強國相信採取合作方式處理全球議題的效用和必要性。[76]當然，中等強國並不是唯一相信合作的國家類型。最明顯的是，美國自認是一個自由主義國家，也相信多邊合作的好處，[77]與中國和美國並列為三個經濟超級強權的歐盟，更是自始即秉持國際合作的原則組建起來。[78]然而，就中等強國而言，它們的「優良公民」角色是一個必要條件特徵，因為它們沒有能力透過戰爭、經濟胡蘿蔔或巨棒等其他手段來塑造國際體系。換句話說，成為一個優良公民對中等強國比對大國更加重要。

甚且，中等強國被認為是「誠實的中間人」，這個詞語既可以用來解釋為什麼中等強國支持多邊主義和合作，也可以用來展示中等強國表現出的另一種類型的行為。[79]扮演誠實的中間人，可以藉由降低不穩定為中等強國帶來好處，但這也是一種尋求地位的行為，因為可以讓它們表現出對和平解決衝突的承諾。[80]即使在東西方分裂的冷戰期間，中等強國也試圖扮演誠實的中間人，即使這樣做可能會給同一集團的大國製造問題。[81]大國當然也會尋求扮演誠實的中間人，將自己呈現為可以幫助交戰各方之間弭平歧異的中立國家——就像中等強國所做的一樣。[82]但是，正如優秀公民的情況一樣，中等強國不具備與大國相同的經濟恫嚇工具或軍事力量，因此，與更強大的國家相比，扮演一個誠實的中間人，對於中等強國來說是更重要的工具。

中等強國還可以從事其他類型的行為，最明顯的是，串連外交（network diplomacy）和建立同盟，通常被視為是中等強國的標誌性行為。串連和結盟在特定議題領域可以作為中等強國的力量增幅器，否則它們無法有效地推動本身偏好的政策。[83]串連和結盟也有助於使特定目標或政策正當化。一個中等強國偏好某一政策或目標可能會被視為異常值，但是中等強國串連起來結盟、同聲共氣支持某一特定立場時，情況就大不相同。因此，中等強國常常試圖透過串連和結盟，扮演國際合作的催化劑。[84]當然，大國也會利用串連和結盟為它們的立場提供正當性，但歸結到最後，大國可以使用許多工具說服其他國家支持它們的立場，無論是強制性的還是合作性的。然而，中等強國與大國相比實質能力有限，串連和結盟可能是推動它們偏好的唯一手段——事實上，中等強國的軍事和經濟力量總是難望大國項背。

中等強國也可以扮演規範創新者（norm entrepreneurs）。鑒於資源有限，中等強國可以藉由專注於一個或少數幾個特定議題領域來增強它們的影響力，這可以稱為「利基外交」（niche diplomacy）。[85] 規範創新促使中等強國在全球體系中扮演積極角色，因為它們不僅尋求促進特定的規範，而且尋求促進國際合作。[86] 若不積極進行規範創新，另一個選擇就是只好接受大國推行的規範。尤其是歐盟，自詡為「規範國家」（normative power），積極促進自由主義規範，[87] 而這些自由主義規範可能並不總是有利於中等強國，所謂的布魯塞爾效應（Brussels Effect），幫助歐盟在全球範圍內有效推廣它的標準。[88] 對中等強國來說，規範創新可以避免必須遵守其他強國訂定的規則，也可以增強身為國際社會創新和積極成員的正當性。

區域整合——或至少是合作——是中等強國可以選擇的另一種行為。[89] 中等強國經常試圖領導區域整合倡議，以促進它們鄰近地區的穩定。[90] 有時候，實際上是大國邀請中等強國來主導區域合作的倡議。即使中等強國的實體影響力無法與大國匹敵，它們也可以擁有能夠影響區域事務的理念力量。[91] 另外，美國近幾十年來的相對衰落，為中等強國開啟機會，使它們得以根據自己的偏好，塑造本身所在的區域。隨著區域架構的重要性日益增強，中等強國有更大的誘因，去嘗試促進區域整合和合作，以尋求穩定與地位。(92) 可以說，這種趨勢只會增加，因為對「帝國過度擴張」的憂慮，意味著美國可能會尋求縮減它的外交政策承諾。(93)

在分析中等強國的行為時需要謹慎，因為大多數關於中等強國的文獻，都是以西方國家的個案研究為主。特別是澳洲、加拿大、荷蘭、挪威和瑞典等國家，幾十年來在大國行為分析中占了相當的篇幅。但這些國家的運作環境非常特殊，一般來說，它們在很長一段時間內一直都很富裕和民主，而且它們位於相當穩定的區域。由於其特殊地位，使它們在第二次世界大戰後所建立、由美國領導的自由主義國際秩序中長期受益。因此，在這些西方中等強國觀察到的行為模式，很可能在其他地方並不適用。

的確，喬丹明確指出，我們需要區分西方中等強國和「新興」中等強國——它將前者稱為「傳統」中等強國。喬丹認為，西方和新興中等強國不同的歷史、國內特徵和地理位置，說明了它們不同的行為模式。喬丹認為，與西方中等強國相比，新興中等強國具有更強烈的區域導向，更支持區域整合，優先考慮全球體系的改革，並且尋求與弱國保持距離，而西方中等強國則希望與大國保持距離。(94) 其他作者也提醒讀者，不要將先前存在的、以西方為中心的，對中等強國及其行為的理解應用於其他環境。特別是針對南韓，申東民（Dongmin Shin）表示，現有有關中等強國學術研究中隱含的自由主義偏見，可能不適用於位於不穩定地區的國家，在這種地區盛行的是現實主義秩序。[95] 申東民也以南韓為重點，在分析南韓本身對其中等強國身分的理解時，說明南韓地理位置和朝鮮歷史的重要性。[96] 申東民也排斥先前對中等強國及其行為的理解。然而，這些作者都沒有排斥中等強國可能表現出類似行為模式的可能性，無論其歷史或地理位置為何。

然而，現有文獻確實傾向於淡化，甚至有時忽視軍事力量是中等強國可能採取的一種行為。冷戰期間的情況並非如此，當時對於中等強國來說，擔憂軍事情況勝過擔憂經濟情況。[97] 在某種程度上，這是源自於研究中等強國的著作論述，傳統上專注北美洲、大洋洲或西歐等位於穩定地區的少數國家。然而，不同的是，位於預期爆發戰爭機率較高地區的中等強國，則發展了與國防相關的軍事能力。對於位於這類地區的中等強國來說，生存，而不是影響力或地位，很可能才是它們軍事力量的最終目標。這些中等強國也更有可能嘗試追求集體均勢的方法。[98] 不同的是，不擔心自身生存的中等強國，可以優先利用它們的軍事能力支持國際行動，以增強自身的影響力和地位。

關鍵在於，中等強國擁有必要的影響力和自主權來選擇自己的行為模式。如上所述，有愈來愈多的證據顯示，中等強國有能力有效地構思和執行自己的大戰略。無論中等強國的大戰略能否成功地協助它們實現特定目標，至少它們都能夠部署大戰略。有關中等強國的文獻，展示了它們在規劃和執行大戰略時可以使用的手段。

中等強國的大戰略模型

在討論了大戰略的含義、理論（包括忽視中等強國）以及有關中等強國的文獻之後，我現在提出一個中等強國大戰略的模型。這個模型將幫助我分析一九八八年至二〇二二年這段時期南韓的大戰略，同時，這個模型可以應用於其他中等強國，因為它是以分析中等強國行為的文獻作為基礎。這個模型建立在馬特爾的大戰略理論之上，特別是他對大戰略、戰略、運作、戰術和技術之間做出區分。[99] 然而，馬特爾的理論最適合用於分析大國的大戰略，因此，我用一個適應中等強國特質——它們在能力和範圍上，無法與更強大的大國相匹敵——的模型來調整馬特爾的理論。

首先，馬特爾認為，大戰略的地理範圍是全球性的。(100) 對於中國或美國這樣的大國來說，這當然毫無疑義，畢竟，他們有能力憑自己的力量打造國際體系，也有興趣這麼做。最近的實例就是，美國在第二次世界大戰結束後發展自由主義的國際秩序，並在冷戰結束後更予以強化。(101) 同樣在冷戰期間，蘇聯試圖發展另一種共產主義的國際秩序。(102) 從二〇〇〇年代起，中國也展現全球野心，試圖重塑既有的國際秩序。(103) 幾十年來，歐盟一直是全球經濟治理結構發展的關鍵推動力。(104) 對中等強國來說，他們確實有興趣試圖影響國際體系，這意味著它們的利益也可以是全球性的。

然而同時，中等強國也明白，它們無法總是打造國際體系的結構。再加上它們的資源有限，代表它們必須對可以參與的議題領域的數量有所選擇。另外，中等強國有時必須對大國決

表 1.1：中等強國的大戰略模式

地理範圍	時間範圍	目的型態	實力型態（手段）
區域性是必然的，盡可能全球性	長時期（數十年）	自主，最高的政治目的（安全、繁榮、地位）	可能的話包含一切（外交、軍事、經濟、資訊、軟實力、網路）

策所導致的事態發展作出反應。但中等強國要發展適當的大戰略時，需要有區域範圍。然而一個自我撤退，僅僅對區域發展作出反應的中等強國，不能說是具有大戰略，因為中等強國可以在較大程度上影響所處區域的結構，卻不見得能影響全球結構。因此，固然中等強國的大戰略在可能的情況下將是全球性的，但它也始終具有區域性。

此外，馬特爾解釋說，一個國家的大戰略的時間範圍是長期的，跨越數十年之久。一個國家大戰略的某些要素可能具有以年為單位的較短期限，但最終而言，這些要素將為長達數十年的目標奠定基礎。[105]這種時間範圍對於中等強國和大國一體適用，箇中的邏輯是，大戰略是設計來實現「最高的政治目標」，也就是說，目標超越短期的考量，旨在指導一個國家未來長遠的戰略和政策。沒有長遠視野的中等強國，不能說是具有大戰略。

甚且，馬特爾明確表示，大戰略涉及最高的政治目標，他將它等同於「國家最重要的優先事項」，[106]這些通常與安全有關，不僅僅是軍事安全，也包括經濟安全。畢竟，以財富與軍事力量之間的關係作為確保國家生存的方法，都是現實主義和自由主義思想的關鍵原則，這既適用於中等強國，也適用於大國和弱國。但是就中等強國而言，「地位」應該被加入最高政治目標的清單中，有關中等強國的文獻已經清楚表明，中等強國是追求地位的。地位對中等強國來說，非常重要，因為它們希望被承認是中等強國，並與在國際體系中影響力較小的弱國有所區別。

對於中等強國來說，「自主」是一個單獨存在的基本目標，也可以說是優先目標。當然，大國的外交政策行為也受到限制，即使像冷戰過後的美國這樣無可爭議的霸主，它的行動自由也會受到本身能力的局限或其他大國行動的影響。(107) 但毫無疑問，大國擁有無與倫比的行動自由。中等強國的情況則不然，它們的自主權受到大國行為、本身相對有限的資源或國際體系結構的局限。這就是為什麼自主是中等強國的關鍵目標的原因，與它們選擇的更高政治目標可以區分開來。畢竟，如果沒有自主權，一個國家雖可以制定最好的戰略，卻無法開始執行。因此，自主是一個極其重大的目標，甚至優先於更高的政治目標，但即使沒有自主權的保證，中等強國仍將試圖實現其目標。

最後，馬特爾列出了各國推行其大戰略所必須具有的手段，包括外交、資訊、軍事和經濟等手段。另外，在馬特爾的清單中沒有出現，但我再加上愈來愈普遍的軟實力和網路手段。馬特爾也說明，外交、軍事和經濟手段是實施大戰略的關鍵工具。(108) 其他類型的實力是次要的，因為國家不會圍繞著它們來制定大戰略；反過來，它們是用來支持或補充大戰略的這三大關鍵手段。(109) 這也一體適用於大國和中等強國。即使大國擁有更多能力，中等強國也可以決定投資哪些能力及優先追求哪些不同的目標。中等強國也可以決定如何混合運用不同的工具，由於大戰略涉及一個國家想要實現的基本目標，因此使用單一工具不可能足夠。歸根究柢，大戰略需要一定程度的策劃，執行過程中也需要關注細節，它必須動員一個國家所擁有的各個層面的力量。

總而言之，中等強國的大戰略可以像大國的大戰略一樣複雜，即使由於實力差異而在範圍上更加有限。的確，我將在本書中展示，自從第六共和以來，南韓的大戰略已經變得愈來愈複雜：它是全球性的；長期性的；涉及安全、繁榮和地位，以及以自主地位為最高目標；它涵括所有可用的手段（軍事、經濟、外交、資訊、軟實力，以及近來盛行的網路手段）。但是在分析南韓的大戰略之前，我將先討論一九四八年至一九八七年這段期間南韓的外交政策。這幾十年中，南韓仍然是一個弱國，但了解它在這段期間的外交政策行為，有助於了解南韓當今的大戰略。

第二章

歷史背景：一九四八年至一九八七年

둘

南韓在一九四八年八月十五日建立，時間正是日本投降、第二次世界大戰結束、朝鮮重獲獨立的整整三年之後。不到一個月，北韓也在一九四八年九月九日建政。因此，朝鮮獨立後，由蘇聯占領北半部、美國控制南半部的南北兩韓實質分立的格局，在三年之內確立了法理事實。兩韓沿著北緯三十八度線分治，是華府兩個小官員所作的決定，他們唯一的目標就是要把首爾〔譯註1〕維持在美國占領區轄境之內。南北如此分治並沒有任何顯著的歷史先例，在分治之前的一千多年，朝鮮一直是個統一的國家。換句話說，南北分治、南韓建國，主要是冷戰初期大國政治的副產品。

南北分治當然對兩韓的外交政策和大戰略產生深刻的影響。首先，南韓和北韓最終的目標，都是根據己方的條件達成統一。其次，就與兩韓關係最密切的國家來說——指的是南韓背後的美國，以及冷戰期間北韓背後的蘇聯及中國——分治也是它們外交政策上的一個重要決定因素。再者，朝鮮半島的分治一直是歷史創傷尚未癒合的原因之一，從兩韓的

〔譯註1〕南韓首都Seoul，在二〇〇五年以前一直稱爲漢城，在此之後官方決定改稱首爾，爲行文方便，本書一律稱爲首爾。

角度來看，日本殖民統治的效應，是造成國家迄今仍然分裂的重要原因。甚且，分治也有助於說明為什麼南韓一直不能信任中國，以及美國和北韓為什麼尚未建立外交關係。分治也有助於我們了解，為什麼自從分別建政以來，兩韓就一直在競爭國際上的承認。

就南韓外交政策的角度來說，從一九四八年南北分治，到一九八七年至一九八八年終於民主化中間這段時間，大體上的特色就是，以統一為目標；與美國有堅強的連結；即使與日本雙邊外交正常化，兩國關係依然緊繃；與中國和蘇聯則是敵對的關係；在外交上與北韓競爭、尋求國際承認自己是韓國的合法代表。我將在本章分析、討論這項政策的細微差別。

可是，南韓的外交政策，在建政後的起初四十年裡，卻沒有一九八八年之後的時期來得那麼複雜。因為它在這四十年裡一直是個弱國。南韓在軍事上是個弱國，安全防務依賴韓美同盟，無法與中國、蘇聯甚至北韓競爭。的確，華府介入韓戰是阻止南韓被北韓完全征服的決定因素。南韓在經濟上也是弱國，韓戰結束時，它是世界上最窮的國家之一：它是個農業國家，幾乎毫無工業可言，又飽受與北鄰軍事衝突的戰火摧殘。就美國主宰的國際體系結構而言，南韓也是個弱國，而北韓則實質上是蘇聯的附庸。

換句話說，南韓沒有中等國強大戰略所需要的地理規模、時間範疇或手段（見表1.1）。不過，南韓倒是具有中等強國追求安全、繁榮、地位和某種程度自主的目標。但是光有目標成就不了中等強國。從一九四八年至一九八七年，南韓一直是個弱國，它的外交政策也反映此一現實。

南韓建政和韓戰，一九四八年—一九五三年

南韓外交政策的源起甚至更早於國家建政之前。南北韓這兩個即將分治的實體根本就相互不承認。因此，南韓的目標是重建統一的、獨立的國家——北韓的目標也是如此。針對這個目標，聯合國大會一九四七年十一月通過一項「關於朝鮮獨立問題」（the problem of the independence of Korea）的第112（II）號決議案，呼籲舉行選舉，以及外國部隊撤出朝鮮半島。決議案亦呼籲成立一個「聯合國韓國問題臨時委員會」（United Nations Temporary Commission on Korea）以推動選舉，因此朝鮮可以以統一的國家之姿獨立。(1) 理論上，

透過朝鮮人民自由投票的選舉，可以解決建立哪種型態的統一國家的問題。

實際上，北韓杯葛此次選舉。在蘇聯慫恿下，金日成宣布，三十八度線以北不舉行選舉。即使如此，南韓仍在一九四八年五月舉行「制憲國會」（Constitutional Assembly）的選舉。隔了幾個星期，北韓在平壤召開一項會議，南韓某些政黨和組織也與北韓的政黨及組織一起出席平壤會議。南韓某些出席代表回來後，起了戒心，認為北韓若有非分之想，它的部隊可以輕易就占領南韓。[2]但是這並沒有阻礙南韓新成立制憲國會，七月，國會代表舉行總統選舉。曾於一九一九年至一九二五年，以及一九四七年至一九四八年擔任大韓民國臨時政府總統的李承晚當選為新總統，[3]他是八月南韓建政後的第一任總統。李承晚以堅定反共及親美觀點聞名，因此，他從接任總統那一刻起，直到一九六〇年離職時，針對北韓一直採取強硬路線作法。

同時，南韓也在一九四六年一月成立一支國防軍（National Defense Force）。這支警備部隊是在美國武裝部隊支援與訓練下建立的，它就是大韓民國國軍（ROK Armed Forces）的前身。五月間，南韓成立「南朝鮮國防警備士官學校」（Southern Chosun National Defense Security Military Academy）培養自己的軍官，[4]這是追求本身安全政策最終能完全從美國獨立出來的初步措施。南韓建政的同一天，國防軍的指揮本部更名為國防部，[5]這個部會直到今天依然保留這個名字。不到一個月之後，大韓民國國軍正式成立，十二月間，不同軍種相繼組建起來。[6]初期階段，大韓民國國軍有兩項主要任務：防止可能來自北韓的攻擊；以及擔任國內警察工作，防止共產黨從南韓境內奪權接管。換句話說，大韓民國國軍是李承晚政府反共政策的支柱。

然而，南韓對本身的軍隊並沒有作戰指揮控制權。駐朝鮮美國陸軍司令部軍政廳（U.S. Army Military Government in Korea, USAMGIK）於一九四五年九月成立，正式治理朝鮮半島南部，直到南韓於一九四八年正式建政為止。稍後不久，李承晚與駐朝鮮美國陸軍司令部軍政廳首長簽訂行政命令，華府維持對南韓武裝部隊的控制權，直到美軍部隊從朝鮮半島撤出為止。美軍在一九四九年六月全面撤離，只留下一小支軍事顧問。[7]從此以後，南韓對自己的武裝部隊握有作戰指揮控制權。

儘管兩韓之間情勢日益緊張，在三十八度線附近地區也發生數起小衝突，當北韓在一九五〇年六月發動進侵時，南韓政府及其國軍部隊還是猝不及防。這是韓戰的起始。（北韓）朝鮮人民軍（Korean People's Army, KPA）接受蘇聯的訓練和裝備，也因為曾經支援中共部隊、參與國共內戰最後階段的戰鬥而取得作戰經驗。與大韓民國國軍既無重型武器又缺乏充足的作戰訓練，成為鮮明對比。[8] 此外，杜魯門政府在一九五〇年一月也明確地將南韓排除在華府的「防衛範圍」（defensive perimeter）之外。華府在東亞所界定的防衛界限從日本經琉球到菲律賓，這是美國已經保護、不讓共產主義跨越雷池、染指的地區，[9] 南韓明顯不在防衛範圍之內。宣示排除在外之後一個星期，美國國會又否決給予南韓六千萬美元援助的方案。[10] 另外，由於選舉已經舉行，首爾成立了可以獨立運作的政府，美軍也從南韓撤離。這些發展讓金日成膽氣大壯，以為美國不準備保護南韓，因而試圖接管南韓。

然而，美國出手干預了，四月間，杜魯門政府核准「美國國家安全目標及計畫書」（the United States Objectives and Programs for National Security）。這份文件通稱「國家安全會議六十八號文件」（NSC–68），它主張美國對抗蘇聯及共產主義的政策要軍事化。北韓侵略南韓成為新政策的第一次考驗，美國立刻要求聯合國安全理事會召開會議。由於蘇聯杯葛安全理事會，美國得以引導會議通過第八十二號決議案，要求北韓部隊立刻撤出南韓。[11] 兩天後，安理會又通過第八十三號決議案，授權聯合國會員國採用任何一切援助，擊退北韓入侵，並恢復朝鮮半島的和平與安全。[12]幾天之內，美軍重返南韓，率領一支聯合國部隊，與大韓民國國軍並肩作戰對抗北韓部隊。聯合國部隊接受在七月成立的聯合國部隊司令部（United Nations Command, UNC）之指揮作戰；這是依據《聯合國憲章》設立的第一個集體安全之安排。[13]幾天後，李承晚總統決定賦予擔任聯合國部隊司令部總司令、美軍將領道格拉斯·麥克阿瑟（Douglas MacArthur）統一調度南韓部隊作戰的權力。[14]這一來又回到一九四九年六月以前的情況，美國將保持和平時期對南韓國軍的作戰控制權，而且直到今天，美國仍繼續保有萬一爆發戰爭時，對南韓部隊的指揮調度權力。

美國領導的聯合國部隊介入之後，幾乎把北韓部隊一路壓著打，在一九五〇年十月前，將北韓驅退趕回到分隔朝鮮半島與中國的鴨綠江（Amnok River, Yalu River）畔。這一來，中國深怕美國乘勝追擊，攻進東北，便派出「志願軍」渡江和美、韓聯軍作戰。到了一九五一年初，交戰雙方在三十八度線陷入僵峙局面。從當時起，戰線幾乎沒什麼移動。[15]七月間，美國代表聯合國，而北韓在中國支持下，雙方展開和談。[16]不過，李承晚總統反對和談，他擔心北韓共產主義政權的存在會對南韓構成威脅；他也相信，在美國支持下，南韓能夠擊敗北韓以及中國。即使美國沒提供支持，李承晚認為，南韓還是應該建立本身的軍事力量以便光復北韓。[17]總而言之，美國、北韓和中國在一九五三年七月簽訂停火協議，終止韓戰。[18]即使尚未簽署正式的和平協定，敵對作戰也終止了。因此，三方同意沿著三十八度線建立非軍事區，以此作為緩衝，防止新的敵對衝突。南韓並未簽署停火協議。李承晚預測停火必將失敗，因為共產黨方面毫無疑問一定會違背協議。[19]

在南韓外交政策史的這個初期階段，李承晚也努力爭取國家受到國際承認及自主地位，最為顯著的是，南韓爭取到聯合國觀察員地位。根據第一九五號決議案，南韓被聯合國大會承認為合法政府，於一九四八年十二月成為觀察員。[20]然而，由於台灣代表中國居於安理會常任理事國，北韓因此未能被接受為觀察員。兩韓在一九四九年初分別申請加入聯合國，雙雙鎩羽；南韓之所以不能如願所遂，是因為蘇聯反對。[21]總而言之，南韓利用它的觀察員地位，推進與美國及其他資本主義國家的關係，最令人矚目的是南韓與聯合國安理會兩個常任理事國法國和英國，以及西班牙建立外交關係。[22]甚且，李承晚政府尋求運用它在聯合國大會的席次，推動以它偏好的方案來解決朝鮮半島分治局面，只不過，首爾當局並沒有成功。「朝鮮問題」成為聯合國討論的常態議題，可是，蘇聯在停止杯葛後，在安理會中掌握了否決權，加上同情北韓的大量共產國家的存在，阻礙了南韓利用觀察員

地位取得更大好處。(23)

堅持民族主義立場的李承晚政府，在經歷日本數十年殖民占領之後，也針對若干領土強烈提出主權主張。一九五二年一月，李承晚以總統名義發布有關鄰近海域主權的宣言（Presidential Declaration of Sovereignty Over Adjacent Seas），宣示從朝鮮海岸外推六十海里為其領海。獨島（Dokdo Islands）位於這片領海海域之內，日本人稱獨島為竹島（Takeshima），也主張日方具有主權。(24) 一九五一年簽署的《舊金山和約》，重新確立第二次世界大戰之後，日本和盟國的和平時期關係，和約中並未明確敘明這些島嶼主權歸屬，但是李承晚還是堅持南韓對它們握有主權。李承晚也很尖銳的拒絕與日本外交關係正常化——即使南韓已經與菲律賓及台灣這兩個美國盟友建立邦交。(25)

後韓戰的李承晚主政時期，一九五四年—一九六〇年

韓戰停火後，韓美同盟以及整體的韓美強大關係，變成南韓外交政策的重要支柱。

一九五三年十月，首爾和華府簽訂《美韓共同防禦條約》（Mutual Defense Treaty Between the United States and the Republic of Korea），[26]條約確立了韓美同盟，直到二十一世紀，此一同盟一直都是南韓外交政策的重要元素。基本上，秉持條約規定，美國承諾保衛南韓不受北韓侵略，因此，美國派出軍隊常駐南韓。這包括在韓戰之後仍然維持設置的聯合國部隊司令部，由它執行保護南韓的職責，而司令部的幕僚人員主要仍是美軍。簽訂共同防禦條約後幾個月，首爾和華府啟動「聚焦鏡」（Focus Lens）演習，在聯合國部隊司令部領導下，進行美、韓第一次聯合軍事演習。一九五四年十一月，首爾同意條約附加一份「協議會議紀要」（Agreed Minute），把南韓部隊的指揮調度權仍然託付給美國——準確地說，就是由聯合國部隊司令部掛名擔綱——目的在維持它保障南韓安全的功能。[27]一九六〇年李承晚下台時，有五萬名美軍駐在南韓境內。甚且，從一九五四年至一九六〇年期間，華府提供三十六億美元援助給首爾。一九五八年一月，美國將戰術核武器部署在南韓。[28]美國希望南韓和其他非共產國家，如日本、菲律賓和台灣，能夠在經濟上成功，俾能顯示出資本主義的優異性，進而防止共產主義在亞洲各地的擴張。與此同時，美國認為它和南韓簽訂的條約，以及大約同時與日本及台灣簽訂的類似協定，可以作為約束這些國家領導人可

能針對其共產黨敵人發動攻擊的手段。(29)

韓美同盟是在杜魯門主義（Truman Doctrine）和國家安全會議六十八號文件的情境背景下簽訂、生效的。杜魯門主義可以上溯至一九四七年，它確立了一個原則：所有的民主國家——或至少是非共產國家——受到共產主義威脅時，美國會提供他們政治、軍事和經濟援助。杜魯門主義揭示，華府決定透過一九四八年的馬歇爾計畫（Marshall Plan）支持西歐國家，並於一九四九年成立北大西洋公約組織（North Atlantic Treaty Organization, NATO）。(30)透過國家安全會議六十八號文件，杜魯門政府對共產主義的回應更加軍事化。在東亞方面，它導致美國在與南韓簽訂同盟條約之外，又分別與日本（一九五〇年）、菲律賓（一九五一年）和台灣（一九五四年）相繼簽訂類似的同盟條約。美國也在一九五四年簽署成立東南亞公約組織（Southeast Asia Treaty Organization, SEATO），這個組織包含了菲律賓、泰國等國家；英國因為仍保有香港殖民地，也加入成為會員國。(31)鑒於中國已在一九四九年贏得國共內戰，又蠢蠢欲動有擴張野心，美國擔心東亞國家沒有力量擊退來自北京人民解放軍的進襲。

在南韓這個案例上，美國對它的安全承諾包括部署核武器。一九五八年一月，也就是華府開始在歐洲前進部署核武器之後四年，第一批核武器系統送到南韓。不到幾個星期，美國已經部署了一百五十個彈頭。李承晚政府和美國都認同，核武器是防止北韓再度入侵必需的嚇阻工具，他們也認為核武器可用以嚇阻中國和蘇聯支持北韓再度南侵。[32] 美國在一九四五年八月於日本投擲兩顆原子彈，迫使日本投降後，已經成為世界唯一一個使用核武器獲致軍事目標的國家。除了歐洲之外，美國也正在亞洲及太平洋其他地點部署核武器。從南韓的角度看，美國部署核武器，就是承諾必要時將動用它們的表徵。

李承晚認為，韓美同盟條約不僅帶來安全保障的承諾和經濟的發展，它也可以作為跳板，必要時可能以武力統一全韓。事實上，南韓外交部長卞榮泰一九五四年五月在日內瓦政治會議上發表談話，呼籲解決韓戰及第一次中南半島戰爭留下待決的議題。卞榮泰在談話中重申，南韓政府是朝鮮唯一的合法代表，因此也應該在北方辦理選舉、中國部隊應該撤離，而聯合國部隊應該留駐朝鮮半島。[33] 換句話說，李承晚政府拒絕放棄它在韓戰之前已採取的最大主義立場，而且他終其任內一直堅持這個立場。事實上，杜魯門政府和一九五三年上任的艾森豪政府，都認為這位南韓總統相當頑固。[34] 談到與北韓的關係，李承晚一心一意追求自己的最終目標。

韓美同盟緩和了南韓最大的隱憂之一。在李承晚領導下，南韓決策者深怕美國有朝一日會拋棄南韓，畢竟，一九五〇年美國公布它的防衛範圍時，就曾把南韓排除在外。某些南韓人士猜疑，美國之所以出兵拯救南韓，純粹是為了防止出現由共產黨領導的、統一的全韓，繼而追隨中國和蘇聯，對日本和福爾摩沙（後來通稱台灣）構成威脅。(35) 李承晚政府因此成為美國外交政策的堅定支持者，鑒於李承晚的反共立場鮮明，這立場也吻合他的天性。但是，深怕遭到拋棄的恐懼感，也導致南韓大力推動發展國內軍事力量，以防止美軍撤走並停止對南韓的支持。

除了與美國的關係之外，李承晚政府也致力與世界各國建立外交關係，爭取南韓被承認為反共陣營的一員。因此李承晚政府在一九五四年至一九六〇年這段時期，與巴西、丹麥、德國、義大利、馬來西亞〔譯註2〕、挪威、瑞典、泰國和土耳其等國家建立外交關係。(36)

〔譯註2〕「馬來亞聯合邦」（Federation of Malaya）雖在一九五七年八月獨立，基本上只包括今天俗稱的西馬；一九六三年由馬來亞、新加坡、北婆羅洲和砂勞越等四地區合組成立，才有正式命名的「馬來西亞聯邦」（Federation of Malaysia）。

北韓已經受到共產集團大部分國家的承認，為了和北韓競爭，對於李承晚政府而言相當重要的一點是，要展現南韓並不孤立，除了美國之外，還有許多邦交國。即使這些關係沒有產生如首爾和華府結盟所帶來的相同的安全和經濟利益，但還是有明顯的政治好處。主要的例外還是日本，李承晚政府仍然反對與這個韓國昔日的殖民主建立關係。

與此同時，南韓繼續在聯合國內扮演積極角色。每年聯合國大會都會討論「朝鮮問題」，它的立場自從一九四七年第一次討論以來一直不變，也就是：韓國應該統一成為一個獨立、民主的國家。拜它與美國同盟之賜，以及西方國家在聯合國占多數席次的加持，南韓能夠在名義上代表兩韓提出韓國的立場。(37)然而，蘇聯繼續運用否決權阻擋南韓加入聯合國成為正式會員，因此，南韓的活動持續受到局限，它可以參加會議和辯論，但沒有投票權。和德國及越南相同，碰到聯合國會籍這個議題，南北分治的韓國也是地緣政治的受害者。

朴正熙時代，一九六一年—一九七九年

一九六一年五月，朴正熙領導軍事政變，推翻在一九六〇年經由選舉產生、取代李承晚的民主政府。朴正熙持續領導南韓直到一九七九年遇刺身亡為止。在這段將近二十年的威權統治期間，南韓經歷一段工業化和經濟成長的時期，使它踏上發展之路。南韓是典型的發展型國家的範例，它的經濟發展是國家領導的資本主義模式的結果，政府、官僚菁英和特定的財閥（chaebol, big conglomerates）攜手合作，為國家的利益，也為本身的利益打拚。朴正熙的目標很清晰：就是成為「先進國」（seonjinguk）。他希望南韓加入現代國家之列。[38]他的目標是將南韓改造為已開發經濟體，降低對外國（包括美國）的依賴，並呈現南韓是兩韓當中最成功的一方。

朴正熙的外交政策理論包括「自主國防」（self-reliant national defense, chaju kuk-bang）。朴正熙本身就是軍事將領，他希望增進大韓民國國軍的備戰能力，達到能在盡可能最少外援支持下就可以保衛南韓、抵抗北韓再次發動南侵行動。在此同時，或許堪稱更重要的一點是，朴正熙希望開發出更強大的國內武器生產計畫，以降低對外國武器

的依賴。朴正熙尤其擔心南韓過度依賴美國武器系統，他也特別害怕，美國若是撤走支持，而南韓本身又沒有國造武器能力，那就岌岌可危了。[39] 因此之故，首爾的國防預算從一九六一年朴正熙上台那一年的八億二千萬美元，巨幅增加到一九七九年他遇刺身亡那一年編列的八十九億美元。[40] 朴正熙的觀點是，經濟現代化應該有助於維持一支更龐大、更強大的武裝部隊。

但是南韓仍然是個弱國。北韓在一九六〇年代中期，增強跨越非軍事區分界線的挑釁行動，[41] 因此，朴正熙意識到強化韓美關係的價值。結果就是，從一九六一年至一九七〇年這段期間，駐韓美軍人數一直維持在四萬七千人至六萬六千人之間。[42] 部署在南韓境內的美國核武器數量也持續增加，在一九六七年達到高峰，有九百五十顆核彈頭。[43] 甚且，一年之前，首爾和華府簽訂了《駐韓美軍地位協定》（U.S.-ROK Status of Forces Agreement, SOFA），首度對駐韓美軍部隊的待遇訂定法律框架。[44] 針對駐韓美軍的待遇訂出可以預測的規定，可以說是證明首爾和華府都認識到，韓美同盟將是長久存在的承諾。同樣，在一九六六年，第一批美國和平工作團（U.S. Peace Corps）九十八名志工來到南韓，[45] 朴正熙政府認為，這更證明美國有意維持與南韓發展堅強關係的承諾，因為和平工作團將促進民間交流、增進相互了解。美國又賦予南韓出口商進入美國市場的優惠待遇，使他們享有相對優勢，這更增強了雙方關係。此外，南韓和美國在一九六八年啟動代號為「乙支」（Ulchi）〔譯註3〕的第二次聯合軍事演習。一九七六年，他們又啟動代號「團隊精神」（Team Spirit）的規模較小的聯合軍事演習，同時把「聚焦鏡」和「乙支」兩項演習合併為「乙支－聚焦鏡」演習。

就強化韓美同盟而言，更加重要的是，南韓決定派兵參加越戰，支持華府的反共戰爭。朴正熙為什麼決定派遣南韓部隊投入越戰有許多原因，最重要的有四點：南韓將支持它的盟國和安全保障國，因而顯示它對韓美同盟也有貢獻；因為參與戰爭有助於經濟發展，南韓將因參戰累積經濟利益，就像日本在韓戰期間提供物資支援美國而獲利一樣；大韓民國國軍將取得迫切需要的戰鬥經驗，一旦與北韓再度爆發戰爭，立刻可以派上用場；朴正熙政府將獲得國際正當性，或至少是政治上的接受。南韓在一九六五年派出第一支部隊參

〔譯註3〕西元六一二年隋煬帝發動大軍征伐高句麗，乙支文德率軍抵抗，智取隋軍而名流青史。

戰，一直到一九七三年才撤軍。(46)朴正熙崛起掌權之前，和先前的李承晚一樣已經堅決反共，也有助於這項決定。巔峰時期，派到越南參戰的南韓部隊高達四萬八千人。(47)

就兩韓關係而言，整個一九六〇年代，朴正熙政府蕭規曹隨，繼續秉持李承晚政府追求的政策——一九六〇年至一九六一年之間短暫的民主政府也奉行相同的政策。換句話說，朴正熙拒絕承認北韓，仍然正式追求以一切必要手段達成南北統一、同時主張在聯合國監督下跨越兩韓舉行自由普選。然而，朴正熙政府針對最後一項要求也作出調整：普選應依人口比例進行。(48)朴正熙上台的一九六一年，南韓人口為二千五百七十萬人，相對於北韓估計有一千一百四十萬人，這將有利於南韓方面。(49)一九六四年十一月，南韓國會表決通過，贊成採取這個作法。

然而，隨著一九六〇年代歲月流逝，朴正熙政府對可能的統一採取更務實的觀點。一九六一年，北韓與蘇聯簽訂一項友好合作互助條約；緊接著在五天之後，北韓又和中國簽訂同樣名字的條約，(50)平壤因此和莫斯科及北京有了正式的軍事同盟關係，假如爆發第二次韓戰，蘇聯和中國依法都有責任援助北韓。然而，自從韓戰終止以來，北韓並未企圖侵略南韓。同樣的，中國也沒有試圖入侵台灣。而美國也反對南韓企圖以武力進侵北韓，換言之，首爾極不可能以武力接管北韓。一九六八年一月，北韓突擊隊企圖偷襲青瓦台（Blue House, Cheong Wa Dae）（自一九四八年至二〇二二年，青瓦台一直是南韓總統的官邸及辦公廳），想殺害朴正熙，卻沒有得逞。三天之後，北韓軍隊在鄰近其領海的水域扣住美軍軍艦「普韋布洛號」（USS *Pueblo*）。經歷好幾個月的談判之後，美軍官兵才獲得釋放。一九六九年四月，北韓擊落一架飛越東海（即日本海）上空的美軍偵察機。[51] 但是相較於前一年，跨越非軍事區的部隊衝突在一九六九年次數大減，顯示北韓降低對南韓的敵意。[52] 接下來，朴正熙於一九七〇年八月提出「和平統一倡議」（Peaceful Unification Initiative），呼籲兩韓展開經濟和民間交流，以及消除兩韓之間的障礙。[53] 這等於是暗示承認，武力統一已經不可能，要想統一，必須以和平方式進行。

就整個一九六〇年代而言，南韓外交政策最戲劇化的改變是，一九六五年六月與日本外交關係正常化。根據《日本國與大韓民國之間基本關係條約》（Treaty on Basic Relations Between Japan and the Republic of Korea）兩國建立外交關係之外，條約還包括，東京為了過去殖民統治朝鮮，要支付給首爾下列經濟賠償：兩億美元的援助貸款；三億美元的援助贈款；以及三億美元的公眾信託貸款（loans for public trust）。[54] 一九六〇年至一九六一年的民主政府也思考過和日本關係正常化，因此這並不是朴正熙政府的原創點子。但是朴正熙政府在國內遭遇極為強大的反對，自由派人士認為南韓這麼做是向前殖民主子「出賣」自己，因此鼓動抵制風潮。[55]但朴正熙政府仍堅持推動與日本的正常化關係。然而，韓日建立外交關係後，雙邊關係並沒有立即改善。一九七〇年代初期有一段關係親善時期，然後在一九七〇年代中期陷入緊張，不久旋即又緩和，使得朴正熙政府和日本能夠進行高階軍事官員相互訪問，並於一九七九年舉行了第一次安全防務會議。[56]儘管關係起伏不定，朴正熙看到與日本關係正常化的好處：經濟援助、民間投資，以及相互承認。

在韓美關係及兩韓關係方面，一九七〇年代以非常不同於一九六〇年代的方式展開。尼克森於一九六九年就任美國總統。同年七月，新任總統宣布「尼克森主義」（Nixon doctrine）——又稱「關島主義」（Guam doctrine）——然後他在十一月做出更詳細的說明。尼克森表明，美國將會信守一切條約承諾，美國的核子保護傘也將繼續保衛盟國，但是他也宣布，盟國應該承擔起本身安全防務的主要責任。[57]實務上，從南韓的角度來看，這導致美國在一九七一年三月降低在南韓的軍事足跡，減少兩萬名駐軍。[58]美援亦逐步降低，一九六九年還有四十五億美元，一九七五年只剩下七億美元。[59]朴正熙政府裡充滿遭到遺棄的恐懼感，它趕緊加快努力開發南韓國內產製武器的能力。

最顯著的是，首爾考慮發動核武器開發計畫。美國宣布尼克森主義，隨即又降低數以千計的駐軍人數之後，朴正熙開始認真思考開發國內產製核武器的計畫，為美國撤走它的核武器預作準備。一九七〇年代初期，朴正熙批准一項開發核武器的計畫。南韓向加拿大、法國以及海外科學家——尤其是韓裔僑外專家——求助，想要取得必要的技術。一九七五年，朴正熙正式宣布南韓盼望能擁有核武器，然而，首爾受到華府的嚴厲批評。朴正熙政府被迫在一九七五年四月，批准通過南韓在八年前簽字的《核不擴散條約》(Treaty on Non-Proliferation of Nuclear Weapons, NPT)。這應該就終結了南韓發展核武器的野心。可是越戰結束又掀起韓方的擔憂，深怕華府也會遺棄它。因此，朴正熙政府鼓勵南韓科學家進行開發核技術的研究[60]，可以說，朴正熙並沒有完全放棄他的核武野心。

除了宣布尼克森主義之外，這位美國總統又撼動了南韓在內的全世界，他於一九七二年訪問中國，與毛澤東會面。[61]華府和北京之間關係可能正常化這件事，發出美國和它在亞洲最大的共產主義敵國之間的關係將化冰解凍的訊號。南韓對尼克森訪中的反應是正面的，實際上，朴正熙政府已在尋求和中國及其他共產國家的關係緩和及接觸，譬如悄悄推動經濟關係或取消通郵禁令。(62) 中國既已在一九七一年取代台灣進入聯合國安全理事會，早晚南韓和中國都得在聯合國裡接觸，朴正熙政府試圖與他的鄰國改善關係，也算順理成章。但最重要的是，朴正熙認為中美接觸是個機會，可以加速推動南韓與北韓改進關係的政策。

一九七一年八月，兩韓紅十字會代表在板門店（Panmunjom）——一九五三年停戰協定就是在非軍事區的這個村落簽署——舉行會談，旋即在下一個月設置一條熱線。(63) 出自首爾方面的提議，這是一九四八年一群南韓代表出席平壤會議以來，兩韓代表的第一次對話。稍後不久，兩韓亦設立熱線作為跨越非軍事區溝通的工具。再隔幾個月，兩韓又設立一條秘密電話，以便最高層溝通。(64) 經過一連好幾個月、好幾輪會談之後，政府層級的官方對話於一九七二年五月開始。這些政府官方的對話產生歷史性的「七月四日南北聯合公報」（July 4 North–South Joint Communiqué）。公報就兩韓統一確立三大原則：不依賴外力、不得有外力干預下獨立；使用和平手段、不得訴諸武力；超越理念、意識型態和制度的歧異的國家統一。(65) 這意味首爾承認平壤是個和平共存的實體。朴正熙政府一九七三年六月二十三日的「六二三宣言」也確立了這個新作法。(66)

兩韓和解並未成功。同一年，北韓最高人民會議（Supreme People's Assembly）致函美國國會，促請美國將美軍部隊撤出南韓；[67] 次年，最高人民會議又發函，要求美國和北韓進行直接對話。[68] 這兩次要求都沒有結果。雙方關係惡化；一九七六年發生板門店斧頭劈人事件（Panmunjom ax incident），北韓士兵殺死兩名在非軍事區執行砍樹任務的美國軍官，更是兩韓關係的最低點。[69]〔譯註4〕事件之後，北韓首度切斷與首爾的直接線路。一直要到一九八〇年才又恢復；接下來幾十年，直接熱線一會兒開通、一會兒又切斷。[70] 到

〔譯註4〕板門店位於非軍事區，圍繞在它四周是一個「共同警備區域」。警備區內有一棵三十公尺高的白楊樹枝葉茂密，阻擋住美軍哨所視線。一九七六年八月十八日，美軍連長亞瑟・波尼法斯（Arthur Bonifas）上尉、排長馬克・巴瑞特（Mark Barrett）中尉率領十一名美、韓軍人、帶著五名南韓無武裝的工人進行修樹任務，北韓衛兵朴哲上尉帶領部眾喝阻，波尼法斯上尉不予理睬，朴哲召來二十多名衛兵後，揀起砍樹工人放在地上的斧頭攻擊波尼法斯，五、六個北韓士兵棍棒齊飛，波尼法斯當場殞命，美、韓人員也統統被北韓士兵打傷，巴瑞特送醫後不治。美、韓方面震怒，福特（Gerald Ford）總統爲此在白宮進行兩天討論，認爲此風不可長，命令駐韓美軍組織人馬強力執行砍樹任務。經過縝密部署，三天之後的八月二十一日上午，聯軍在現場派出八百多名兵力並提高機艦戒備，擺出強硬陣勢，將這棵白楊樹整棵砍倒。北韓方面起先不認錯，後見勢頭不妙才勉強接受肇事責任。由於這是一九五三年韓戰停火以來，北韓第一次爲非軍事區暴力事件承認責任，美方也見好即收，事件才沒有升高。

了一九七〇年代中期，情勢已經很清楚，南韓的經濟力大過北韓，[71]金日成更不願意改善兩韓關係，去承認兩韓之間差距日益拉大。不過，朴正熙自一九七〇年代起對付北韓的方法，卻替日後南韓民主化之後首爾政府所展開的「北方政策」（Nordpolitik）奠立初步基礎。[72]這項政策包含了南韓及其夥伴與北韓建立外交關係及經濟往來，俾便讓它開啟門戶，進而能夠改善兩韓關係。這從一九八〇年代末期起一直推行到今天（見本書第四章）。

聯合公報未能執行之後，兩韓關係轉趨惡化，反倒改善了南韓與美國的關係。一九七八年，兩國簽訂一項協定，成立「韓美聯合部隊司令部」（ROK/U.S. Combined Forces Command, CFC），簡稱「聯合司」。[73]到了一九七〇年代中期，聯合國部隊司令部中只剩下美軍部隊。一九七六年聯合國大會通過第三三九〇號決議，要求在次年解散聯合國部隊司令部。[74]彼時，中國取代台灣在聯合國席次，以及亞洲與非洲大量新興獨立國家紛紛入會後，北韓也取得聯合國觀察員地位，因此就產生一種可能的威脅，即聯合國可以施加足夠的壓力來解散聯合司。即使沒有發生這種狀況，聯合司保證美國在南韓的駐軍，且依循傳統作法，聯合司作戰指揮權是交付給一名美軍將領。即使吉米．卡特（Jimmy Carter）一九七七年出任美國總統並公開批評朴正熙的人權紀錄；又爆發一項涉及南韓情報機關和美國國會議員的醜聞，挫傷朴正熙政府的地位；東南亞公約組織在同一年解散；《美台共同防禦條約》（U.S.–Taiwan mutual defense treaty）在一九七九年效期屆滿……，然而美國和南韓的安全關係仍然很強大。(75)但朴正熙也受到美方的壓力，在卡特建議下被迫於一九七九年底提議與美國及北韓展開三邊會談，(76)只是平壤拒絕這項提議，這反而強化了首爾和華府的關係。

事實上，首爾和華府在一九七九年簽訂一項彈道飛彈指南（Ballistic Missile Guidelines）協定。南韓已在前一年試射成功一顆國產地對地飛彈，成為全世界少有的幾個國家之一。(77)和美國簽訂的協議限制南韓自主開發和擁有武器，並且設定南韓彈道飛彈的射程最高為一百八十公里，以及彈藥酬載量為五百公斤。這對於南韓發展國造武器能力是一項重大打擊，但是卡特政府同意轉移軍事技術給南韓作為補償。(78)為了進一步增強它對南韓防務的承諾，美國同意在一九七六年至一九八一年，每年派出能夠發射核彈頭彈道飛彈的潛艦到南韓水域巡弋。(79)

朴正熙政府以李承晚時期的政策為基礎繼續推進，但又頗具野心，他大幅擴張範圍的最後一個領域是，與第三方以及在聯合國內拓展關係。南韓在一九六一年至一九七九年期間，與全世界數十個國家關係正常化，朴正熙採取務實的作法，南韓也和承認北韓的其他國家建立邦交。[80]過去的李承晚不肯這麼做。朴正熙也設法加入或創立首爾能夠起積極作用的，類似東南亞公約組織的集體安全機制。一九六六年，南韓主辦一項「亞太理事會」（Asian and Pacific Council, ASPAC）會議，[81]首爾接待八個來自亞太地區的非共產國家，包括澳洲、日本、菲律賓和台灣。三年後，在爭取加入東南亞公約組織不成功之後，南韓試圖推動亞太理事會成為集體安全架構。[82]一年後，首爾再度試圖推動亞太理事會作為促進安全的組織。[83]即使亞太理事會沒有成功，這也已經證明朴正熙的雄心壯志。在南韓成為民主國家之後，南韓其他領導人仍持續試圖推動區域安全組織。

在聯合國這方面，北韓取得觀察員地位，意味著南韓必須改變它在這個組織內的策略。於是，朴正熙在「六二三宣言」中宣布，如果北韓願意的話，他不會反對兩韓都加入這個國際組織。[84]次年，聯合國大會促請兩韓繼續對話。[85]但是在一九七七年，「朝鮮問題」沒有提出來討論——次年也只被討論一次。由於首爾不再是韓國在聯合國及其他組織中唯一的代表，朴正熙政府更有誘因去正式成為聯合國體系的成員，也比較沒有誘因去討論分治的兩韓議題。

朴正熙時期南韓外交政策最後一個值得注意的特色是，首爾當局啟動海外開發計畫，及初步企圖發展軟實力，有意在和北韓競爭時主宰話語權。一九六三年，南韓接受第一批來自開發中國家的學員；一九六七年，南韓首次派遣專家到海外；一九六九年，科學技術部啟動南韓第一個發展項目；一九七七年，外交部提供南韓第一筆發展援助。(86) 雖說如此，南韓要到一九九〇年代初期，才建立能支援國家大戰略的適當的中央援外制度。同樣是在一九七七年，首爾成立「韓國海外文化弘報院」（Korea Overseas Culture Information Service, KOCIS）。兩年後，這個機構分別在紐約和東京，設置頭兩個韓國海外文化院，(87) 然而，文化院要到二〇〇〇年代中期才遍布全球各地。

全斗煥時期，一九八〇年—一九八八年

在朴正熙遇刺身亡，全斗煥領導政變之後，接替朴正熙成為南韓總統。全斗煥一九八〇年九月經正式確認為南韓新任總統。這位將領出身的總統，治理特色仍是威權統治、反

共掛帥，他主政到一九八八年二月，南韓啟動新民主政府為止。和朴正熙相同，全斗煥專注在經濟成長以及讓南韓躋身為先進國家。(88)全斗煥和朴正熙的目標相同，都是要讓南韓成為已開發國家、減少依賴美國，俾能追求自主的外交政策。全斗煥也希望繼續擴大在一九八〇年代初期已經很明顯的兩韓之間的經濟差距。

然而，全斗煥在職的整個期間，南韓依然是個弱國。自從韓戰結束以來，它的經濟雖有非凡的成長，但南韓還不是個已開發經濟體。大韓民國國軍或許可以號稱比朝鮮人民軍更強大，但北韓仍有中國和蘇聯這兩大盟國為靠山。另外，南韓國造武器能力的發展受到彈道飛彈指南協定的約束，而且南韓部隊的作戰指揮權由於聯合司的規定，仍然掌握在美國手中。此外，南韓在聯合國仍然只是觀察員，並不是正式會員。這一切都局限住它的外交力量。

因此，全斗煥政府尋求增強它和美國的同盟關係。雷根在一九八一年一月就任美國總統，剛好是全斗煥被確認為南韓政府最高首長之後四個月。雷根向全斗煥擔保，他會停止卡特時期降低駐韓美軍人數的決定，同時他也強調南韓將繼續受到華府核子傘的保護。(89)作為回報，全斗煥也在雷根就任後不久，就明確的停止南韓核武器的雄心壯志。(90)雷根信守承諾，駐韓美軍人數一直維持穩定，整個一九八〇年代平均都有四萬人左右。[91]雖然華府在南韓的核武力大降，從一九八〇年代初期的三百個核彈頭，下降到一九八〇年代末尾只剩一百個左右，南韓仍舊被放在美國的核子傘底下。[92]

韓美同盟的強大使它能夠頂擋住兩大逆風：第一道風暴是關於一九八〇年代初期大量南韓人民的反美意識。直接原因是光州事件（Gwangju Uprising），發生在一九八〇年五月的這場民主運動，在全斗煥一聲令下，遭到軍方強力壓制，而美國對全斗煥使用武力鎮壓民眾保持沉默。當南韓人民發現真相後，許多人把華府視為共犯，轉而反美——尤其是許多自由派自始就痛恨美軍駐紮在南韓。[93]讓韓美同盟承受到壓力的第二個爭議是，雷根政府公開批評全斗煥政府的人權紀錄，以及他認為，經過數十年，南韓也應該實現民主化了。[94]不過，共同利益還是占了上風，在全斗煥當政期間韓美關係還是平順的進展。

就北韓問題而言，全斗煥政府想以朴正熙的政策為基礎尋求進展。新政府繼續承認北韓是個和平共存的實體，建議以普選的方式來決定韓國統一後的政府。一九八一年一月，全斗煥不附任何前提條件，邀請金日成訪問首爾。[95]一九八二年一月全斗煥發表「全國協和、民主和平與統一方程式」（Formula for National Reconciliation, Democratic Peace and

Unification），提出他對平壤的政策。全斗煥希望以平等互惠原則為基礎達成統一，和平解決問題，承認彼此的體制，維持停火，增加各種形態的交流，尊重既有的雙邊和多邊條約，以及設立聯絡辦事處。[96]這個時候，情勢已經很清楚，南韓比北韓富裕，也有更積極的國際政策。因此全斗煥是站在優勢地位提出方案。即使南韓的提議最後失敗，它卻啟迪了盧泰愚一九八八年就任總統後所採行的北方政策。

兩韓關係在一九八三年十月遭到沉重打擊。全斗煥接受緬甸政府的邀請，訪問仰光。北韓特務布置一枚炸彈、企圖殺害他。幸運之神拯救了全斗煥，可是在攻擊中有二十一人喪生、四十六人受傷。是因為雷根即將訪問南韓，全斗煥政府才停住對北韓展開報復。[97]接下來，兩韓關係出現令人意想不到的好轉。幾個月後，南韓遭到洪災，平壤願意提供賑災援助，首爾欣然接受；然後南韓紅十字會建議雙方啟動談判，平壤也同意了。於是乎，十多年來第一次，兩韓展開談判。兩韓政府在談判中同意讓離散在南、北兩地的家庭可以團聚。一九八五年九月，韓戰以來第一次，來自兩韓的人民可以合法地跨過非軍事區和國境另一方的親人重聚。[98]

親人互訪並沒有讓兩韓政治關係改善，北韓反而在全斗煥總統卸任前恢復動用暴力。

一九八六年，就在南韓將要主辦亞運會之前不久，北韓特務在當時首爾的主要機場——金浦機場（Gimpo Airport）——偷偷安放一顆炸彈。[99] 一九八七年，另一組北韓特務在大韓航空公司（Korean Air）一架班機偷放炸彈引爆，[100] 炸死機上所有人員，當時距離首爾預定主辦奧運只差不了幾個月。北韓的行動可以說是歇斯底里的破壞，因為南韓在雙方競爭國際承認上，已經明顯占了上風。

全斗煥政府確實大幅擴張南韓與鄰國的關係。一九八三年，中曾根康弘（Nakasone Yasuhiro）首相締造歷史，成為第二次世界大戰後第一位訪問南韓的日本領導人。這次訪問引爆相當大的爭議，但雙方堅定執行，南韓和日本舉行了他們有史以來第一次高峰會議。一年之後，全斗煥報聘回訪，成為踏足前殖民母國本土的第一位南韓總統。[101] 日、韓政治和經濟關係因為這些互惠訪問受到激勵，雷根政府也很高興美國的兩個盟國能想方設法彼此增進合作。

更令人驚訝的是，自鄧小平於一九七八年底首度啟動「開放」政策以來的十年裡，南韓與中國的關係大幅改善。一九八三年，一群中國人劫持一架飛機，降落在南韓的春川機場（Chuncheon Airport），立刻要求政治庇護。鄧小平派出一個官方代表團到南韓交涉。

這是中國官員第一次踏足這個鄰國；這個舉動暗示首爾和北京相互承認。劫機者獲准飛往台灣，南韓則把飛機還給中國。(102) 兩年後，兩名中國海軍軍官殺死船上六名同僚，駕船逃到南韓，北京官方要求交還這兩名軍官和船隻，全斗煥政府同意要求。(103) 作為回報，中國決定參加南韓將要主辦的一九八六年亞運和一九八八年奧運。（中國已被選定即將主辦一九九〇年亞運，這也影響到它參加首爾亞運和奧運的決定。）除了政治關係之外，中國和南韓之間的經濟關係也大有進境。一九八四年，南韓超越北韓，成為兩韓之間和中國貿易的最大夥伴。(104) 由於南韓企業界和個人，看到鄧小平開放政策提供的機會，紛紛搶進，從此以後，兩韓之間的差距日益擴大。

在蘇聯這方面，雙邊關係在一九八三年受到重挫。韓航一架飛機誤飛進入蘇聯領空，遭擊落，機上人員無一倖免。全斗煥震怒，但是南韓也莫可奈何；翌年，雙方恢復政治接觸。(105) 一九八五年，米哈伊爾．戈巴契夫（Mikhail Gorbachev）出任蘇聯領導人，與美國關係漸有改善，南韓看到可以改善政治、貿易關係的機會，因此全斗煥政府增加與蘇聯政治接觸的次數，南韓和其鄰國之間的貿易也大為增加。(106)

事實上，全斗煥政府很技巧地運用南韓的經濟成長和主辦奧運會，去和共產集團接觸。起先，它和共產集團中有心吸引南韓投資的國家，尤其是和中歐與東歐的國家接觸。此外，南韓斡旋妥善，確保一九八八年的首爾奧運，不會像一九八〇年的莫斯科奧運和一九八四年的洛杉磯奧運那樣受到杯葛。[107] 在全斗煥主政末期，的確已經出現某些初步的經濟交流，而且，儘管北韓呼籲抵制，但幾乎所有的共產國家都確認他們會參加首爾奧運。另外，全斗煥在一九八七年創立「經濟發展合作基金」（Economic Development Cooperation Fund, EDCF），提供貸款協助經濟發展。[108] 不過，這個倡議出現時，已接近全斗煥任期末期。

一九八〇年代是南韓開始脫離弱國地位、被承認為更有份量的全球角色的時期。首先，南韓在一九八一年取得一九八六年亞運主辦權，以及一九八八年奧運主辦權。首爾擊敗平壤取得亞運主辦權，是因為北韓發現情勢已有利於南韓脫穎勝出，而退出爭取。[109] 首爾在表決誰來主辦一九八八年奧運會的投票中，擊敗日本名古屋；鑑於日韓兩國的歷史恩怨，這一勝利對首爾特別具有象徵意義。[110] 這兩項體壇盛事，成為南韓晉身世界重要國家的重大里程碑，就好比是一九六四年的東京奧運，有助於日本在國際社會重新揚眉吐氣一般。當時比較沒有受到注意的是，南韓財閥日益介入海外——尤其是中東地區——基礎建設項目的開發；它開始展現出南韓的企業和投資，可以在外交政策上扮演角色。這方面的參與始於一九七〇年代，但是要到一九八〇年代才變得更攸關南韓的對外經濟關係。[111]

但有一個領域南韓無法獲致絲毫突破，那就是加入聯合國成為正式會員國。允許南韓成為會員國，是中國和蘇聯都堅持不肯退讓的一道防線。即使兩韓都是聯合國觀察員，聯合國的會員數目也巨幅增加，但「朝鮮問題」似乎無從解決。到了一九八〇年代還不斷提出討論。[112] 到全斗煥任期結束時，南韓已經有了建政以來最大的經濟實力、外交夥伴的數字也空前最高、軍事力量十分強大，毫無爭議地「勝過」北韓。但是南韓的外交政策仍然滯礙難行，因為它並沒有得到聯合國的承認。

第三章

南韓的大戰略：因素、目標和手段

셋

後民主化時期的南韓已經有長期制定的大戰略。本章將探討刺激南韓大戰略的因素、南韓想要達成的目標，以及追求這些目標的手段。畢竟，除非我們能夠證明，它的目標和工具能超越不得連任的五年總統任期，仍持續數十年垂為定制的事實，否則我們無法主張南韓具有大戰略。我將會說明，南韓的某些大戰略因素、目標和手段，在一九八八年民主化之前就已存在。但是正如前一章對一九四八年至一九八七年南韓外交政策的討論所顯示，在那數十年裡南韓只是個弱國，外交政策主要還是被動反應性質。一直要到民主化之後的年代，出現一套新的因素、目標和手段，才把南韓打造為具有清晰大戰略的中等強國。

南韓外交政策涵蓋的地理和時間範圍，分別皆具有全球性質和長期性質，這是一個中等強國能夠聲稱自己具有大戰略的先決條件。一九八八年以前的南韓就不是如此，當時它的外交政策基本上只具區域性質。另外，雖然說與北韓統一及自主地位或許是南韓的長期目標，但是沒有達成它們的清晰交集點。一直要到一九八〇年代末期及一九九〇年代初期之後，南韓的菁英鋪陳出清晰的長期目標，以及至關重要的是，具有愈來愈多的工具可供利用。這段時期南韓經歷的關鍵時刻，與菁英分子的新戰略思維相交集。另外，我根據馬特爾的大戰略理論所提出的模型，也確認高懸的目標和多樣化的手段對於大戰略至關重要。一九八八年之後，南韓在地理範圍上擴大、在時間範圍上也相當宏觀的目標，都與必要的手段相配合。表3.1舉出一九八八年至二〇二二年之間，南韓大戰略的因素、目標和手段，以下我們將進一步詳細討論。

許多因素支撐和說明了南韓的大戰略，它們是說明南韓大戰略的獨立變數（independent variable）。南韓大戰略的目標是要實現安全、繁榮和地位的核心利益，這些是中介變數（intervening variable）。接下來我分析南韓外交決策者在操作大戰略目標時所具備的手段，這些則是因變變數（dependent variable）。南韓把它的大戰略劃分為四個同心圓，針對這四個部分的討論，則是以南韓官方文件和官員講話稿，配上訪談錄的第一手

表 3.1：南韓的大戰略

因素（獨立變數）	目標（中介變數）	手段（因變變數）
·兩韓分治 ·韓美同盟 ·中國崛起 ·經濟發展 ·民主 ·中等強國身分認同 ·區域統合和全球化 ·亞洲金融危機	·自主（最高目標） ·獲得保護免遭外來軍事威脅（安全） ·兩韓修睦和解與統一（安全、地位） ·深化融入世界經濟（繁榮） ·被承認是個具有影響力的中等強國（地位）	·日益增長的軍事力量（軍事） ·網路工具（軍事） ·與美國締盟（軍事） ·外交官團隊（外交） ·貿易、投資與對外援助（經濟） ·公眾外交（資訊） ·軟實力

資料為根據。

南韓的大戰略：關鍵因素

所謂大戰略，究極而言，就是國家針對區域及全球環境出現的威脅和機會所做的調整因應而產生的結果。這些調整又因每個國家的制度安排、資源和地緣政治環境而異。(1) 換句話說，影響一個國家大戰略的因素很多。這些因素可以是結構性的，即國家所面臨的環境；也可以和主事者、國內環境，以及國家具有的能力有關。這說明了為什麼相毗鄰的同類型國家的大戰略會大不相同。不論所面臨的環境是否完全相同，他們的環境和能力，意味他們將發展出不同的大戰略。譬如，南韓的大戰略就和東北亞另一個毫無疑問的中等強國日本不同。

就南韓而言，有八個因素可以說明它的大戰略。其中兩個存在已久，可追溯到南韓成為獨立國家的早期階段，即兩韓分治和韓美同盟。另三個因素可以追溯到南韓成為民主國家之前的年代，不過它們在民主化之後益加重要，即中國的崛起、經濟發展和區域整合及全球化。最後三個因素則出現在南韓後民主化時期，即民主政體本身、中等強國的身分認同和亞洲金融危機。

兩韓分治

朝鮮半島分割為兩個國家一直是影響南韓國內政治、外交政策和大戰略的關鍵因素。它堪稱是一九八八年以前南韓外交政策關鍵的影響因素，在一九八八年之後，它持續是影響南韓大戰略的根本要素。民主時期南韓所有的總統的確都抱持追求兩韓修睦和解與統一的戰略，某個程度來說，這些不同的戰略全都建立在盧泰愚提出的北方政策的基礎上，(2)它顯示出兩韓分裂對峙在南韓大戰略上的重要性。南韓任何一位總統的大戰略若不包含兩韓分治及對策的面向，就不具任何意義。

為什麼兩韓分治是影響南韓大戰略的關鍵因素，有三個理由。首先，兩韓分裂對峙是在朝鮮從日本取得獨立之後不久，由當時的美國和蘇聯兩個超級大國協議後，從外部硬加上來的安排。兩韓都想要矯正此一人為強制的結果，讓朝鮮恢復數百年以來的單一實體。大韓民國憲法第三條規定：「大韓民國的領土應包含朝鮮半島及其周邊島嶼。」第四條又規定：「大韓民國應追求統一，並應根據自由及民主原則制定及執行和平統一政策。」(3)換句話說，所有南韓政府都負有追求統一的憲政責任。它是南韓國家的終極任務。

其次，出現十分尖銳反差的是，兩韓分治成為南韓大戰略的因素，是因為北韓構成軍事威脅。最明顯的事證就是北韓入侵南韓，引爆韓戰。此後，南韓必須時時備戰以防北韓可能再度進犯。北韓憲法前言宣稱：「偉大的金日成同志和金正日同志是民族的太陽，國家統一的北極星。針對國家統一的民族最高使命，他們殫精竭智促其實現。」憲法第一條又說：「朝鮮民主主義人民共和國是個獨立國家，代表所有朝鮮人的利益。」(4)再加上北韓數十年來的建軍整備，平壤憲法中的這些文字說明了南韓別無選擇，必須考量對付北韓可能進犯的戰略，南韓的國防白皮書應運而生。(5)

最後，朝鮮分裂為兩個國家之所以成為影響南韓大戰略的因素，是因為決策者相信，統一會使韓國更加強大。(6)雖然統一或許會帶來短期挑戰，就長期而言，兩韓統一會產生更大的領土、更多的人口、更大的經濟體，以及不必投注大量軍事力量防備南北爆發衝突的機會。因此，順理成章，強大的韓國就成了南韓決策者希望兩韓統一的主要原因。這也是為什麼兩韓分裂對峙是影響南韓大戰略的原因之一。

韓美同盟

南韓和美國同盟的歷史，幾乎就跟南韓本身的歷史同樣長久，在韓戰停火協定簽字後雙方立即締盟。韓美同盟是兩韓分治之外，在一九八八年之前影響南韓外交政策的另一項主要因素，自從民主化以來，韓美同盟繼續是影響南韓大戰略的關鍵因素。從盧泰愚到尹錫悅，歷任總統無不宣示韓美同盟是南韓大戰略的支柱。

韓美同盟過去曾經是，迄今依然是影響南韓大戰略的主要因素有三點理由。首先，同盟是南韓嚇阻政策工具箱中的一項法寶。(7) 由於部隊的作戰控制權受到限制，同時又受到一九七九年彈道飛彈指南協定——直到二〇二一年才廢止——的束縛，南韓缺乏自主權，也無法擁有全面性的軍事力量。再者，首爾一直被安置在華府的核子傘保護下，(8) 因此，韓美同盟成為對付北韓可能進襲的嚇阻力量。

其次，南韓決策者認為，韓美同盟有助於補強南韓的軍事力量。美國具有全世界最先進、最強大的軍事力量，它的軍事經費全球第一，遙遙領先其他國家。[9]身為美國的條約盟國，雖然有時候擔心會被美國拋棄，但南韓仍可依賴美國的軍事支持，增強本身對付中國或俄羅斯潛在威脅的嚇阻實力。[10]事實上，同盟關係已經從原始嚇阻北韓的宗旨有了很大的演進。南韓歷任總統也都如此表示。[11]和美國的其他條約盟國，如日本和北約組織一樣，南韓深知與二十一世紀全球兩個大國之一締結強大同盟的價值。

最後，南韓決策菁英明白，韓美同盟可以促進首爾的大戰略。同盟之所以成為支持南韓大戰略的另一個原因是：它強化國力的影響範圍和政策選擇。[12]從南韓的角度來講，同盟提供首爾一項工具，可以在區域及全球層面支持它的大戰略。拜韓美同盟之賜，為南韓的地位和行動增添一層正當性。[13]另外，南韓和美國的經濟力量可以結合起來。這也是南韓大戰略的另一項動力，若無韓美同盟可能就沒有這一動力。作為回報，南韓在幾個議題範圍支持美國的政策，譬如阿富汗戰爭和伊拉克戰爭、提升二十國集團的信譽，以及華府的印太戰略等。[14]

中國崛起

中國崛起影響了整個國際體系。鑒於中國認為它的周邊地區是它的勢力範圍，它的崛起對包括朝鮮半島在內的近鄰國家的影響更加巨大，因此，中國崛起是影響南韓大戰略的主要因素。甚至在中國開始開放經濟之前，中國的力量和行為，肯定已是南韓外交政策的重大憂慮。這可以追溯到韓戰，因為當年中國參戰，防止南韓和聯合國部隊占領北韓。從韓戰到鄧小平一九七八年實施經濟改革之間的年代，南韓外交政策也不敢輕忽中國；這段期間中國和北韓的同盟，以及南北韓的經濟交流，都關係到平壤的生存。自從一九八〇年代以來，尤其是一九九〇年代至二〇〇〇年代，中國崛起成為一個重要的經濟、軍事和外交大國。南韓過渡進入民主政體之後的每一任總統，都必須把中國崛起納入大戰略的重要環節，謹慎行事。(15)

有三個主要原因可以解釋為什麼中國崛起攸關南韓大戰略。第一個原因是中國一直與北韓保持條約盟國關係，且又是一九五三年韓戰停火協定的簽署國，因此北京成為南韓在處理外交政策關鍵考量時，必須十分小心的對象。事實上，北韓經常被視為中國的緩衝國，可以防止美軍進駐到更接近中國領土的位置。甚且，北韓萬一崩潰，也被認為將對中國政府造成重大威脅，北京深怕大量難民越過鴨綠江湧入中國。[16]由於條約的承諾，一旦兩韓再次爆發戰爭，中國在法律上可被要求援助北韓。條約第二條規定：「締約國共同承諾，採取一切措施防止締約國之一方遭到任何國家之侵略。一旦締約國之一方遭到任何國家或若干國家聯手武裝攻擊，締約國之另一方應立即盡其一切能力提供軍事及其他援助。」[17]換言之，南韓在處理兩韓局勢及涉及北韓之戰略時，不能排除北京的角色。

而且，中國已經成為南韓的最大貿易夥伴，北京也毫不猶豫運用它的經濟實力施壓。南韓同意美方在其領土部署「戰區高空層區域飛彈防禦系統」，簡稱薩德系統（Theater High Altitude Area Defense, THAAD）後，習近平政府立刻針對南韓祭出經濟制裁。就南韓而言，中國的經濟崛起是它的大戰略中極為重要的經濟元素，一方面，中國自從一九八〇年代以來經濟持續不斷增長，到二〇一一年已經成為世界第二大經濟體，由於彼此的互補性，提供給南韓一個機會。另一方面，中國不僅可以運用它的威嚇力量，它也試圖提升加值鏈，以與南韓及其他已開發經濟體競爭。[18]因此，對南韓經濟而言，中國是個威脅。

最後，中國的軍事崛起和中美角力，對南韓構成戰略兩難，影響它的大戰略。到了二

○二○年代，中國的軍事開支居世界第二位。[19]而且北京已經顯示，它決心運用它的軍事力量堅持領土及其他權利主張，[20]南韓必須把這個現實納入大戰略的一環思考。此外，美國把中國視為最大的競爭者，也是對美國自從第二次世界大戰結束以來，所領導的自由主義國際秩序的潛在威脅。[21]因此南韓陷入一邊是已有數十年悠久歷史的軍事盟國，另一邊是它的最大貿易夥伴，兩者對峙之下的「夾心餅乾」為難局面。首爾必須把這一因素納入大戰略之一環審慎考量。

經濟發展

南韓本身的經濟發展是強烈影響國家大戰略的另一個重要因素。到了一九八○年代，南韓已經成為中等所得經濟體。[22]它開始被納入南韓的外交政策；包括共產國家在內，許多國家尋求與南韓改善關係，俾能向它招商引資。[23]民主化之後，南韓的經濟持續增長；一九九六年，它成為亞洲第二個加入經濟合作發展組織的國家。[24]一年之後，韓國銀行（Bank of Korea, BOK）正式加入國際清算銀行（Bank for International Settlements, BIS）。[25]

後來，南韓又加入二十國集團，也加入經濟合作發展組織的「開發援助委員會」（Development Assistance Committee, DAC），並受邀參加七國集團會議，更晉升為世界十大經濟體之一。[26]數十年來，南韓人民十分自豪，他們的國家能從一九五〇年代世界最窮的國家之一，到一九九〇年代躋身富國行列。[27]民主化以來，歷任總統都懂得善用南韓的經濟發展作為經濟方略的工具。

經濟發展為什麼是說明南韓大戰略的一個重要因素，有兩個理由。第一是它賦予南韓一個新手段。其他國家都被吸引來向它招商引資、爭取援助，想要進入南韓市場。作為一個經濟強國，南韓不能和中國、歐盟和美國這「三大」列入同一等級，但它是第二層的中等經濟強國之一，與澳洲、加拿大、日本或英國相等，可以發揮經濟實力。南韓政府善於策略性運用這些能力，也了解它們是重要的政策工具。

與此同時，經濟發展影響南韓大戰略，是因為它使首爾肩負起新義務和責任。市場開放、提供外援，或參與經濟治理機構的要求，往往加諸在更大或更開發的經濟體肩上。當然南韓也承受到比以前更大的壓力，要求它增加援外款項、提供資金給世界銀行（World Bank）或亞洲開發銀行（Asian Development Bank, ADB）等國際經濟組織，以及捐助公益活動，如提供疫苗和器材以對付新冠肺炎（COVID-19）疫情。[28]這些要求都成為影響南韓大戰略的因素，它不能像經濟力量較差的國家那樣可以置之不理。

民主

自從南韓過渡到民主以來，挺合乎邏輯的是，它的民主過渡和後續鞏固成為民主國家，成為影響南韓大戰略的一個因素。南韓和中歐、東歐、東亞、拉丁美洲和南歐若干國家，都是在一九七〇年代至一九九〇年代之間實現民主化的「第三波國家」之一。[29]在這些第三波國家中，它和葡萄牙、西班牙以及台灣一樣，很快就鞏固民主，到二〇一〇年代時，已成為世界最強大的民主國家之一。的確，南韓和日本、台灣並列亞洲三個完全民主的國家。[30]南韓人民對他們的民主過渡和鞏固十分自豪。[31]因此它變成影響決策者推動的大戰略之重要因素。

民主化為什麼成為影響南韓大戰略的因素有兩個主要原因。第一個原因是南韓承受國內及國際壓力，要它兌現民主承諾，並把它納入國家大戰略。南韓人民非常重視民主價值，數十年來這個態度一直沒有改變。(32)身為民主國家，南韓決策者至少應該考量人民的喜好。而南韓決策者也的確把民主價值納入國家大戰略的一環。(33)另外，在聲討不民主的行為時，南韓也經常被其他民主國家要求站在同一陣線。(34)

民主化為什麼影響南韓大戰略還有一個原因，那就是身為民主國家，讓南韓有機會加入原本不得其門而入的集團和組織。譬如，經濟合作發展組織成員國全是民主國家。而南韓受邀以來賓身分參加七國集團會議，則是因為它是亞洲地區的民主國家。(35)同樣的，民主化使得南韓受邀出席「二〇二一年民主國家高峰會議」（2021 Summit of Democracies）。(36)因此，民主化已給首爾帶來新責任，而它也懂得善於運用新機會。

中等強國的身分認同

一個國家的自我身分認同關係到大戰略。身分認同或許不是能夠自我實現的預言，但是它已深鑄人心，因此觀念因素和實質因素都會影響一個國家的行為。這是因為自我身分認同影響國家自詡的角色，以及別人對它的期望。(37)在民主化之前的數十年裡，南韓自認是個弱國或小國。民主化湊巧和冷戰結束同步發生，不久之後，這種心態就改變了，使得南韓決策者對國家在國際體系中的地位產生新觀點。一九九一年，盧泰愚認定南韓是個中等強國。此後，南韓決策者和官員都以此自居。(38)

兩個原因說明為何南韓自我認同是個中等強國相當重要。重要的一點是，首爾本身對自己在國際體系的角色有更大的期許。我們在第一章已經說明，中等強國傾向於支持多邊主義和外交斡旋，通常被視為是「優良公民」和「誠實的中間人」，傾向於運用串連外交和建立同盟，喜歡擔任規範創新者，並且經常支持區域整合。國際關係理論不一定總能吻合一個國家在國際體系中的行為，但是，南韓自從民主化以來，的確展現這種型態的行為。南韓歷任決策者，的確期許他們的國家能以中等強國的行為模式運行。(39)

另外，中等強國的實力意味它擁有弱國所沒有的某些力量，使得中等強國更能有所作為。這代表中等強國握有更多手段，可以執行吻合其利益的大戰略。的確，南韓就是國力日強，愈加有所作為的一個實例。因此，南韓的決策者明白，國家近幾十年來的中等強國地位，使得它可以展現出比民主化之前更大的自主權，這影響到它具有過去所不可能的大戰略選擇。

區域整合及全球化

南韓的民主化湊巧與區域整合及全球化同步出現，後者很快就成為影響國家大戰略的另一個因素。當然，全球化在一九八八年以前已經開始，但是在蘇聯瓦解和後續的冷戰結束後，開啟了一扇全球化過程的大門，影響到世界每一個角落。南韓擁抱這個過程，金泳三訂定「世界化」（segyehwa，即全球化）政策，它立刻成為南韓大戰略的重要支柱。[40]與此相關的是，拜冷戰敵對結束之賜，涉及東北亞和東南亞的區域整合得以推進。一九八九年，南韓身為創始國家之一，發起成立「亞太經濟合作」（Asia-Pacific Economic Cooperation, APEC）集團。[41]從此以後，不同的區域機構、集團和協定紛紛成立，如「亞太安全合作理事會」（Council for Security Cooperation in the Asia Pacific, CSCAP）、「東南亞國家協會區域論壇」（簡稱東協區域論壇）（ASEAN Regional Forum, ARF）、「東協加三」（ASEAN+3）、「東亞高峰會」（East Asia Summit）、「跨太平洋夥伴全面進步協定」（Comprehensive and Progressive Agreement for Trans-Pacific Partnership, CPTPP），以及「區域全面經濟夥伴協定」（Regional Comprehensive Economic Partnership, RCEP）等，全都致力推進合作和整合。經濟整合優先推動，但安全與政治合作也逐漸推動。南韓在大部分的這些倡議裡，不是創始國之一就是積極的參與夥伴。亞太整合（涉及美國）和東亞整合（美國排除在外）兩者之間存在緊張關係，近年來印太合作（納入印度但排除中國）成為另一個值得重視的地理區域。從南韓的角度來看，最重要的是涉及到東亞大部分國家的整合。

南韓支持區域整合及全球化，可以用兩個動態關係來解釋。第一是，比起其他大部分國家，南韓從全球化受惠更大。南韓是個依賴貿易的經濟體，二〇二〇年的貿易額占國內生產毛額（GDP）比重為六九％。就大型已開發經濟體而言，這是最高的占比之一，僅次於德國。[42]另外，在這段數十年的發展期間內，南韓亦因其他市場開放受惠良多。南韓決策者很清楚這一事實。[43]因此，南韓本身的歷史有助於說明，為什麼首爾強烈支持經濟領域的區域整合及全球化。

此外，南韓決策者把區域及全球組織當作推動外交交流的另一場所。[44]依循它抱持的中等強國身分認同，首爾寧取外交和合作手段，而不採用威懾或甚至衝突手法。另外，南韓也具有充足的外交能力，可以積極參與大量的組織和團體，這進一步增強了南韓決策者對區域及全球整合過程的支持。[45]在民主化之前，南韓的外交官團隊人數不夠多，無法讓南韓在這一類型的過程中有積極的表現。

區域整合及全球化有一項風險，就是它有可能妨礙行動的獨立性，這個因素影響南韓大戰略的正面意義，因此也必須與此一風險平衡思考。最顯著的就是，經濟大戰略會受到已經全球整合的大國影響，全世界最大的經濟體都必須依賴開放的市場。[46]亞洲金融危機就是一個例證。區域和全球整合，也意味世界某一地區的安全及政治局勢，也會對其他地區產生漣漪效應。美國遭到的九一一恐怖攻擊就是鮮明的例子，它導致全球反恐戰爭，把南韓等許多國家牽扯進去。即使南韓沒有直接受到威脅，首爾的行動獨立性也受到拘束。

亞洲金融危機

一九九七年至一九九八年的亞洲金融危機，是影響南韓大戰略的最後一個關鍵因素。這項危機是韓戰以來南韓所遭遇最嚴重的打擊，由於施援的國際貨幣基金（International

Monetary Fund, IMF）要求嚴厲，加劇效應，南韓人民也把它稱為ＩＭＦ危機（譯按：I am fired. 我被革職了）。[47] 南韓才剛在一年前加入經濟合作發展組織，此次金融危機可說是極大的震撼。主要起因之一是外資突然從南韓撤出，使得南韓企業和政府無力完全償付以美元計價的債務，南韓必須要求五百七十億美元的紓困貸款，才能避免償債跳票。[48] 這是國際貨幣基金在此之前最大宗的申貸案件。此次危機涉及的國際層面——包含起源和解決——之廣前所未見，說明了亞洲金融危機為何會成為南韓大戰略的一個因素。

為什麼亞洲金融危機嚴重影響南韓大戰略？因為它限縮住南韓的行動獨立性。金大中在亞洲金融危機爆發後不久上台執政，自此以後歷任總統無不竭力避免重蹈危機。[49] 南韓決策者很清楚經濟震撼的可怕影響，不僅衝擊到南韓人民也衝擊到國家的國際地位。這可以說明為什麼首爾力求避免重蹈亞洲金融危機。

另一方面，亞洲金融危機也為南韓打開了合作的新場域。有鑒於危機亟需合作處理，東協會員國、中國、日本和南韓，在一九九七年發起成立東協加三。[50] 為了對付亞洲金融危機，一九九九年建立二十國集團財政部長會議的機制，而南韓是創始成員之一。[51] 後來在二〇〇七年至二〇〇八年的全球金融危機之後，它演變成為二十國集團的組織。韓國銀行也在二〇〇九年加入巴塞爾銀行監督委員會（Basel Committee on Banking Supervision, BCBS）。(52) 這件事發生在全球金融危機之後，但是韓國中央銀行能夠加入這個組織的起源則可以追溯到亞洲金融危機。換句話說，亞洲金融危機使南韓成為在全球經濟治理中必須諮商的一個重要角色。

南韓的大戰略：關鍵目標

南韓的大戰略想要達成什麼目標呢？誠如本書書名所示，首爾有一個十分清晰的最高目標：決定自己的命運。換句話說，掌握自主權。就它的歷史背景來講，這是十分合乎邏輯的目標。當朝鮮還是個統一的國家時，它遭到日本殖民統治長達三十五年；大韓民國之建立，是因美國和蘇聯兩大強國決定將朝鮮分割為二的結果；它需要美國領導的聯合國部隊介入，才得以挺過韓戰；整個冷戰時期，它是個弱國，無法追求獨立自主的外交政策。簡而言之，「鯨魚群中的一隻小蝦」這個比喻雖然是用來形容數百年來大國對朝鮮行動的影響，但是直到約莫三十多年前，它仍然適用在南韓身上。

當然，南韓不是唯一一個以追求自主權為終極目標的中等強國。我們在第一章解釋過，中等強國極力追求行動獨立自主，因為它們不能視獨立自主為天經地義必然的一件事。毫無疑問，所有的國家都努力爭取自主權。即使是大國也不見得具有完全的力量，可以不受國際體系結構的約制。但是大國有兵力和權威創造和持續打造國際體系：美國的自由主義國際秩序和蘇聯的東方集團，就是兩個鮮明的例證。(53) 以東亞來說，中國創造了一個以中國為中心的國際體系，數百年來高居領導地位，其他國家屈居其下，或是站到對立面去。(54)

反之，中等強國有時候可以影響既有的國際體系，但無法創造嶄新的國際體系。即使在影響國際體系時，它們所受到結構性限制的影響也遠大於大國。自由主義的國際秩序仍然是一個鮮明的例證。它是美國在二戰之後創造出來的，得到法國、德國、日本和英國等中等強國的協助去打造它。但是，深究到底，這些中等強國是在美國所制定的範圍內運作。同樣的是，自從南韓過渡到民主政體以來，國際體系受到下列背景的界定：冷戰雙極狀態的最後幾年，由美國單極領導的自由主義國際秩序，以及近年來因中國崛起才萌生的雙極局勢。南韓或許可以影響此一秩序，但是它無法重新界定它。因此，它追求自主權，俾能追求自己選擇的大戰略。我在以下幾章不僅會敘述南韓如何爭取戰略自主，也會敘述它在面臨來自大國的局限時，如何持續力爭自主權。

但是，在一九八八年之後的南韓，究竟自主權指的是什麼？它指的是達成四項大戰略目標：取得保護，免遭外來軍事威脅（安全）；兩韓和解修睦和統一（安全和地位）；深化融入世界經濟（繁榮）；以及被承認是個具有影響力的中等強國（地位）。它們是南韓決策者試圖達成的全球性、長期性目標；也就是有助於南韓決定自己命運的目標。

獲得保護免遭外來軍事威脅

獲得保護免遭外來軍事威脅是南韓大戰略的根本目標。當然，不遭軍事干預的安全，可以說一直是所有國家的基本目標，畢竟，作為一個統一的國家持續存在，對許多國家來說一向是個挑戰，即使是從冷戰結束以來，國與國之間的衝突已大幅降低。以阿富汗、伊拉克、利比亞、烏克蘭、葉門和南斯拉夫為例，強國會毫不猶豫干預弱國、入侵它們、更換它們的政府、支持某一群體獨立，或甚至奪占他們的一部分領土。

比起冷戰結束以來嘗過苦頭的國家，南韓堪稱更為強大、更為安全，不至於受到外來軍事干預。但是這並不代表南韓就不需要保護自己、對抗可能的軍事攻擊。鑒於南韓才剛建立不到兩年，北韓就入侵，造成韓戰，可以說幾乎自從建國以來，它就必須時刻警戒備戰。整個冷戰時期，兩韓之間不斷發生軍事衝突，北韓一再企圖滲透南韓。即使冷戰已經結束，仍發生多次軍事衝突。最著名的事件是二〇一〇年北韓魚雷擊沉南韓海軍天安艦（ROKS *Cheonan*），導致四十六名官兵死亡，以及北韓砲擊延坪島（Yeonpyeong Island），造成四人死亡。(55) 南韓國防白皮書宣示，南韓的安全戰略尋求防堵北韓，以及保護南韓對付北韓可能的攻擊，也就不足為奇。(56) 再者，北韓發展核武器也對南韓增添新威脅。

此外，南韓也感受可能遭到中國或俄羅斯軍事攻擊的威脅。當然，自從冷戰結束以來，來自這兩個南韓鄰國的威脅已經降低。但是中、俄兩國都挑戰南韓領土的完整性。兩國空軍常態性地飛越南韓的防空識別區，偶爾也飛越南韓的領空。(57) 同時，中國船隻也行駛經過南韓在西海（West Sea）——中國稱為黃海——的領海。(58) 而且，中國依然是北韓的條約盟國，也就是說一旦兩韓爆發新衝突，北京依法有義務援助平壤。(59) 因此，即使程度上沒

有平壤嚴重，首爾仍把北京和莫斯科視為潛在的軍事威脅。(60)

另外，在混合戰爭的年代，安全威脅也不限於傳統的軍事攻擊。網路攻擊、錯假訊息戰和經濟壓力，都是擾亂對手最常見的手段。以南韓來講，它必須對付來自中國、北韓和俄羅斯的網路戰——尤其是來自平壤的網路攻擊。(61) 因此，南韓面臨的軍事威脅不僅來自傳統的軍事攻擊，也來自針對軍方和民間目標的網路攻擊。因此，作為大戰略的目標，保護南韓不遭受外來軍事威脅，指的是對付傳統性和混合性的作戰威脅。

兩韓和解修睦與統一

南韓憲法宣示對整個朝鮮半島皆有主權。冷戰期間，南韓某些決策者認為，有可能可以使用武力統一全韓。但是多年下來，情勢明顯已不可能武力統一，一方面是基於韓美同盟使南韓受到限制，另一方面是，北韓與中國和蘇聯也有同盟關係。因此，首爾放棄以武力全面統一的立場，改採兩韓和解修睦，逐漸走上終極統一的立場。因此，和解和統一並不相互排斥，後者是終極目標，而或許需要以前者為臨時階段。所以今天南韓大戰略的目標是和解和統一。

這個目標要以安全和地位作為支撐。談到安全，北韓仍是南韓最大的外來軍事威脅，這在前文已經說明。平壤的最高目標還是要依它的條件統一整個半島。北韓具有十分強大的傳統軍事力量，也擁有核子彈等大規模毀滅性武器。在不是很遙遠的過去，北韓武裝部隊就曾經進犯南韓。按照首爾的估計，兩韓親善修睦可以降低緊張，並增強本身的安全。(62)因此，這是南韓決策者尋求和解和統一相當務實的原因。

強化國家地位也可以用來解釋和解和統一的目標。首先，朝鮮不是出於本身意志而分治，它是外來干預的結果。對南韓領導人而言，統一具有強大而且可以理解的情感成分。(63)此外，按照南韓的條件，統一也可以明白顯示南韓比北韓「優秀」。(64)換句話說，首爾將「贏」得兩韓之間誰是正統的戰爭。和解修睦和終極統一也會產生一個面積加倍，人口也比現今的南韓多出三分之一的國家。北韓的經濟規模雖小，兩韓統一後的經濟規模還是會比南韓的規模來得大。面積增大、人口增多、經濟規模更大，又配上南韓的政治和經濟制度，將會在東亞及全球得到更高的地位。

這說明了為什麼從盧泰愚到尹錫悅的所有南韓歷任領導人，都執行促進兩韓和解修睦和終極統一的政策。不論他們的政策取什麼名稱，或是施加的壓力產生什麼作用，自從民主化以來，南韓當家執政的領導人都尋求對話和接觸，包括最高層級的兩韓高峰會談。南韓領導人也追求涉及經濟及民間交流可能性的政策。這些政策包含統一的目標——不論是法理上的統一或是不同形式的實質統一。一九八八年以來，南韓歷任總統無不強調，根據兩韓皆可接受的條件和平統一的需要。可以說，南韓這項政策可以追溯到一九七二年的「和平統一三項基本原則」（Three Basic Principles for Peaceful Unification）。因此它是一個根深柢固的大戰略。

深化融入世界經濟

南韓的大戰略也把深化融入世界經濟列為它的終極大戰略目標之一。古今中外所有的領導人幾乎莫不把繁榮或財富當作施政目標，不論是試圖實現自由主義式的絕對利得，或是受現實主義影響的相對利得，各國都追求財富最大化，以它為手段來達成更多權力，以及增強國家和人民的安全。南韓自然也不例外。上溯到韓戰剛結束之時，南韓領導人就是如此。一九八八年民主化之後，南韓領導人更受到激勵，皆以追求繁榮以維持本身政黨的執政權力。

南韓通常被定性為發展型國家（developmental state），指的是國家扮演主導角色的經濟模式。儘管自一九八〇年代以來，市場所扮演的角色日益增強，南韓是否繼續遵守此一模式的程度已經受到不少討論，不過南韓仍然持續展現發展型國家的特色殆無疑義。(65)當然，南韓距離美國或英國等國家所追求的新自由主義模式（neoliberal model）仍很遙遠。就大戰略而言，這表示國家在南韓對外經濟決策上扮演重要角色，並且積極規劃協助最大化國家的全面繁榮。

融入世界經濟是南韓政府尋求最大化繁榮的主要方法。這個政策的根源可以追溯到一九八八年以前的時代。當時，政府促進貿易，並吸引外人直接投資，以確保經濟融合。一九八八年之後，適逢冷戰結束，南韓歷屆政府繼續透過貿易和引進外資尋求增強經濟融合。在這方面，首爾支持關稅暨貿易總協定（General Agreement on Tariffs and Trade, GATT）和由它改組而成的世界貿易組織（World Trade Organization, WTO）、經濟合作發展組織，以及各項雙邊及區域自由貿易協定（free trade agreements, FTAs）。[66]這表示南韓的融入世界經濟依靠的是兩大支柱：一是市場主導的民間商務和投資流動，一是國家帶動的倡議和組織，以泯除對民間流通的障礙。

後來，深化融入世界經濟成了首爾明顯的選擇。南韓的市場躋身全世界前十大市場之一，但比起「三大」市場仍然小得很。在現代（Hyundai）、樂金（LG）和三星（Samsung）等財閥的領頭下，出口導向、全球競爭的公司能夠頂擋住外國競爭，它們主宰了南韓的經濟。南韓本身的歷史，就這樣建立在美國領導的自由主義國際經濟秩序的開放性上。因此，結構性因素以及南韓菁英對國家先進經濟地位的理性思維，支撐起支持深化融入世界經濟的目標。亞洲金融危機和全球金融危機都不能澆熄這股熱情。在南韓決策者看來，他們的大戰略目標是帶來經濟繁榮的唯一方法。

被承認是個具有影響力的中等強國

南韓大戰略最後一項關鍵目標是，被承認是個具有影響力的中等強國。自盧泰愚以來的南韓歷任總統，都把打造中等強國國力奉為國家大戰略的核心。相形之下，自我認同為中等強國的意識，在一九八八年之前並不是南韓外交政策的一環，在民主化之前，南韓希望被承認是「真正」代表朝鮮人民的國家。但是民主化在一九八八年展開，首爾亦於同年主辦奧林匹克運動大會，同時東方集團許多國家紛紛要和它建立外交關係。稍後不久，南韓加入聯合國，並展開加入經濟合作發展組織的進程——後來終於在一九九六年實現。因此，南韓對本身地位的認知出現變化，加進成為具有影響力的中等強國的元素。

南韓領導人認為，中等強國關係到國家的力量、角色和地位。南韓在軍事、外交或經濟領域的力量，使得國家成為南韓決策者所希望的中等強國。(67) 此外，南韓是個中等強國是因為它的行動舉止就像個中等強國。中等強國的行為特徵之一就是它強調外交和合作，而不是衝突。大致來講，南韓領導人皆遵循這種型態的行為。(68) 最後，南韓的地理位置以及它在全球體系中的地位，也影響首爾本身以中等強國自許。(69) 從地理位置來講，南韓位於二十一世紀中、美兩大強國的中間。就它在全球體系中的地位而言，南韓自認為居於不同型態的國家的中間地位：它位於開發中國家和已開發國家中間，因為南韓原本是前者，現在已晉升到後者；它位於東方和西方中間，因為南韓位於前者，仍然具有若干東方價值，可是現在其他價值又愈來愈像後者；它位於威權政體和民主政體中間，因為南韓已從前者過渡進入到後者。

但是自我認同並不代表得到第三方的承認。南韓的大戰略以取得這種承認為目標，因為南韓決策者了解他們必須取得這項地位。澳洲、法國、德國、日本和英國，被承認為中等強國已有數十年之久，其中有些國家甚至在第二次世界大戰之前曾經是大國。但是南韓的歷史軌跡不同，這也是為什麼它一直在不斷爭取被承認是個中等強國的原因。南韓的決策者一直很焦慮，深怕第三方不認為南韓是個已開發、全面民主的國家，就其外交和其他能力而言也不是中等強國。(70)

被承認是個中等強國本身就是目標，因為它賦予南韓地位。這種承認也有好處，譬如受邀請加入二十國集團或七國集團等論壇。中等強國的地位也讓南韓多方面受益，它得以領導「中等強國合作體」（MIKTA）〔譯註1〕等組織或類似「第二屆全球綠色目標夥伴峰

〔譯註1〕MIKTA是聯合國大會二〇一三年衍生的一個非正式對話論壇，由墨西哥、印尼、南韓、土耳其和澳洲五國外長組成，旨在促進全球治理。

會」（Partnering for Green Growth and the Global Goals 2030, P4G）〔譯註2〕等倡議；它得以受邀請參加印太地區的軍事演習；它得以參與在亞丁灣（Gulf of Aden）追緝海盜的任務；或是在東協加三等組織中被當作誠實的中間人看待。因此，這個大戰略目標具有清楚的地位意義，也有助於南韓的安全及繁榮。

南韓的大戰略：關鍵手段

南韓試圖執行大戰略時有什麼手段可供使用？和其他的大國和中等強國相似，也吻合馬特爾的分類，南韓握有軍事、外交和經濟三種類型的工具。就首爾而言，軍事手段包括它本身日益增長的武裝部隊和軍事器械裝備，以及韓美同盟（二〇二三年是韓美同盟締約七十週年）。外交手段指的是南韓具有龐大的外交官團隊。至於經濟手段，南韓善用貿易、投資和對第三國提供援助。

除了依循馬特爾的分類之外，南韓的大戰略也善於運用其他類型的手段，包含資訊、軟實力和網路。在資訊工具方面，南韓善於運用公眾外交。首爾也相當嫻熟運用軟實力。南韓的網路手段是近年才出現的工具，目前包括在軍事力量之中也會運用。這些手段補強軍事、外交和經濟等三大類型工具；三大類型工具過去是、現在依然是南韓大戰略的核心工具。當南韓要追求前述目標卻遭到限制時，這些工具都發揮了相當的作用。

日益增長的軍事力量

南韓自從建國以來，就努力發展強大、自主的軍隊。韓戰證明這支軍隊力量不足，所

〔譯註2〕二〇一四年二月俄羅斯入侵烏克蘭的克里米亞地區，嗣後將它兼併。英國和加拿大兩個七國集團成員認爲，邀請俄羅斯參與集會的八國集團形式已經無法進行有意義的國際論壇，可是美國和法國提議續邀俄羅斯參加二〇二〇年三月的七國集團峰會。英、加威脅將予以否決。輪值主席、英國首相強生（Boris Johnson）提議另邀印度、南韓、南非和澳洲出席，與原本的美、英、法、德、日本、義大利和加拿大七大工業國家及歐盟代表一起集會。嗣後二〇二〇年七國集團峰會因爲新冠肺炎疫情停開。不過，南韓總統文在寅邀請強生參加二〇二〇年五月於首爾舉辦的「全球綠色目標夥伴峰會」會議。

以北韓部隊才可以輕易進軍、蹂躪南韓領土，直到美國領導的聯合國部隊干預才遏阻住它們。停火協定制止住冷戰時期的敵對行動，隨後數十年，南韓運用它仍然有限的資源中相當大的比例，致力於增進本身的軍事力量。例如，整個一九六〇年代，南韓每年的軍事預算占它的國內生產毛額的四・一％至六・九％。[71] 對於一個開發中國家來講，這是相當可觀的金額，尤其是還有韓美同盟的存在。而在一九七〇年代，朴正熙政府想要發展核武器，我們已在前文提過。

一九八八年過渡到民主政體，以及啟動大戰略之後，南韓繼續強調提升軍事力量俾能完成它的戰略目標。到了二〇二一年，南韓軍力名列全球第六位，與法國、日本和英國等中等強國不相上下。[72] 就軍事支出而言，首爾在二〇二〇年位居全球第十位，預算高達四百五十七億美元。[73] 以國內生產毛額占比而言，南韓超過亞洲其他任何國家，僅次於印度。首爾花在軍事上的經費占國內生產毛額的二・八％。[74] 甚且，南韓在二〇二二年的武裝部隊人數為全球第八大。它擁有五十五萬五千名現役軍人、另有三百一十萬後備軍人。南韓的武裝部隊人數與中國及北韓等東亞國家約略相等。[75]

另外，南韓擁有全世界技術最先進的部隊之一。這包括噴射戰鬥機、彈道飛彈潛艦和短程、中程及潛艦發射的飛彈，以及計劃建造國產航空母艦、攻擊型直昇機和遠程彈道飛彈。另外，首爾和華府在二〇二一年達成協議，取消一九七九年協議針對南韓飛彈的射程和酬載數量的限制。(76) 這表示首爾將繼續大力發展它的飛彈計畫。事實上，南韓不分自由派政府或保守派政府，都大幅投資將南韓軍力現代化。這也包括網路作戰能力。不過，直到文在寅政府決定優先開發之前，南韓在網路作戰能力的開發方面相當不足。(77)

後來，南韓認為開發強大的國產軍事能力是脫離美國，更加自主的一個方法。它吻合首爾大戰略的最高目標。我們將在本書一再讀到，增進軍事能力是達成南韓其他目標，如本身的國家安全，或是擴大國際上承認它是具有影響力的中等強國等等的好方法。就大戰略而言，可以說，南韓決策者把強大、獨立的軍隊視為達成目標最重要的手段。

與美國締盟

韓美同盟既是解釋南韓大戰略的因素，也是首爾執行同一個大戰略的手段。就前者而言，同盟影響南韓的政策選擇已在前文說明。就後者而言，萬一和北韓爆發衝突，兩個盟國可以一致行動，韓美同盟可以增強南韓的軍事力量。美國保持住一旦發生戰爭時，對南韓武裝部隊的作戰指揮權。（直到一九九四年，美國也保持住和平時期，對南韓武裝部隊的作戰指揮權。）若是爆發衝突，南韓武裝部隊將接受聯合司的指揮。很顯然，這是針對北韓——或其他任何國家——攻打南韓的一項強烈嚇阻。

韓美同盟也便利首爾獲取美國的軍事技術。比起世界上其他任何國家，南韓花費更多經費在武器轉移上面。一九八八年至二〇二〇年期間，南韓花費三百九十四億美元進口軍事武器裝備。以同一時期作比較，南韓花費金額居全球第四名。(78) 美國公司占二百九十一億美元，即總額的七十四％。就美國而言，南韓是它最重要的軍火客戶，於二〇一七年至二〇二一年期間，合計總額排名第三位。(79) 這些軍火轉移大部分涉及高科技裝備，包括噴射戰鬥機、直升機、監視系統和飛彈。(80) 華府的軍火客戶大部分是關係密切的盟友，因此，若無雙邊同盟關係，南韓不可能購買到這麼多世界頂尖軍事技術。

長期下來，尤其是南韓民主鞏固、它也更積極參與全球事務之下，首爾的外交實力也受韓美同盟之惠。兩國之間的夥伴關係早已超越嚇阻北韓，美國歷任總統都尋求在區域及全球合作的其他領域增強雙邊同盟。某些合作關係到傳統的安全議題，但也有許多是涉及到全球政治，包括貿易、氣候變遷、國際組織的運作，或參與七國集團或二十國集團等專屬俱樂部的活動。

然而，我們應該注意到，固然韓美同盟增強了首爾的手段，南韓歷任總統仍尋求建立自身能力，以強化國家的自主能力。講到移轉南韓武裝部隊作戰指揮權，或是開發國產軍事能力時，它們就是最明顯的例證。但是在其他領域也有明顯可見的例證，譬如，南韓努力發展獨立的經濟和外交能力。針對韓美同盟對南韓的自主性產生的限制，在南韓國內不是沒有辯論，但是一般都認為，公允地講，同盟有助於南韓推行它的大戰略。

外交官團隊

以中等強國自許的南韓，在推行大戰略時，重視外交與談判。冷戰期間的大部分時間，首爾的外交主要集中在與北韓交戰，爭取被國際承認為「真正」代表朝鮮人民。一九八七年至一九八八年民主化之後，尤其是共產國家和後共產國家紛紛與首爾外交關係正常化之後，情勢開始轉變，南韓在一九九一年加入聯合國，後來又在一九九六年加入經濟合作發展組織。南韓的外交開始更加積極和多元化，不但雙邊關係大有進境，在聯合國體系和其他國際組織的參與程度也蓬勃起來。

到了二〇一九年，南韓的外交網居於全球第十三位、亞洲第四位。(81) 到二〇二一年底，南韓外交部在海外有一百六十七個據點，派駐二千五百一十二名外交官。(82) 即使南韓的使領館主要設置在亞洲、歐洲和美國，它的外交據點其實遍布全球各個角落，包括原先冷落的拉丁美洲或撒哈拉沙漠以南的非洲國家。南韓歷屆政府持續認為這是它大戰略的一項重要工具。

運用外交官團隊作為大戰略的手段，也包括派遣南韓外交官進入國際組織服務。這樣的作法增強了南韓積極參與外交活動的形象，也凸顯出它將以外交作為工具推動國家的利益。潘基文自二〇〇七年至二〇一六年擔任聯合國秘書長就是一個最著名的例證。(83) 潘基文是聯合國有史以來第二個亞洲人秘書長，也是唯一一個出身亞洲已開發國家的秘書長。南韓外交官也活躍在許多國際組織及與氣候變遷相關的組織。(84) 事實上，南韓積極爭取擔任國際組織的領導人，推出候選人競爭重要職位，或是展開遊說讓南韓外交官和其他專業人士被推舉任職。

就南韓來講，被承認是個中等強國，很重要，但是真正是個中等強國也很重要。南韓的外交官團隊是個有用的工具，可以增強這種意識，他們也可以實際協助追求達成此一目標。雙邊關係或是在國際組織之內或之外與其他中等強國結盟，遂成為南韓大戰略的主軸。在距離朝鮮半島很遙遠，但民主化之後的南韓極感興趣的議題地區，它尤其希望能參與進去。

貿易、投資與援助

隨著南韓的經濟日益增長，首爾也日益使用經濟手段來執行它的外交政策。在一九八八年民主化之前以及至一九九〇年代之前，南韓仍然是個開發中國家。實際上，它接受世界銀行及其他援助機構的援助，金額高達一百二十七億美元。(85) 一九九七年，南韓接受國際貨幣基金金額空前最大的一筆紓困貸款。但是，隨著南韓躋身已開發國家行列，它開始運用貿易、投資和援助作為戰略工具以追求它的目標。實際上，南韓已在一九八七年啟動海外開發援助方案。那一年，南韓的援外機構「經濟發展合作基金」（Economic Development Cooperation Fund, EDCF），已經給出二千三百五十萬美元。(86)我們在前文已提到，一九八〇年代後半期，全斗煥政府運用貿易和投資當胡蘿蔔，改善與共產國家的關係。換句話說，在南韓成為已開發和民主化的國家之前，決策者已經相信使用經濟工具支持外交政策目標的潛力。

然而，南韓菁英設計出以貿易、投資和援助為中心的大戰略，是在一九八〇年代後期和一九九〇年代初期的事情。就貿易和投資而言，南韓在一九九〇年代末期加入美國和其他已開發國家發起的賽跑，簽訂雙邊和區域貿易協定，促進進出口和投資流動。南韓積極簽訂雙邊和區域貿易協定的二十多年裡，歷任總統有個很清晰的戰略。最明顯的是盧武鉉政府在二〇〇三年八月啟動「自由貿易協定路徑圖」（FTA Roadmap）。這個路徑圖訂定，南韓簽署自由貿易協定秉持的原則是：遵循經濟理性、政治和外交考量、第三方有意願與首爾簽署協定，以及第三方有可能藉此達成更多協議。甚且，路徑圖也訂定南韓應該爭取與大型貿易國家簽訂自由貿易協定。(87)這個路徑圖是以前朝政策為基礎所制定，日後歷任政府也奉行不渝。

南韓簽訂自由貿易協定時，也承諾它的財團和企業將跟進投資，這是鼓勵第三方與首爾簽訂協定的誘因。就這一點而言，鮮京（SK）、三星、樂金或現代等財閥，等於暗示會非正式地支持國家的大戰略，因為它們可能開設的工廠或研究中心，對尋求與南韓有更好貿易關係的國家，極具吸引力。可見得大型財閥的確是影響南韓自由貿易協定策略的一股重要力量。[88]

南韓在一九八七年啟動經濟發展合作基金，比啟動民主化還提早好幾個月。這項基金用在提供貸款給開發中國家。[89]稍後，南韓外交部在一九九一年成立「韓國國際協力團」（Korea International Cooperation Agency, KOICA）。[90]這是南韓第一個集中事權的機構，直接負責南韓外交政策和大戰略的援外事項，著重提供補助款。從一九九一年起，南韓的援外款項開始穩定地增加。[91]再加上，南韓是第一個原本是受援國，卻在二〇一〇年成為經濟合作發展組織下轄的開發援助委員會成員。從二〇一〇年代中期起，南韓每年花出的援外款項約為二十億美元。即使南韓援外款項仍然不及其他捐款國，但它在亞洲與中國、日本並列前三大。它也懂得策略性地運用官方發展援助。首先，南韓大約五〇%的援外款項用在興建基礎設施。[92]雖然數字不及中國和日本，中日兩國的款項主要與基礎設施有關而非社會發展，[93]因此，首爾更有影響力。從南韓援外款項的地理分布來看，也顯示出首爾優先著重它想要強化關係的國家和地區。

公衆外交

現代公眾外交的緣起可以追溯到冷戰時期，當時美、蘇兩國競相爭取全世界人民的「心與靈」。美國運用媒體、大學、基金會、企業，甚至個人，散播美國制度優異的思想。[94] 公眾外交也可以說是這段時期南韓政策工具之一，它在和北韓競爭時想要主宰論述。因此，朴正熙政府在一九七八年設立韓國學中央研究院（Academy of Korean Studies）傳播韓國的文化。[95] 一九八〇年，首爾創辦韓國聯合通訊社（Yonhap News Agency），賦予它提供南韓觀點的國內新聞及國際新聞的任務。[96]

然而，要到民主化之後的一九九〇年代起，南韓才開始把公眾外交當作執行大戰略時的核心工具。一九九一年，它成立韓國國際交流財團（Korea Foundation），增進對南韓文化、國內事務和國際關係的知識。[97] 一九九七年，阿里郎國際廣播電視台（Arirang TV）開始播放。這個電視頻道播報南韓觀點的新聞故事，包括報導可能不會引起國際關注的故事。[98]換句話說，南韓菁英開始開發對公眾外交的精緻理解，走出冷戰時期風格的宣傳，踏進和國際受眾直接溝通及散布知識的領域。因此，它可以歸類為資訊力量。

公眾外交在二〇一〇年明顯成為南韓大戰略的核心成分。二〇一〇年，李明博政府把公眾外交列為南韓外交政策工具的三大支柱之一，與外交和經濟外交並重。南韓外交部負責協調公眾外交工作。二〇一七年，南韓通過《公眾外交法》（Public Diplomacy Act）。外交部明白表示，公眾外交的目標是深化對南韓及其歷史、政策的了解，並且爭取對其政策的支持。[99]

中等強國的軍事和經濟能力無法和大國匹敵，公眾外交可以用來彌補差距。以南韓這樣的國家來講，公眾外交也可以促進它本身對國內和國際事務的觀點。鑒於全球媒體和教育環境持續受到美國、西歐和少數英語國家的主宰，[100]公眾外交可以幫助南韓和其他來自非主宰地區的中等強國，作為它們在追求大戰略時的工具。

軟實力

軟實力可以解讀為「藉由吸引力而非恫嚇或收買，以取得樂見的結果之能力」。(101)它最初與冷戰後的美國聯繫在一起，當時美國的相對實力已經注定將會減弱，但由於美國具有無可匹敵的軟實力，談論它的衰落卻又似乎言之過早。然而，美國當然不是唯一一個有意識或無意識地運用軟實力的國家。以南韓來講，自從一九九〇年代中期以來，歷屆政府推動大戰略時，都會採用軟實力。

最重要的是，韓國將韓流（Hallyu）作為提高其聲望及改變國際觀念的一種方法。韓流中的電影、流行音樂和戲劇一直是南韓國民個人的創作，但是國家利用韓流作為實現目標的手段。起先，金泳三政府利用韓流作為促進南韓經濟的方法。同樣地，在亞洲金融風暴中就任的金大中政府，也極力運用韓流來促進危機過後的經濟復甦。(102)一九九九年，它通過一項「促進文化產業架構法」（Framework Act on the Promotion of Cultural Industries），宣示國家支持南韓的當代文化。(103)但是，在一九九〇年代末期和二〇〇〇年代初期，韓流已經被認為是政府可以用來促進更廣泛的大戰略的工具。因此，政府機構支持，有時候更是主辦電影展、流行音樂會、各項展覽及活動來促進南韓文化，提升國家形象。二〇二〇年，文化體育觀光部成立「韓流支援合作局」（Hallyu Support and Cooperation Division）。(104) 它進一步強化韓流在南韓外交政策中的重要性。

二〇〇七年，政府設立世宗學堂財團（King Sejong Institute Foundation），推廣韓語教育。到了二〇二一年中期，全世界共有二百三十四個世宗學堂傳授韓語。(105) 從二〇〇〇年代中期起，南韓政府開始在世界各地廣設「韓國文化院」（Korean Cultural centers）。一九七七年成立海外文化弘報院，不久之後，它就設立第一所韓國文化院。頭四所韓國文化院於一九七九年分別在紐約和東京揭幕，以及一九八〇年在洛杉磯和巴黎開幕。後來陸續又在非洲、拉丁美洲、南亞和東南亞等地區設置，到了二〇二二年全世界已有四十二所韓國文化院。(106) 韓國文化院和南韓大戰略有緊密的關聯，二〇一〇年代在全世界強化和外交部的聯繫，超越成立之初僅限於推動韓國文化的範圍。

拜南韓現代文化風靡全球之賜，軟實力成為南韓大戰略的重要工具。到了二〇二一年，南韓的軟實力位居世界第十二名。在亞洲，就現代文化的風靡度而言，只有日本可以和南韓競爭。因此，軟實力是南韓政府可資運用的重要資產，可以用來推動目標，甚至進軍傳統上對南韓興趣有限的地區。

南韓大戰略的四個同心圓

對中等強國而言，大戰略一向具有區域成分，可能的話，有時候也可以是全球範圍。以南韓來講，它的大戰略除了區域性質，的確也包括強大和清晰的全球成分。固然南韓國際關係的區域性質可以追溯到冷戰時期獨裁統治的年代，比較全球性的成分則是比較晚近的事情。一九八八年南韓民主化、冷戰結束、加入聯合國，以及首爾發展出界定清晰的大戰略、注重近鄰及其餘世界之後，它就全面呈現出來。雖說如此，區域性質仍然是南韓最重要的大戰略成分，這一點與其他國家並無不同。

根據我個人進行的專訪，以及南韓官方政策文件，南韓決策人士似乎心照不宣一致認為，它的大戰略可以分成四個同心圓。最內的一圈是涉及北韓、美國和中國的三角核心。第二圈是東亞：包括東北亞和東南亞。接下來第三圈涉及大歐亞和印度洋，它包括俄羅斯、中亞、南亞、大中東、歐洲、澳洲和海洋。最外頭一圈就是其餘的世界，以及其中的全球治理。南韓針對這四個同心圓的大戰略，不論是因素、目標，有相同之處，也有相異之處。

三角核心：北韓、美國和中國

南韓與北韓、美國和中國的關係各個不同。但是就南韓大戰略而言，這三項關係又各自緊密相連。自從朝鮮分裂對峙，旋即成立南韓以來就是如此，而美國和中國是韓戰為何以僵局結束，並且兩韓持續分裂的主要原因。整個冷戰時期，南韓與美國結盟、北韓也與中國結盟，它們有助於防止爆發第二次韓戰和維持現狀。自從冷戰結束和大多數共產政權垮台以來，中國是北韓得以避免同樣命運的關鍵因素。同時，韓美同盟也日益鞏固和擴大。在南韓決策者心目中，北韓、美國和中國是國家大戰略核心三角。(107) 最重要的一點是，南韓必須在這個區域盡最大努力以達成戰略自主——包括必須面對最大的局限。

為什麼這三個國家是南韓大戰略的礎石？毫無疑問，關鍵原因是地理因素。北韓占據

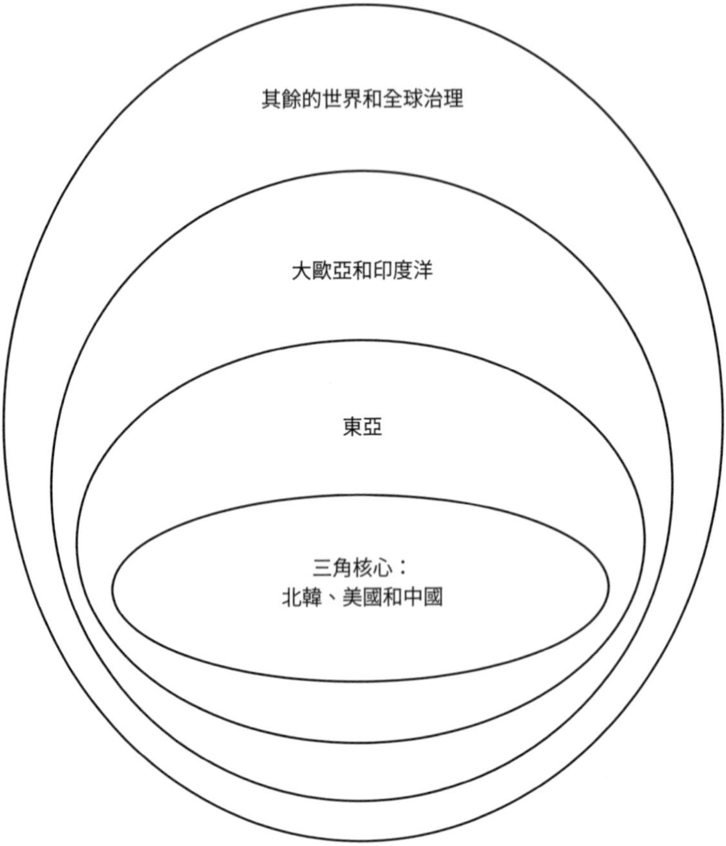

圖 3.1　南韓大戰略的四個同心圓

朝鮮半島北半部，中國是南韓最大的鄰國，與朝鮮半島有最大的邊境地區。由於美軍派駐在南韓，美國實質上就在南韓；自從一九四五年日本結束殖民統治，朝鮮半島分割為兩半以來，華府幾乎不曾間斷、長期在南韓維持駐軍。地理當然是任何國家大戰略的核心成分，就這一點而言，南韓也不例外。

南韓大戰略最裡面的這一圈關係到兩個關鍵目標：獲得保護免遭外來軍事威脅，以及兩韓和解修睦和統一。就南韓而言，它必須在戰略上視為最大軍事威脅，須妥善對付的是北韓可能南侵進擊。[108] 然而，戰略上，南韓日益需要嚴加防範的是可能與中國爆發衝突。中國的崛起被首爾看作是機會、也是潛在威脅——在國家安全方面尤其是威脅。[109] 因此，就南韓而言，它最大的安全威脅屬於區域性質。南韓和世界上其他地區如北美洲和西歐不同，歐美國家感受到的威脅來自區域之外大過來自鄰國。南韓決策者最擔心的安全威脅則來自最鄰近的國家。

從南韓的角度看，兩韓和解修睦和統一這個問題比較單純。北韓是主角，畢竟和解和統一牽涉到兩韓。但是美國和中國同樣至關緊要，[110] 原因有二，法理上，美、中是韓戰停火協定的簽署國，任何要正式結束衝突狀態的討論都必須涉及到它們。事實上，美國和中國是當今國際體系中最強大的兩個國家，南韓和北韓又分別是他們最親密的盟國。因此，凡事涉及到兩韓關係，北韓、美國和中國就和南韓統統交纏在一起。

但是這個三角核心也關係到南韓另兩個主要大戰略目標。中國和美國是南韓最大的兩個貿易夥伴。二〇〇四年以前，美國是南韓最大的貿易夥伴，然後被中國超前取代。(111)以二〇二一年來說，中國占南韓貿易總額的二十三．九％，美國占十三．五％。(112)這兩國也是南韓重要的投資夥伴，因此，首爾要深化融入全球經濟流通，就得從中、美兩國開始。談到被承認為是具有影響力的中等強國這一點，南韓歷任政府了解，身為中等強國必須在美、中之間保持中間或平衡地位，即使未必是保持同等距離——美國畢竟是條約盟國，具有相同的價值觀，南韓自然會靠向它。首爾有一種思路，從南韓和兩個超級大國的相互立場，來理解南韓作為中等強國的身分。

東亞

民主化之後，尤其是亞洲金融危機之後，東亞愈來愈成為南韓大戰略重視的重要地區。當然，即使在冷戰期間，日本已是南韓重視的國家。殖民時期鑄下的敵意、韓日外交關係正常化，或是潛在的強大經濟關係，在在影響兩國複雜的關係。但是要到一九九〇年代起，日本才日益成為南韓大戰略的核心。在一九九〇年代即將結束前，東南亞的分量也日益上升。儘管在獨裁統治時期，由於反共國家彼此互通聲氣，彼時南韓對東南亞雖已產生興趣，但直到冷戰結束，首爾才把東南亞列入戰略思考。

我們再說一遍，地理因素影響到東亞在南韓大戰略中的重要性。如果說三角核心是南韓緊鄰的後巷，那麼東亞就是緊鄰的鄰國。日本當然是南韓在東亞地區最近的鄰國，隔著東海和朝鮮海峽相距只有幾英里。同時，東南亞當然距離朝鮮半島較遠，但仍比其他大多數地區更接近南韓。就南韓的海洋大戰略而言，東南亞及其海域是重點區域。這主要包括東協，因為它涵蓋了大多數東南亞國家。它又進一步凸顯了地理因素在首爾優先著重東亞地區的重要性。

東亞也攸關南韓深化融入世界經濟的目標。就貿易連結而言，東亞僅次於歐盟，是全世界第二高整合度的地區。(113)這種整合同時涉及市場導向的區域化，以及國家帶頭的區域主義或組織建構，且南韓一直強烈支持這兩種進程：南韓企業界是區域生產製造鏈的一環；政府簽署包含區域全面經濟夥伴關係協定（Regional Comprehensive Economic Partnership, RCEP）等自由貿易協定；以及國家加入區域經濟治理倡議——最著名的就是東協加三。甚且，南韓決策者認為，與日本及東南亞的經濟關係，是降低對中國及美國經濟依賴的機會。(114)

就南韓來說，東亞很重要，也是因為它的目標是尋求被承認為具有影響力的中等強國。這包括參與區域組織，南韓爭取在這些組織中發揮平衡者的作用，尤其是在中國和日本的利益競爭之間起平衡作用。就這方面而言，首爾受益於一種看法，一般普遍認為中國和日本或許有志成為區域霸主，而南韓則不感興趣。(115) 就南韓決策者來說，如果南韓能夠憑藉經濟影響力、地理位置、參與地區論壇和外交存在，而能在某一個地區發揮影響力的話，肯定就是東亞。

南韓另外兩個目標也有東亞成分。在獲取保護免遭外來軍事威脅方面，東海和南海潛在的軍事衝突，以及海盜或恐怖主義等其他武裝衝突，是南韓思考的重點。(116) 它們可能不是北韓和中國的潛在威脅，但確實會對南韓構成威脅。同時，在兩韓和解修睦與統一的議題上，東亞國家都不是核心角色。但是自從一九九〇年代末期以來，平壤試射的飛彈飛越日本領空之後，日本開始更積極參與與北韓的談判協商。最值得注意的是，東京參與了整個二〇〇〇年代進行的六方會談。(117)至於東南亞，從南韓大戰略的角度來看，它與兩韓關係的關聯性不大，首爾主要把這個地區的後共產主義國家，當作可供平壤進行改革開放的樣板。(118)

大歐亞和印度洋

從南韓的角度來看，大歐亞和印度洋包括俄羅斯、中亞、南亞、大中東、歐洲、澳洲和海洋。這是朝鮮半島所屬的陸地，也是距離南韓所在的朝鮮半島東半部最近的海洋。就印度洋而言，雖然它不是歐亞大陸的一部分，但基於經濟和安全的原因，它與歐亞有難分難解的關聯。換句話說，從南韓的角度來看，印太地區的西半部是大歐亞的核心部分。大歐亞和印度洋是南韓在民主化之前不太關注的地區，唯一的例外是與澳洲、(西)歐、大中東和蘇聯以及印度洋的新興經濟關係。但是一九八八年之前，南韓並沒有針對此一地區的整體外交政策。

情況在一九八八年以後開始改變。首先，蘇聯和中歐、東歐共產主義的終結，促進它們與南韓建立和加強外交關係。此外，韓國外交和軍事範圍的擴大，創造了與大中東和整個印度洋新的聯繫。[119]結果是，大歐亞開始成為南韓決策者更加重視的地區。後來，在整個一九九〇年代和二〇〇〇年代，中亞和南亞也與南韓大戰略變得關係更加密切，尤其是二〇〇〇年代的印度，與南韓愈走愈近。

當然，大歐亞和印度洋的多樣性意味著，並非整個地區都基於同樣的原因讓首爾感到很重要。然而，可以說，南韓深化融入世界經濟的目標，的確使它的戰略覆蓋整個地區。這塊地區的某些部分，如俄羅斯、中亞和大中東地區，受到南韓決策者重視，是因為南韓耗用的石油和天然氣有九十九%都是進口的，而這三個地區豐富的能源資源，正是南韓推動經濟之所需。[120]同時，印度正日益成為以東亞為中心的生產製造鏈之一環，它又是一個潛在的廣大市場、南韓外援的目的地，以及便利南韓與歐洲之間貿易的港口所在地。歐洲是世界上最大的經濟體之一，也是南韓最大的投資者，更是韓國財閥的生產製造基地，又是重要的貿易夥伴。這個說法尤其適用於歐盟。澳洲是南韓經濟所需天然資源的主要提供者。同時，印度洋是南韓與歐洲和大中東地區貿易的主要航道。[121]

俄羅斯、印度洋和澳洲攸關南韓的大戰略目標，也是因為它們與獲取保護以免遭受外來軍事威脅有關。與日本類似，俄羅斯並不是兩韓事務的關鍵參與者。然而，莫斯科是北韓最親密的合作夥伴之一，也是聯合國安理會常任理事國，並且從二〇〇〇年代起，愈來愈涉入解決北韓發展核武的問題。[122]最值得注意的是，它是二〇〇〇年代六方會談的參與者。此外，兩韓潛在的經濟合作必須經過俄羅斯，把朝鮮半島與中亞和歐洲連接起來。[123]至於印度洋，海盜活動和領土主張威脅著這塊海域的穩定，有可能對南韓的經濟安全構成威脅。澳洲已經成為印太地區日益活躍的安全防務參與者，[124]這一來，不可避免地促進了它與南韓的軍事和外交關係。

南韓盼望被視為具有影響力的中等強國的目標，也適用於大歐亞和印度洋的部分地區。中亞有相當多的朝鮮裔人口，他們的根源可以追溯到十九世紀和二十世紀初期遷徙到俄羅斯的移民。特別是烏茲別克和哈薩克，都有超過十萬人以上的朝鮮裔人民。[125]對首爾來說，這些聯繫提供一個機會之窗，可以在此一地區發揮某些影響力。同時，在歐洲，南韓看到了與歐盟或其他中等強國如法國、德國、義大利、波蘭、西班牙和英國等理念相投的夥伴合作的機會。首爾與他們在經濟治理、貿易開放、外交重要性或價值觀方面，具有相似的看法。(126) 因此，歐洲可以成為強化南韓中等強國身分的夥伴。澳洲也是如此，南韓也與澳洲有共同的價值觀，兩者也都是中等強國。

世界其餘地區和全球治理

南韓的大戰略包括最後一個同心圓，它涵蓋世界其餘地區和全球治理。對於前述三個同心圓以外的地區，首爾在民主化之前對它們的關注有限。南韓的獨裁政權，的確與大多數拉丁美洲國家或撒哈拉以南非洲新興獨立國家建立外交關係，但是政治接觸很少，經濟關係也有限，在安全方面，儘管與親美國家就共產主義的危險，口頭上有一致的說詞，但是並沒有真正的共同威脅存在。在全球治理方面，南韓在整個冷戰期間所扮演的角色微乎其微。由於首爾不是聯合國會員國，它在隸屬聯合國系統的其他國際組織中的存在，頂多只是象徵性，或甚至根本不存在。

情況從一九九〇年代出現變化。中等強國渴望具有全球規模的大戰略。南韓決策者從金泳三和他的世界化政策開始就擁有全球野心。因此，南韓在一九九〇年代先後加入聯合國、世界貿易組織、經濟合作發展組織和其他國際組織，為國家提供了擴大大戰略地理範圍的平台。同時，南韓經濟為其決策者和菁英，提供了加強與在此之前不受重視的世界其他地區聯繫的手段。舉一個尖銳的例子，首爾於二〇〇三年與智利簽署第一個自由貿易協定。[127]與美洲的經濟聯繫也使南韓決策者更加重視太平洋地區，當然也更加重視印太地區的西部地區。

世界其餘地區和全球治理也關係到南韓深化融入世界經濟的目標。談到拉丁美洲或撒哈拉以南非洲等地區，南韓商人把它們當作是潛在的市場和製造基地。拉丁美洲尤其如此。[128]在全球治理領域，世界貿易組織、國際清算銀行、巴塞爾銀行監理委員會和二十國集團等國際組織，提供給首爾試圖影響國際貿易、投資或課稅規則的機會。隨著時間的推移，首爾在這些組織中日益活躍，並且尋求與對經濟開放及國家經濟主權之間的平衡持有相似看法的國家結盟。[129]

南韓也將世界其餘地區和全球治理視為被承認為重要中等強國的平台，尤其重視後者。南韓確實積極參與聯合國體系各項活動。與其他中等強國類似，首爾尋求在某些領域得到認可，而不是試圖在每個領域都要出頭當主角。[130]有一個典型的例子就是氣候變遷和綠色成長，南韓自從李明博時代就想要在這個議題上打造自己的聲音和論述。面對世界其餘地區，首爾採取的策略是，透過加強與加拿大、墨西哥等國家，或是太平洋聯盟（Pacific Alliance）等組織的聯繫與合作，來增強話語權。[131]總而言之，南韓認識到，即使它的核心利益並未受到威脅，要被承認是中等強國，也需要與各個地區和組織展開更深入的接觸。

南韓的大戰略

自從一九八八年民主化以來，南韓就發展出一套穩定、持久的大戰略。身為一個中等強國，這套大戰略的地理範圍涵蓋全球，時間範圍則是長期性的。一九八八年之前，南韓沒有大戰略。但是從一九八〇年代末期開始，南韓的外交政策、政治和企業界菁英，已經就南韓應該優先考慮的目標，以及國家具備什麼手段可以實現這些目標，達成了共識。無論當家執政總統的政治傾向如何，這種共識使得目標和目的在歷屆政府中得以維持和延續下去。

菁英們對南韓應該追求的目標和手段，達成共識的一個關鍵原因是，解釋國家大戰略的一系列因素。它們包括早在國家本身存在之初就已存在的因素，例如兩韓分治和韓美同盟；它們也包括可以追溯到南韓仍是威權統治、弱國時期的其他因素，例如中國的崛起和南韓本身的經濟發展；其他因素則是一九八八年以後南韓特有的因素，包括民主、中等強國身分、區域整合和全球化以及亞洲金融危機。這些因素的結合，構成一系列結構性的限制，它們雖然沒有忽略南韓本身的力量，但也對南韓的現實目標和可用的手段構成一些限制。

南韓與其他中等強國相似，首要目標是自主。南韓努力爭取戰略自主權，必須克服大國加諸身上的限制才能實現目標。除了這個目標之外，南韓大戰略還有四個終極目標：獲得保護免遭外來軍事威脅、兩韓和解修睦和統一、深化融入世界經濟，以及被承認是個具有影響力的中等強國。當然，我們在後續章節中將會看到，某些政府可能更重視其中之一。然而，歷任南韓總統都追求這四個目標，並且執行實現這些目標的政策。這就是剛才提到的菁英共識的結果。在南韓充滿活力的民主政治中，超乎預想得到的黨派競爭之上，存在著一個基本共識，認同這些都是南韓國家應該追求的關鍵目標。

至於南韓為實現它所盼望的終極目標，能有什麼手段可資運用？下列七種最受矚目：南韓不斷增長的軍事能力、融入這些軍事能力的網路工具、韓美同盟、外交官團隊、貿易投資與援助、公眾外交以及軟實力。當然，這些都是許多中等強國和大國常見的手段。其中一些是在一九八八年民主化之前南韓就有的，當時的南韓是個弱國，也是個受獨裁統治的發展中國家。然而，自從民主化以來，南韓已經開發，並使用明確的工具來實現目標。不同的政府可能傾向於某些手段，而比較不採用其他手段。但是最終而言，菁英共識導致歷屆政府綜合運用所有這些手段，這將在接下來的章節中陸續說明。目的和手段的共識，歸因於影響南韓大戰略的結構性因素，以及南韓作為中等強國的影響力。

第四章

三角核心：兩韓關係、韓美同盟和中國

넷

俗話說，地理就是命運。對南韓來說，地理就是自從朝鮮半島分裂為兩半以來必須面對的北韓，自從美軍進駐以來必須面對的美國，以及自從中華人民共和國建政以來必須面對的中國，這就是南韓的「命運」。一九八八年南韓民主過渡之前就是如此，此後也一直沒有改變。它們三者構成了南韓規劃和執行大戰略時難分難解的三角核心，其中任何一方的行動都會影響到另外兩者。事實上，隨著北韓變得更加強大，以及中國崛起導致與美國的戰略競爭，這個三角核心只會隨著時間的推移更為重要。

兩韓和解修睦和統一是任何一位南韓總統都不能逃避的目標。無論個人背景或政治意識型態如何，每位南韓總統都尋求達成和解，俾能為最終統一奠定基礎。統一是憲法訂定的使命，南韓憲法宣稱對整個朝鮮半島擁有主權，並且明訂南韓應根據己方條件尋求統一。因此，南韓歷屆政府都尋求與北韓接觸。與此同時，北韓一直是首爾最主要的安全顧慮，多年來頻頻發生的軍事衝突提醒南韓政府，北韓持續不斷威脅南韓公民的生命。因此，南韓尋求加強軍事能力和強化與美國的同盟以便對付這一威脅。整軍經武的努力也支持和解與統一的目標，它向平壤明確表達，對南韓使用武力不是一種選擇，最好透過外交斡旋來解決南北韓的分歧。

以美國這方面來講，南韓歷任總統都將首爾和華府之間的雙邊同盟視為安全考量中不可或缺的一部分。韓美同盟是針對北韓可能發動攻擊的嚇阻力量。然而，多年下來，韓美同盟的範圍也擴大了。美國支持南韓的安全，防堵其他潛在的軍事威脅，尤其是提防中國。但是它也有助於推動其他的大戰略目標，包括深化融入世界經濟和被承認為中等強國。因此，一般而言，南韓政府把美國視為可以幫助它取得自主權的助力。美國也影響兩韓關係，到目前為止，美國與北韓的關係，對平壤針對首爾的行動乃至政策，一直是重要決定因素。在與美國打交道時，南韓運用種種手段來確保雙邊關係持續牢固，讓華府堅守承諾。這是因為南韓方面一直存在著一種揮之不去的「被拋棄的恐懼」情愫，而美國總統有時候處理——甚至拋棄——盟友的方式，更加劇這種恐懼。有時候首爾又會有「被坑住的恐懼感」，擔心南韓必須違背本身意願支持美國的政策。

近幾十年來，南韓最大的鄰國在它的大戰略中占據的分量愈來愈重大。中國一直是南韓必須承認和應對的存在，中國的經濟崛起，日益強大的政治外交影響力和軍事建設，使它在南韓的大戰略中變得更為核心。因此，中國在首爾的大戰略中扮演著一個矛盾的角色。一方面，因為中國的蠻橫，首爾將北京視為日益增長的安全威脅；另一方面，與中國的經濟關係是南韓繁榮的關鍵。同時，中國身為北韓最親密的夥伴，或至少是平壤最密切的夥伴，它影響著兩韓關係。南韓採取許許多多手段來和中國交往，包括強化軍事能力或韓美同盟等嚇阻力量，以及外交、貿易協定或軟實力等胡蘿蔔。

結合胡蘿蔔和巨棒來管理兩韓關係，而與美國持久的同盟，以及中國的經濟和軍事崛起，是南韓針對三角核心大戰略運作的支柱，儘管南韓也力求確保本身行動的自主權。

表 4.1：南韓針對三角核心的大戰略

關鍵因素	關鍵目標	關鍵手段
·兩韓分治 ·韓美同盟 ·中國崛起 ·經濟發展 ·民主 ·中等強國的身分認同 ·區域整合與全球化	·自主權 ·獲取保護以免遭受外來軍事威脅 ·兩韓和解修睦及統一 ·深化融入世界經濟 ·被承認爲具有影響力的中等強國	·增進軍事力量 ·網路工具 ·與美國締盟 ·外交官團隊 ·貿易、投資與援助 ·公衆外交 ·軟實力

盧泰愚時期（一九八八年—一九九三年）

北韓

盧泰愚於一九八八年七月啟動北方政策戰略處理對北韓的關係。(1) 盧泰愚就任總統之前曾在全斗煥政府擔任過部長，因此，他的北韓政策受到全斗煥的影響。然而，北方政策是一項大膽的戰略，它重新定位兩韓之間的關係——特別是在冷戰結束和共產主義集團崩潰之後。北方政策自從制定以來，的確就影響了南韓對北韓的大戰略。這是盧泰愚在南韓外交政策和大戰略上的主要遺產之一。

北方政策的重要性和成功，跟它明確地將兩韓關係放置在和美國、中國和其他國家關係更廣泛的背景中的方式，有相當的關聯性。它認知到美國和中國這兩個東亞強權，對南韓大戰略有制約的力量。盧泰愚認為，只有讓美國和中國參與到他的兩韓政策中，南韓才能實現自主以及與北韓修睦和統一的目標。受到西德「東方政策」（Ostpolitik）的啟發，盧泰愚的北韓戰略建立在兩韓之間相互承認、和解的基礎上，他要整體對待與改善一方面是南韓與其夥伴、另一方面是北韓及其夥伴之間的關係。[2] 北方政策出現在共產主義國家開始與首爾接觸、想要爭取建立貿易和投資關係之際，也是首爾奧運即將開幕之前幾週的事。換句話說，相對於北韓，南韓比較處於優勢地位。盧泰愚在宣布北方政策的演講中訂定了六項原則，包括促進與北韓的貿易；各階層交流互訪及人道接觸；放棄首爾對其盟友與北韓建立非軍事貿易的反對立場；支持平壤與美國和日本外交關係正常化的努力。[3]

北韓接受盧泰愚的提議，兩國展開許多輪對話，涵蓋政治、安全、經濟、體育、文化和紅十字會交流等議題。[4] 對盧泰愚政府來說，它們可作為最終統一的第一步，而最終統一仍然是終極目標。根據盧泰愚的「朝鮮民族統一方案」（Korean National Community Unification Formula），兩韓相互承認將為韓國聯邦奠定基礎，然後再根據統一的韓國憲法舉行大選。[5] 盧泰愚政策和隨後交流的具體成果，就是兩韓於一九九一年九月同時加入聯合國。[6]

此外，一九九一年十二月，兩韓簽署一項《南北和解、互不侵犯、交流與合作協定》（Agreement on Reconciliation, Non-aggression and Exchanges and Cooperation Between the South and the North）。協定確立相互承認、和平、對話、交流的原則，作為兩韓交往的基

礎。[7]簡單地說，盧泰愚及其北方政策所主張的思想現在已經載入兩韓簽署的文件中。此後，這份文件一直是首爾的北韓政策的重要組成部分。它包括和解與統一的關鍵目標，以及強調外交和經濟實力等工具為優先。

然而同時，盧泰愚政府繼續把北韓當作潛在威脅。這種二分法一直影響著南韓大戰略：如何實現修睦和統一，同時又保護國家不遭受北韓潛在的攻擊。事實上，來自北韓的潛在威脅，在一九九三年至一九九四年第一次北韓核子危機期間就變得更加明顯。一九九一年九月，美國總統喬治·H·W·布希（George H. W. Bush）宣布美國將從海外撤回所有的戰術核武器，而南韓最後一個戰術核武器於十二月移除。[8]這降低了南韓面對北韓時的相對實力，並可能限制首爾的自主權和推動和解與統一的力道，因為平壤會意識到雙方相對實力出現轉變。僅僅一個月後，也就是一九九二年一月，兩韓簽署了《朝鮮半島無核化共同宣言》（Joint Declaration on the Denuclearization of the Korean Peninsula）。兩韓在聲明中承諾不發展核武器。[9]不久之後，北韓也的確與國際原子能總署（International Atomic Energy Agency，IAEA）簽署保障協定，並核准通過。[10]然而，國際原子能總署檢察人員發現，北韓關於其核子計畫的初步報告存在不一致之處。[11]

這引發了一九九三年至一九九四年的第一次北韓核子危機。再加上美國撤走戰術核武器，這場危機增強了南韓決策者的意識，認為他們需要強化本身的軍力。因此，首爾繼續發展海星飛彈（Haeseong missile）和玄武飛彈（Hyunmoo missile）等短程飛彈計畫，以便嚇阻北韓。[12] 同時，韓國航空宇宙研究院（Korea Aerospace Institute, KARI）於一九九〇年開始研發火箭計畫。韓國航空宇宙研究院於一九九三年六月和九月成功試射了兩枚KSR-I型探空火箭（Korean Sounding Rocket）。[13] 同時，首爾於一九九二年十一月與莫斯科簽署協議以獲取軍事技術，及取得俄羅斯的專業知識。[14] 南韓首次對外發布的「國防白皮書」明白表示，朝鮮半島的軍事局勢持續不穩定，南韓持續受到北韓的威脅。[15]

美國

在韓美關係方面，盧泰愚政府奉行的戰略號稱「韓美夥伴關係」（한미 동반관계）。[16] 它所強調的重點是「夥伴關係」，換句話說，南韓和美國平等，並不是美國的下屬。一方面，盧泰愚政府尋求南韓具有更大的自主權，可以制定和實施自己的大戰略。但是來自北韓的

持續威脅——尤其是在第一次核子危機期間——導致南韓政府也尋求加強與美國的同盟。在某種程度上，這項政策也是出於深怕蘇聯和大多數共產主義國家解體後，華府軍事態勢變化，可能會被美國拋棄的心理。換句話說，盧泰愚是針對雙重恐懼做出反應——一方面亟需依賴這個大國盟友，一方面又深怕遭到它拋棄——因此他一方面設法加強同盟關係，另一方面又從首爾的角度強調這是一種夥伴關係。這已是多年來，南韓歷屆政府持續追求戰略自主權以及其他目標的常態。

特別是，布希政府決定從南韓領土全面撤除美國的核武器，被視為是美國承諾減弱，南韓更需要發展自主能力的跡象。一九九一年十月至十二月期間，美國首先撤除六十枚砲彈，隨後又撤除四十枚B61炸彈。到十二月中旬，盧泰愚宣布南韓境內已完全沒有核武器。從南韓領土撤除核武器的決定，部分是為了迫使北韓同意接受國際原子能總署對它的核設施進行檢查，而平壤實際上在稍後幾個月也同意接受檢查。(17) 南韓也尋求緩和與北韓的緊張關係，並且打造不同的關係。但是另一方面，撤除美國戰術核武器削弱了對北韓可能發動攻擊的嚇阻力量。這一來又強化了首爾雖不質疑同盟是否可靠，卻必須增強自己的自主權的想法。

在這樣的背景下，盧泰愚政府於一九八八年八月宣布「八一八計畫」。這項計畫要求南韓重新打造軍隊結構，加強獨立於美國的空軍和海軍部隊，並採購新武器以增強南韓武裝部隊的獨立能力，以及發展更強大的國內軍火工業。[18] 盧泰愚希望大宇、現代、樂金和三星等南韓企業，能夠更積極參與直升機、海軍艦艇和坦克等國產武器的開發。[19] 對南韓來說，這是實現目標的關鍵手段，但是八一八計畫並不意味在安全方面與美國脫鉤。事實上，南韓欲開發自身軍事能力仍涉及與美國的夥伴關係和合資事業，尤其是與麥道公司（McDonnell Douglas）的合作。[20] 南韓的軍事技術仍然需要依賴美國的銷售和與美國的夥伴關係。

為了尋求更大的自主權，盧泰愚政府考慮施壓，促請華府將仍然掌握在美國手中的南韓武裝部隊的和平時期作戰指揮權（operational control, OPCON）移交給首爾。一九九一年十一月，首爾和華府同意在一九九三年至一九九五年之間的某個時間點，將和平時期的作戰指揮權移交給南韓。[21] 這對南韓實現自主的目標至關重要，因為它意味南韓武裝部隊將接受南韓將領的實際控制，而不是由聯合司控制。

南韓國防部於一九八八年底首次發布國防白皮書。白皮書明確肯定首爾對與華府同盟的重視。最重要的是，白皮書中有一章談論南韓國防態勢，其中有一整節專門談論聯合司的合作。[22]這顯示盧泰愚政府對與美國密切合作的重視。科威特遭到伊拉克侵略之後，南韓也的確在一九九〇年至一九九一年波斯灣戰爭期間派出軍隊，支援美國領導的聯軍解放科威特，當時南韓部隊提供運輸和醫療支援。[23]另外，南韓海軍於一九九〇年首次參加「環太平洋軍事演習」（Rim of the Pacific Exercise, RIMPAC）。這項演習於一九七一年發起，由美國主導，是美國海軍為提高與盟國的協同作戰能力而舉行的聯合海上演習。此後，南韓一直持續參加環太平洋軍事演習。[24]與朴正熙時代的情況類似，盧泰愚政府也在其他地方支持美國的政策和活動，以此作為強化同盟的一種方式。

同時，南韓向民主政體和中等強國的演進，冷戰結束後國際環境的變化，以及韓美同盟本身的演變，使得盧泰愚政府重新思考南韓大戰略，尋找其他手段加強與華府的關係，並設法影響美國。盧泰愚政府因此開始採取戰略性思考，運用貿易和投資。於是，南韓積極參與將關稅暨貿易總協定改組為世界貿易組織的「烏拉圭回合貿易談判」（Uruguay Round of trade negotiations）。[25]當然，首爾也是出於本身利益的考量而參與這些談判。但這也是支持美國主導的另一項倡議的方式，增加它的正當性，並推動擴大自由主義的國際秩序。換句話說，南韓認為，透過支持美國主導且符合首爾本身利益的倡議，可以實現戰略自主。這將加強韓美同盟，並降低遭到遺棄的可能性，但它也將增強南韓的實力，因為這些倡議可增強首爾在全球層次的地位和能力。

中國

盧泰愚的北方政策除了北韓成分之外，還有非常重要的中國成分。北方政策的六大關鍵原則之一，就是改善南韓與中國及其他共產主義國家之間的關係。[26]隨著中國從一九七〇年代末期開始改革開放，南韓決策者對於它的崛起感覺難以抵擋。[27]首爾和北京之間的關係，在全斗煥政府期間已經開始改善，包括透過經濟、文化和體育進行交流。體育交流成為南韓對中國戰略的核心，在民主過渡之後更成為採用軟實力的例子。南韓民主轉型後不久，首爾於一九八八年九月主辦奧運，成為改善與中國關係的大好機會。中國在一九八六年已經參加了在首爾舉辦的亞運會，現在又與其他大多數共產主義國家一起承諾也會參加一九九八年的奧運會。[28]因此，首爾奧運成為盧泰愚針對這個鄰國大戰略的跳板。

南韓投桃報李，派了一個由運動員、政治人物、商人和觀光客組成的龐大代表團，參加一九九〇年在北京舉辦的亞運會。[29]

改善與中國的關係有助於南韓達成許多個目標。當然，它可以增強南韓的自主權，因為它將會擴大南韓外交關係的範圍，從而減少對美國及其盟友和夥伴的依賴。在種種目標當中，想要被承認為具有影響力的中等強國，也必須與中國改善關係。南韓想加入聯合國，而中國是擁有否決權的安理會常任理事國。[30]甚且，南韓希望更加融入全球經濟，俾能將貿易和投資夥伴多元化，中國改革開放後的快速成長就是這方面的機會。此外，盧泰愚政府希望與北韓改善關係，而北京是平壤的盟友，或許能夠幫忙改善兩韓的關係。

由於中國想要尋找貿易夥伴和投資者，南韓利用它的經濟槓桿改善韓中雙邊關係。從一九九〇年（盧泰愚上任兩年後）到一九九二年（他的繼任者當選總統）這段期間，南韓和中國之間的貿易金額從六億六千九百萬美元增加到五十億六千萬美元。[31]南韓向這個鄰國出口高科技產品，而中國則向南韓出口低價產品。到一九九二年，中國已成為南韓第四大貿易夥伴，[32]南韓則是中國（不包括香港）第四大合作夥伴。[33]就南韓的大戰略而言，同樣重要的是南韓企業界的投資開始湧入中國。[34]在南韓方面，貿易和投資當然主要是財閥和其他私人企業的特權，但政府之所以鼓勵這樣做，是因為它可以帶來經濟和外交利益。最明顯的是，韓國銀行和中國人民銀行展開談判，要在對方國家開設分行，這件事在盧泰愚卸任不久後實現。(35)

但盧泰愚政府最大的戰略豪賭是與中國外交關係正常化。一九九〇年首爾與蘇聯外交關係正常化之後，這是南韓最大的收穫，也是外交戰略思維最大的變化之一，因為這個動作涉及放棄對台灣的正式承認。與此同時，中國因為一九八九年六月發生的天安門廣場鎮壓事件陷入孤立，也正在尋找新的夥伴。(36)早在一九八五年，鄧小平已經表露中國有意改善與南韓的關係，這可以帶來經濟效益，也有利於中國的統一。(37)因此，到一九九〇年代初期，首爾和北京都致力於實現自己的統一目標。

一九九一年十月，南韓外交部長李相玉與中國外交部長錢其琛會晤，隨後進行了一系列外交活動，南韓和中國並於一九九二年五月啟動工作層級會談。(38)最後，雙方於一九九二年八月建立外交關係，南韓同意中國的要求，承認北京是「中國唯一的合法政府」，而北京則誓言「支持朝鮮半島的和平統一」。(39)同年九月盧泰愚成為第一位訪問中國的南韓總統。(40)對南韓來說，關係正常化證明了它兩大戰略手段的力量：外交官團隊和經濟工具。隨著關係正常化的決定，盧泰愚政府確立首爾將尋求從中國經濟崛起中受益，同時也要與中國建立良好的外交關係。反過來，這將有助於透過外交關係多元化來鞏固南韓的自主權。

金泳三時期（一九九三年—一九九八年）

北韓

金泳三的北韓政策沿襲其前任的政策，這個跡象顯示首爾對平壤的大戰略正在變得正式化，超越領導層的變動。金泳三的政策以「合作共存」（협력적 공존관계）的理念為基礎。[41]但最重要的是，終極目標仍然是統一——儘管他宣示只有在條件允許的情況下才會統一。[42]這種作法的目的是緩和北韓怕被南韓接管的憂慮，當時西德併吞東德的事例仍鮮明地留在人們的記憶中，而共產主義政權正在世界各地紛紛瓦解，的確已經有人公開討論

北韓是否會崩潰。[43] 不同的是，金泳三政府將平壤描繪成修睦與合作的夥伴，可能暫時先採用聯邦形式，然後再走向和平統一。[44]

金泳三繼續把兩韓關係擺放在圍繞朝鮮半島的廣闊背景中，甚至比他的前任更加明確。這個背景的特色是一九九三年至一九九四年的第一次核子危機和華府的反應。危機發生在北韓違反與國際原子能總署簽訂的保障協議，發展鈽計畫，而後證據曝光。[45] 結果，平壤於一九九三年三月宣布打算退出《核不擴散條約》。[46] 南韓外交部長韓昇洲於一九九四年五月建議啟動「東北亞安全對話」（Northeast Asia Security Dialogue, NEASED），[47] 這是讓南韓居於朝鮮半島安全討論中心位置的一種方式，也是將北韓核計畫放到更廣泛的安全問題背景下的一種手段。這是首爾利用外交官團隊，作為解決東北亞地區安全難題的手段的著名案例研究。只不過這個想法沒有成功。

反過來，首爾認為，柯林頓政府沒有事先與南韓協商，就擬訂計畫要攻擊北韓，預備摧毀位於寧邊的核反應爐。華府似乎的確考慮過發動攻擊，但是在和本地區若干國家私下磋商，加上柯林頓政府內部有人提出異議之後，決定放棄這個念頭。[48] 然而，華府最初認為可以發動攻擊的想法，讓金泳三政府十分不安。金泳三政府一發現華府有這個想法，即表達強烈反對，因為一旦平壤進行報復，會給朝鮮半島帶來嚴重災難。(49) 此外，華府和平壤啟動談判，並於一九九四年十月達成框架協議（Agreed Framework），結束第一次北韓核子危機，然而首爾卻被排除在談判桌之外。(50) 在整個談判過程中，華府與首爾雖然進行磋商，但最終達成的協議最符合美方利益。對金泳三政府來說，柯林頓的行動顯示，美國會做出讓南韓面臨風險，或是不一定適合南韓的外交政策決定。不過，框架協議簽署後，南韓、美國和日本成立了「朝鮮半島能源開發組織」（Korean Peninsula Energy Development Organization, KEDO），提供北韓輕水反應爐，換取它拆除核設施。(51) 一九九七年八月，在首爾和華府的提議下，南北韓、中國和美國啟動「四方會談」試圖解決北韓核問題。(52) 儘管朝鮮半島能源開發組織和四方會談並不是「東北亞安全對話」，但它們顯示，南韓的東北亞安全框架構想可以運用在具體情況上。此外，金泳三政府也遵循讓美國和中國參與解決南北韓對峙的模式，以此作為支持本身自主政策的一種方式。如果沒有它們的支持，南韓可能會看到自己對北韓的政策翻車，因而妨礙到它的自主權。

金泳三政府的大戰略，的確也希望讓南韓在朝鮮半島局勢的發展上居於主導地位，而柯林頓政府追求框架協議卻沒讓南韓參與談判，加劇首爾做出這項決定。首爾強調，兩韓

應該在解決影響朝鮮半島的問題上扮演領導角色（남북한 주도）。[53] 換句話說，首爾希望獲得自主權，以自己的方式處理兩韓關係。金泳三政府與平壤祕密交換訊息，試圖安排雙方領導人舉行有史以來第一次南北韓高峰會談。然而，由於金日成於一九九四年七月突然去世，峰會並未舉行。[54] 但金泳三的計畫成為南韓後續政府對北韓政策的主要內容。在不忽視美國和中國於解決兩韓緊張局勢中的角色的情況下，南韓——有時候是南北兩韓——居於主導地位，可以展現首爾影響朝鮮半島發展的自主性。

與此同時，金泳三政府努力增強嚇阻力量，以對付北韓可能發動的攻擊。一九九四年三月，當美國與北韓以及南北兩韓的談判似乎毫無進展時，一名北韓官員威脅要讓首爾變成「一片火海」。[55] 這讓人們清楚認識到，北韓仍然對南韓構成風險。一九九六年，平壤宣布將切斷兩韓的通訊線路，使得風險更加升高。[56] 金泳三政府透過尋求發展首爾獨立的軍事能力，來對付朝鮮半島持續的緊張局勢。一九九五年十一月，金泳三政府與柯林頓政府啟動談判，檢討一九七九年訂定的彈道飛彈指南，並開發射程達三百公里（一百八十五英里）的飛彈。[57] 美韓談判未能在金泳三執政期間完成，但它們為未來政府定下一個樣板。後來歷屆政府也把發展國產軍事能力視為增強自主權、嚇阻北韓和對付可能被美國拋棄的一種方式。

因此，南韓除了將目光投向華府之外，更發展對付平壤的嚇阻力量。一九九四年，受到第一次北韓核危機的刺激，金泳三命令韓國原子力研究院（Korea Atomic Energy Research Institute）研究設計核子動力潛艦反應器。[58] 同年，首爾啟動「棕熊計畫」（Brown Bear Project, 불곰사업），試圖從俄羅斯獲取軍事技術和專業知識，包括遠程飛彈技術。[59] 一九九六年四月，國家科學技術委員會公布「國家太空中長期發展計畫」（Medium- and Long-Term National Space Development Plan）。這是南韓第一個太空計畫，隨後多年又逐步增益推出更多的太空計畫。[60] 一九九七年七月，韓國航空宇宙研究院發射了KSR-II火箭。[61] 換句話說，首爾積極研究發展自主能力，以補充韓美同盟所提供的保護。

美國

就首爾而言，金泳三執政期間的韓美關係以「面向未來的同盟」（미래지향적 동맹관계）理念為基礎。[62] 它的關鍵面向是，首爾和華府之間的同盟，必須超越只關注北韓威脅

的狹隘考量，必須思考朝鮮半島以外的其他安全議題。[63] 此外，同盟不應該建立在從屬關係的基礎上，金泳三政府強調互利關係的概念。[64] 當然，美國仍然是資深夥伴，金泳三政府很清楚這一點。[65] 對美國來講，南韓仍然是它的重要盟友，可以提供美國物質和思想支持。也就是說，強大的同盟並不是和自主站在對立面，實際上可以透過展示南韓作為夥伴的價值來幫助推動自主，同時也幫助首爾達成其他目標及增強能力。

然而，韓美同盟因為前文提到的框架協議談判期間，華府和首爾之間缺乏協商而受到影響。另外，金泳三政府對華府不願意具體降低首爾開發飛彈的門檻規定相當不滿。[66] 甚且，美國在一九九三年至一九九四年進行的「核子態勢檢討」（Nuclear Posture Review of 1993–1994）也讓南韓懷疑，能否依賴華府的核武器嚇阻潛在的核武國家。這項檢討報告還主張，在世界各地海洋巡邏的所有美國航空母艦實現無核化。[67] 因此，現在不僅是美國沒有與金泳三政府協商，首爾也對華府是否會兌現使用核武嚇阻對付北韓的承諾產生了懷疑。在這樣的背景下，南韓繼續發展本身的軍事能力來嚇阻北韓。由於對柯林頓政府提供南韓安全保障的承諾起疑，金泳三政府認為有道理必須要依賴自己的力量。

一九九四年實現和平時期作戰指揮權移交之後，追求更大自主權的勢頭又增強了力道。這代表南韓承擔起全部責任，負責和平時期本國武裝部隊的訓練、裝備和維持。即使首爾沒有質疑韓美同盟，這也是朝著更加增強控制自己的大戰略邁出的重要一步，許多韓國人認為，沒有掌握自己國家武裝部隊的作戰指揮權，南韓就稱不上具有完整的主權。(68)拜作戰指揮權轉移之賜，韓美關係自此稱得上確實是相互依存。

話雖如此，與美國的同盟仍然是南韓實現避免遭受外來軍事威脅所不可或缺的手段。金泳三政府任期內，南韓國防部每年都發布國防白皮書。無可避免地，皆有專門章節描述韓美同盟，因為它是南韓安全和國防的核心組成部分——過去一直是如此，直到今天仍然如此。(69)簡而言之，大韓民國武裝部隊在設想對北韓實施任何恫嚇行動時，並沒有考量不牽涉到南韓最親密的盟友。此外，美國公司繼續出售武器系統給南韓，並與南韓公司合作開發共同計畫，(70)南韓不斷增長的軍事能力，將建立在美國的技術和專業知識的基礎上。

隨著時間的推移，金泳三政府與美國更加密切接觸，透過外交手段解決北韓核武問題。一九九七年八月，四方會談啟動。金泳三政府把它視為一個機會，可以在這個論壇上處理美國對核武的憂慮，以及本身尋求的兩韓和解目標。(71)首爾尋求本身作法與華府作法兩者之間協調一致，它認知到若要改進首爾與平壤的關係，必須與美國和北韓關係的改善同步。

拋開安全和國防不談，南韓以中等強國自許，意味它必須更加多方利用外交手段，包括鞏固與美國的關係。在金泳三領導下，南韓繼續積極參與烏拉圭回合貿易談判，終於在一九九五年催生出世界貿易組織。[72] 金泳三政府也支持一九九五年啟動的《聯合國氣候變遷綱要公約》（UN Framework Convention on Climate Change, UNFCC）談判，這項談判促成了一九九七年二月的《京都議定書》（Kyoto Protocol），幾個月後南韓簽署了此議定書。[73] 首爾明白，柯林頓政府非常重視達成這兩項協議，它們可以彰顯美國在後冷戰時期的領導角色。南韓支持這兩項談判進程，即是從外交上支持美國領導的這些倡議。此外，首爾開始運用軍事能力，在朝鮮半島以外的地區支持美國。一九九三年，南韓派遣維和人員參加聯合國索馬利亞援助團（UN Assistance Mission in Somalia），與美國維和部隊並肩作業。[74] 南韓把它視為自主的標誌，同時也可透過這項行動，向華府表明南韓的價值遠遠超出朝鮮半島範圍，從而增進韓美同盟。金泳三政府也尋求增強它針對美國的軟實力，一九九三年，首爾在華府開設韓國文化院。[75]

中國

金泳三政府延續盧泰愚政府的政策，將中國視為經濟和政治合作夥伴。首爾將它與北京的關係稱為「真正的夥伴關係」（실질협력관계）。在經濟方面，這實質上代表南韓財閥和其他企業將生產製造外包給中國，進口南韓不再生產的紡織品或玩具等廉價商品，以及出口高端商品。結果造成雙邊貿易從一九九三年的八十二億二千萬美元，到一九九七年底增加至二百四十億二千萬美元。(76) 與此同時，投資繼續向中國流動。(77) 此外，一九九三年四月，韓國銀行和中國人民銀行決定相互在對方國家設立分行，這是兩國政府希望促進雙邊經濟關係的明確訊號。對首爾來說，這是利用鄰國驚人的經濟成長，向深化融入世界經濟的目標又邁進一步。它透過與另一個東亞大國建立更堅強的夥伴關係，也增強自主，並降低對美國的依賴。

不過，南韓也希望改善與中國的政治關係，因為這將有助於首爾尋求被視為具有影響力的中等強國。南韓對外交官團隊的巧妙運用也獲得巨大成果。和他的前任一樣，金泳三於一九九四年三月訪問中國。(78) 一九九五年十一月，江澤民成為第一位訪問南韓的中國國家主席。五天的訪問期間，江澤民與金泳三、外交部長孔魯明、企業界領袖等人舉行了會談。江澤民表示，中國支持南韓對北韓的政策，也和南韓同聲氣譴責日本拒絕承認在太平洋地區發動第二次世界大戰的責任。[79]江澤民支持首爾的北韓政策，以及批評日本不承認過去的錯誤，也顯示南韓外交可以支持國家的大戰略。首爾也將軟實力作為工具，用來緩和與中國的關係，一九九三年，首爾在北京開設韓國文化院。[80]

事實上，金泳三政府認為中國在處理北韓核武難題方面可以發揮更大的作用。當然，金泳三希望南韓和兩韓能夠居於主導地位。與美國的合作對首爾的北韓政策至關重要，但是北京是平壤最親密的盟友和主要的經濟援助者，中國又是結束韓戰的停火協定的簽署國之一，從法律上講，它可以在朝鮮半島和平協議中，發揮有助於促進兩韓和解的作用。所以首爾歡迎北京參加一九九七年啟動的四方會談。[81]會談最終雖失敗，但對南韓來說，這標誌著各屆政府公開努力與中國接觸處理北韓問題的開始。畢竟，如果中國不參與和北韓的接觸，首爾在追求兩韓修睦與統一目標方面的自主權就會受到限制。

然而，從南韓的角度來看，中國的崛起帶有更負面的意義。因為北京的經濟崛起與軍事崛起兩者齊頭並進。這在一九九五年至一九九六年的台海危機期間表現得尤為明顯，當時台灣總統李登輝獲准訪問美國，隨後台灣又準備舉行有史以來第一次民主的總統直選，北京在此期間進行了一系列飛彈試射和海軍演習。美國的回應是派遣海軍船艦進入台灣附近的國際水域，東亞地區的緊張局勢為之升高。(82)對南韓來說，這是朝鮮半島一旦發生衝突，中國可能會介入的跡象。(83)這也證明，在東北亞局勢緊張的情況下，北京可能願意動員軍隊。

因此，首爾對中國的大戰略納入新的元素。南韓將尋求與北京接觸，並且協助它「融入」多邊主義及和平解決衝突等國際規範。(84)首爾也將尋求中國支持它的北韓政策。透過這種方式，首爾希望運用它的外交技巧和經濟工具來影響中國的行為，並從中國的改革開放受益。另一方面，南韓也必須警惕中國崛起可能帶來的威脅。於是，首爾開始覺得，韓美同盟或許可以對中國產生嚇阻作用，並且尋求增強本身軍事建設以遏制中國可能的侵略行為。(85)如果沒有這些手段，南韓可能會因為軍事實力相對弱於中國，以及中國和北韓可能發動軍事攻擊，而使自主地位受到削弱。

金大中時期（一九九八年—二〇〇三年）

北韓

一九九七年十二月，金大中當選為南韓自從一九六〇年代以來的第一位自由派總統。經過數十年的保守統治，對於這個亞洲國家來說，這是一個天大地大的改變。此外，金大中於一九九八年二月上任時，南韓正深陷在亞洲金融危機漩渦中。這場危機主宰了南韓的國內和外交政策，因為它有可能毀掉數十年來的經濟成果。不過，金大中並沒有讓南韓大幅偏離先前的外交政策路線，這標誌著一九八八年後，南韓的大戰略確實已經站穩腳跟，因為背後的因素相對未受影響，目標也沒有改變，手段也相對穩定。

金大中的招牌外交政策是他對北韓採取「陽光政策」（Sunshine Policy）。陽光政策的正式名稱為「北韓和解與合作政策」（대북화해협력정책），尋求透過鼓勵金正日政權與首爾合作，來緩和朝鮮半島的緊張局勢。因此，陽光政策有三個基本原則：不容忍北韓的武裝挑釁、南韓不企圖兼併北韓、積極促進兩韓的合作與和解。(86) 金大中後來又補充兩個主

要政策或準原則：政治與經濟分離，以及要求北韓做出善意回報。(87) 此外，金大中強調，韓國人應該居於兩韓關係的主導地位，而不是受制於朝鮮半島周邊大國的政策和利益。陽光政策建立在金大中長達數十年的「三階段統一方案」的基礎上，源頭可以追溯到一九七〇年代初期。這三個階段是和平共處，即兩韓實質上互相承認，中國和蘇聯承認南韓，美國和日本承認北韓；和平交往，即兩韓推動人員、經濟和政治交流；和平統一。(88) 金大中在一九八七年和一九九一年又兩次更新他的公式，改稱「和平共處、交流和統一」。但各個階段基本上與一九七〇年代的公式相同，推動這些階段的工具也相同。(89) 最重要的是，美國和中國在解決兩韓緊張局勢方面，也要扮演重要角色。與前兩任保守派總統類似，自由派的金大中明白，首爾推動兩韓關係的自主權，需要華府和北京的支持和參與。

事實上，陽光政策是建立在金泳三提出的合作共存基礎上，它承認北韓是潛在的夥伴，著重人員和經濟交流，將統一視為長期進程的最後階段，並且包含嚇阻成分。可以說，陽光政策的根源可以追溯到「七月四日南北聯合宣言」，這宣言事實上確立和平共處的原則，並呼籲由韓國人主導兩韓接觸。南韓追求自主以及兩韓和解修睦與統一的目標並沒有改變。

金大中和前兩任總統之間的主要區別，可能在於他實際上能夠執行他的北韓政策。換句話說，他能夠執行首爾對平壤的大戰略。因此，二〇〇〇年六月，金大中和北韓首腦金正日在平壤舉行了歷史性的首次南北韓高峰會談。[90] 金日成死後，金泳三做不到的，金大中做到了。此外，金大中啟動兩韓經濟計畫，這也是前兩任總統無法完成的創舉。一九九八年十一月，北韓金氏政權根據當年稍早簽署的兩韓協議，開放金剛山，准許南韓遊客參訪。[91] 此外，在二〇〇〇年兩金峰會之後，南北韓之間定期開放離散家庭團聚。[92] 文化交流也日益頻繁。[93] 隨著金正日鞏固了自己的權位，以及北韓在一九九〇年代中期遭受大饑荒的影響，平壤感到有必要回報；在此之前它並不覺得有此必要。[94] 然而，涉及南北兩韓、中國和美國的四方會談，最後一次是在一九九八年召開。金大中提出的啟動多邊論壇的建議——類似金泳三提倡的「東北亞安全對話」——並沒有得到進一步發展。儘管如此，金大中對多邊論壇的好處持類似看法的這件事，顯示他的北韓政策在相當程度上建立在南韓前幾屆政府的類似理念之上。

從這方面來講，金大中很明顯地繼續尋求針對平壤開發強大的嚇阻力量，陽光政策的第一項原則的確就是不會容忍北韓的挑釁。首爾譴責平壤在一九九八年八月的彈道飛彈試射，當時北韓政權向東海方向發射一枚飛彈，飛過日本上空。(95) 後來，因為北韓船隻在一星期內多次跨越分隔兩國的北方界線（Northern Limit Line, NLL），南韓海軍在一九九九年六月的延坪島戰役中擊退北韓海軍。北韓人民海軍在戰鬥中損失慘重，傷亡人數至少十七人。(96) 二〇〇二年六月爆發第二次延坪島戰役，一艘北韓船隻越過北方界線，並向一艘南韓巡邏艇開火，造成六名水兵死亡。南韓海軍反擊，擊沉一艘北韓船隻，造成至少十三名北韓人死亡。金大中政府要求北韓道歉，北韓也道了歉。首爾也因此成功向美國請求改變交戰準則的權利，以便軍隊在受到北韓威脅時可以先開槍。(97) 此外，金大中政府於二〇〇一年三月，成功地結束彈道飛彈指南的談判，南韓獲准開發射程為三百公里（一百八十五英里）的飛彈。(98) 對於南韓來講，這個結果意義重大。南韓飛彈現在可以瞄準北韓境內所有目標，直至與中國接壤的邊境。金大中政府任內，南韓確實改進了它的國產飛彈技術。簡而言之，陽光政策並沒有阻止金大中政府繼續開發針對北韓的強大嚇阻力量，也沒有阻止它批評平壤的軍事發展，或是束縛住首爾針對北韓的挑釁做出反應。金大中也認為，南韓需要自主的軍事能力來補強韓美同盟，以防華府拋棄盟友。

美國

南韓出現數十年來第一個自由派政府，引發了首爾是否可能重新檢討韓美同盟的問題。結果顯示，金大中政府的作法是建立在前人政策的基礎上，強化了南韓的大戰略。金大中甚至將他對同盟的態度形容為「二十一世紀更高層級的夥伴關係」（21 세기를 향한 한 차원 높은 동반자 관계）。[99] 連續性是關鍵要素。金大中政府認為韓美同盟仍然是南韓大戰略的關鍵支柱，有助於首爾成為強大的國際參與者，從而加強它的外交政策影響力。[100] 對於金大中政府來說，無論是民主黨人柯林頓，還是他的繼任者共和黨人小布希擔任美國總統，儘管他們對陽光政策有不同的看法，韓美同盟仍然是首爾大戰略的一個關鍵要素。[101] 與在他之前的保守派總統一樣，金大中也認為，首爾可以透過擴大韓美關係範圍來增強自主權，展示並受益於同盟的價值，也能讓自主權擴展到朝鮮半島以外的地區。

柯林頓和小布希對北韓採取了根本不同的態度，因此對南北韓的關係也採取了根本不同的態度。一九九八年六月，金大中與柯林頓舉行了第一次高峰會談，美國總統承認，韓國新總統應該「領導朝鮮半島事務」，即與朝鮮的關係。[102] 事實上，在當年稍後發布的華府「國家安全戰略」（National Security Strategy）中，將首爾描述為「與北韓人的主要對話者」。(103) 從柯林頓政府的角度來看，美國有廣泛的外交政策問題需要處理，北韓「只是其中的一個」；但對首爾來說，這卻是主要問題，因此，讓南韓扮演這一角色是有道理的。(104) 金大中抓住了這個機會，因為這保證讓他實現首爾的自主目標以及兩韓和解。

二〇〇一年小布希上任後，情況發生巨大變化。新任美國總統廢除了柯林頓政府簽署的「框架協議」，取消對北韓的石油運輸。(105) 這一來，即實際上終止了朝鮮半島能源開發組織。小布希也明白表示不喜歡北韓，認為平壤是與伊朗和伊拉克一起支持恐怖主義、囤積大規模殺傷性武器的「邪惡軸心」（axis of evil）。(106) 但是金大中實際上是將尋求與布希合作作為北韓政策的一部分，並且試圖引導新政府進行對話和接觸，不過他並沒有成功。(107) 在與美國共同應對北韓的目的和手段上，首爾並沒有偏離它的大戰略。

此外，與美國的關係並不僅限於與北韓的接觸交往，嚇阻力量也是重點項目。金大中政府繼續努力爭取修訂彈道飛彈指南，此修改在布希政府上台後達成協議，已如前文所述。換句話說，韓美同盟繼續發揮效用，促進南韓獲得保護以免遭受軍事威脅的目標，現在就是以消除阻礙南韓發展自身軍事能力的方式進行著。金大中政府與布希政府之間存在

一些問題，但即使在安全領域，關係也沒有像外傳那樣負面。(108)

為了能與中等強國的地位相稱，南韓也透過其他手段加強與美國的關係，用以支持整體的大戰略目標。韓國國際交流財團繼續提供經費，鼓勵加強讓外界了解南韓的項目和活動。但是基金會現在將重點從文化轉向外交政策、安全和政治。(109)同時，洛杉磯和紐約的韓國文化院持續辦理活動，以提升南韓形象。

同樣重要的是，南韓對美國的投資持續成長。當然，投資是私部門的事情，但南韓政府確保對外宣傳投資可以創造就業機會的好處。(110)換句話說，首爾努力讓美國政客和大眾對南韓產生好感。這可以向華府展示與首爾的良好關係會為美國帶來的好處，從而間接支持南韓的外交政策。

另一方面，金大中政府為南韓對美大戰略增添一項新手段：即善於利用世界貿易組織爭端解決機制。由於經濟發展和全球化的結果，南韓與包括美國在內的其他已開發經濟體，已展開正面競爭，進而帶來了貿易摩擦。在過去，南韓是弱國，別無選擇，只能接受對其出口的限制，而今身為中等強國的南韓，則認為自己可以挺直腰桿面對比它更大的經濟體。金大中政府利用世界貿易組織為所有成員帶來法律上平等的「爭端解決機制」，針對美國提起六起案件，要求裁判；案件涉及電視接收器、動態隨機存取記憶體半導體、不銹鋼、管線、傾銷和補貼，以及鋼鐵產品。首爾提出的前兩起案件，透過與華府和解解決了爭端。但是其他四個案件，爭端一直打到世界貿易組織的爭端解決機構。(111) 這顯示，南韓願意使用它的貿易實力作為工具支持國家經濟繁榮，即使這意味必須與最親密的盟友對抗到底。

中國

隨著首爾和北京之間的經濟關係迅速發展，金大中尋求將關係擴展到其他領域。金大中政府尤其有興趣加強與中國的雙邊關係，因此，政府推動擴大韓中政治經濟合作的政策。(112) 韓中的政治關係被廣泛理解為，既包括南韓和中國之間的雙邊外交關係，也包括涉及北韓核武問題的安全事務。(113) 鑒於中國的崛起成為首爾必須努力處理的一個因素，才能實現從與北韓和解、到深化融入世界經濟等一系列目標，金大中對改善與北京的政治關係感到興趣，是可以理解的。更強大的韓中關係可以減少對美國的依賴，也將有助於提振首爾的自主性。

從這個基礎出發，金大中於一九九八年十一月訪問中國，與北京建立「合作夥伴關係」。(114)首爾希望與北京發展外交和安全合作，進而建立建設性的雙邊關係，爭取支持陽光政策，在亞洲金融危機後為東北亞創造穩定的環境，並將南韓的外交政策聯繫多元化。(115)南韓運用外交官團隊，透過加強與最接近的地理鄰國之一的聯繫來促進自主地位，這個鄰國就技術上而言仍然是北韓的盟友，但是它正在推行經濟、社會和外交開放的戰略，使得它變得愈來愈像南韓。

作為大戰略的一部分，金大中政府也繼續鼓勵與中國的貿易和投資聯繫。雙邊貿易額在一九九八年為二百一十二億八千萬美元（由於先前亞洲金融危機而出現下滑），到二〇〇二年，即金大中的繼任者當選那一年，增加到四百四十億八千萬美元。(116)中國加入世界貿易組織更大幅促進雙邊貿易，因為北京開始降低關稅和其他進口壁壘，而包括南韓在內的其他國家也做出互惠回應。到二〇〇二年，中國（不包括香港）已成為南韓第三大貿易夥伴，南韓也成為中國第三大貿易夥伴（不包括香港，並且東協和歐盟各會員國分別自行排列）。(117)南韓投資也持續湧入中國，(118)中國加入世界貿易組織導致愈來愈多的南韓企業將生產外包到中國。從南韓的角度來看，中國在亞洲金融危機期間沒有讓人民幣貶值，是正面的行為。[119]如果中國讓人民幣貶值，南韓可能會遭受更嚴重的衰退，也需要更長的時間才能復甦。中國也吸引了南韓相當大的出口占比，這也有助於南韓經濟從亞洲金融危機中更快反彈。因此，金大中政府尋求透過促進兩國中央銀行和財政部之間的諮商，來支持與中國加強經濟關係。[120]這是在雙邊層面上完成的，但是也透過新創立的東協加三框架多邊進行。

金大中政府在和中國打交道時，又增加了軟實力和公眾外交這兩種新武器。自從一九九〇年代初期以來，南韓文化產業就蓬勃發展，富有創意的音樂家、攝影師和其他藝術家，開發出前衛的流行音樂、電影和戲劇。金大中政府啟動了一項利用這些創造力的計畫，希望在亞洲金融危機過後的環境中，促進經濟成長同時增強南韓的軟實力。文化觀光部與民間部門合作，為南韓文化產品尋找新市場，並提高文化產業的預算。[121]鑒於地理和文化上的接近性，中國位居目標榜首。[122]一九九九年，公共電視台韓國放送公社（Korean Broadcasting System, KBS）與中國的中央電視台合作舉辦韓中音樂節，邀請來自南韓和中國的流行歌手和樂隊參加。[123]它後來成為每年舉辦的活動。南韓流行音樂和戲劇開始傳入

中國，中國記者為它創造了「韓流」這個名詞。(124)

但是中國的經濟開放也為南韓帶來負面影響，廉價的中國大蒜開始湧入南韓市場。結果，金大中政府於二〇〇〇年六月，將中國大蒜的進口關稅從三〇％提高到三一五％。中國則禁止進口南韓手機和聚乙烯作為報復。一個月後，兩國解決了大蒜問題爭端，(125)但是這項爭端導致南韓對中國的大戰略，用上了貿易限制這種新手段。儘管首爾在隨後幾年裡不常使用這項法寶，但金大中政府為南韓運用經濟力量試圖實現目標打開了大門。

盧武鉉時期（二〇〇三年—二〇〇八年）

北韓

盧武鉉於二〇〇三年就職，是南韓第二位自由派總統。他的北韓政策號稱是「和平與繁榮」，基本上是金大中陽光政策的延續。如果有什麼不同的話，那就是盧武鉉政府對北韓採取比較鴿派的態度。最顯著的是，盧武鉉就任後，南韓國防部發表的第一份國防白皮書中，刪掉將北韓視為南韓「主要敵人」的說法。[126]這是南韓官方第一次沒有把平壤宣示為主要敵人。如此定性北韓，在金大中政府的早期階段就已經出現。首爾當時沒有按照原定時程發表二〇〇二年國防白皮書，很大程度上是因為二〇〇〇年兩韓高峰會議後與平壤的關係發生了變化。[127]盧武鉉政府上台後，首爾不再將北韓列為南韓的「主要敵人」，這一點反映在二〇〇四年的白皮書，二〇〇六年版本的白皮書也一樣。[128]

從盧武鉉的角度來看，陽光政策使首爾能夠緩和朝鮮半島的緊張局勢，也在美國及北韓對後者的核計畫見解分歧時發揮主導作用。[129]換句話說，與平壤的接觸使南韓能夠推動自主性、免受外部威脅，當然還有兩韓和解的目標。因此，他與金正日政權打交道的首選手段，是透過談判和外交斡旋。盧武鉉就任前不久，二〇〇二年十月第二次核武危機爆發，北韓承認違反框架協議擁有高濃縮鈾，小布希總統於是終止朝鮮半島能源開發組織，北韓退出《核不擴散條約》。因此盧武鉉的就職演說就開始呼籲以外交方式解決朝鮮半島緊張局勢。[130]

此外，盧武鉉擴大與北韓的經濟接觸。二〇〇四年，開城工業園區落成。[131]開城工業園區將南韓資本與北韓勞動力結合起來，成為兩韓經濟合作的象徵，並且希望有朝一日會出現一個單一的經濟體。此外，對北韓的援助從金大中政府最後一個全年的二億六千二百八十五萬美元，增加到盧武鉉政府最後一個全年的三億五千八百零九萬美元。[132] 儘管開放時間不是很長，二〇〇五年也開放了南韓平民前往開城和平壤的觀光旅遊。[133] 換句話說，南韓正在利用貿易、投資和援助，作為改善南北韓關係的首選手段。盧武鉉以外交斡旋和經濟接觸為優先的政策，於二〇〇五年得到了回報，北韓重新開放南北韓通訊線路。[134]

盧武鉉也相信東北亞合作與融合的可能性，他在二〇〇三年上任後不久就提出「東北亞和平與繁榮合作倡議」（Northeast Asian Cooperation Initiative for Peace and Prosperity）。這項倡議的一個目標就是將北韓整合融入區域結構，以支持兩韓和解，利用多邊外交支持其他手段來和平壤交往。[135] 盧武鉉的提議與金泳三的「東北亞安全對話」有明顯的相似之處，但此時東北亞局勢已經變了，二〇〇三年八月啟動「六方會談」時，盧武鉉的設想得以部分實現。六方會談涉及南北兩韓、美國、中國、日本和俄羅斯，會談在盧武鉉整個任期中持續舉行，最後一輪會談是在二〇〇七年九月舉行。從南韓的角度來看，六方會談證實，只有在中國和美國參與下，南韓才能實現對北韓大戰略的自主性。事實上，在二〇〇五年的一份聯合聲明中，六方「同意探索促進東北亞安全合作的方法與途徑」。[136] 二〇〇七年二月，六方發表一份新的聯合聲明，宣布成立一個工作小組來執行這項協議。[137] 這一來，六方參與的「東北亞和平安全機制」（Northeast Asia Peace and Security Mechanism）就誕生了。工作小組由俄羅斯擔任主席，召開了兩次會議。[138] 然而，六方會談解散後，該機制並沒有續存。

盧武鉉把外交斡旋作為和平壤打交道時的優先方式，這在他任期即將結束時表現得最為明顯。二〇〇六年十月，北韓首次進行核子試爆，打翻了朝鮮半島地緣政治格局，對和平解決北韓核問題的努力造成重大打擊。由於這次試驗，聯合國安理會對平壤祭出制裁。[139] 然而，二〇〇七年十月，盧武鉉經由陸路從首爾前往平壤，參加兩韓第二次高峰會議。為期三天的峰會達成一項聯合聲明，重申二〇〇〇年六月兩韓聯合聲明的效力、韓國人在朝鮮半島和平談判的核心地位，以及希望更普遍地促進從軍事安全到經濟聯繫領域的交流與合作。[140]

儘管盧武鉉對北韓採取鴿派態度，但他仍堅持南韓的大戰略，在和平壤打交道時則是推行鷹派政策。就職不到幾星期，盧武鉉就重新啟動南韓建造核子動力潛艦的計畫，計畫雖然在一年內就叫停，但新總統希望以自主力量嚇阻北韓的意向相當明確。(141) 二〇〇五年，盧武鉉提出了《二〇二〇年國防改革計畫》，作為南韓制定加強自主能力的長期藍圖。(142) 首爾的確繼續發展飛彈、火箭、噴射戰鬥機、潛艦和其他計畫來強化武裝部隊。最值得注意的是，南韓於二〇〇六年成立飛彈指揮部，由它負責指揮一個玄武飛彈營。(143) 在盧武鉉政府官員的心目中，「和平與繁榮」政策以及取消把北韓列為「主要敵人」，並不意味軍事備戰降級。相反，首爾需要整軍經武，向平壤展示，南韓憑藉自身能力和韓美同盟就有能力保衛自己。(144) 盧武鉉在多次演講中強調「合作自力更生防禦」，表明首爾有足夠能力保衛自己，但與華府的同盟仍然是南韓對付平壤戰略的一部分。(145) 也就是說，自主能力以及與美國的同盟是嚇阻北韓的核心。

美國

盧武鉉就任時有意在南韓和美國之間建立更平等的關係，但並不是像他的一些批評者

所說的那樣，想要讓首爾與華府脫鉤。他把自己的作法稱為「全面動態的同盟」（포괄적，역동적 동맹），「全面」是關鍵字。(146) 對盧武鉉政府來說，韓美同盟並不限縮於北韓或朝鮮半島的安全問題；反之，同盟必須在區域和全球層面為南韓的利益效勞。同盟應該擴大它涵蓋的問題範圍，不僅專注安全問題，也要關注政治和經濟。(147)

盧武鉉政府就在這種背景下，試圖擺脫美國，推動南韓大戰略自主，但是他也提醒，與華府的同盟實際上有助於支撐這種自主。首先，政府的《二〇二〇年國防改革計畫》是要為南韓提供必要的能力，以便在沒有或只有極少美國援助的情況下，保護自己、對抗北韓。然而，南韓必須依靠美國的武器和軍事技術銷售和轉移來發展軍事能力。事實上，南韓在盧武鉉的領導下，已是美國武器最大的進口國家。(148) 這是有道理的，因為南韓和美國武裝部隊之間的整合程度很高，而且美國擁有最先進的武器系統。甚且，盧武鉉政府加快了發展遠洋海軍的計畫，並於二〇〇七年啟用第一艘國產驅逐艦，它配備先進的武器系統，可以擊落飛彈和飛機。(149) 除此之外，美國還承諾投入超過一百一十億美元，對美國在朝鮮半島的軍隊進行現代化改造，以彌補二〇〇四年至二〇〇五年期間削減的三分之一駐軍人數的兵力。(150)

此外，盧武鉉政府也繼承了前朝政府關於戰時作戰指揮權移交的討論。討論一直持續到二〇〇七年，首爾和華府最終達成協議。協議規定，作戰指揮權移交將於二〇一二年完成，雙方將建立一個新的司令部，由韓國司令官執掌兵符，由另一名美國將領輔佐他。(151)這項規畫直到二〇〇八年盧武鉉卸任，換上一位保守派總統後才得以落實。但雙方達成的協議顯示，盧武鉉政府並不希望結束美國在朝鮮半島安全中的角色。自主，意味首爾即使在戰時也能領導自己的防禦，而不是放棄韓美同盟。事實上，盧武鉉政府所推行的「合作自力更生防禦」政策，確認首爾希望將自主與同盟結合起來以保衛國家。

盧武鉉時期的美國和韓美同盟繼續對北韓發揮必要的嚇阻作用。但盧武鉉也延續了金大中的接觸政策——小布希政府最初對此抱持相當的疑慮。盧武鉉就職後不久，情況就改變了。二〇〇三年八月，南韓和美國等國家發起六方會談。在這個框架內，首爾和華府密切合作，試圖終結第二次北韓核武危機。兩國談判代表攜手合作，達成了支持北韓無核化，改善南北韓之間，以及華府和平壤之間關係的協議和激勵措施。(152)六方會談以及小布希政府在試圖向北韓提供激勵措施方面所扮演的建設性角色，為盧武鉉的接觸政策提供了支持。(153)南韓外交官對於重建韓美同盟起了至關重要的作用。

盧武鉉政府的另一項標誌性政策，是對美中關係採取「戰略模糊」。這意味著南韓不會在兩國之間的任何潛在競爭中選邊站隊，如果確實發生競爭，首爾將努力充當華府和北京之間的平衡者。[154]盧武鉉能夠推行這項政策，是由於韓美兩國存在同盟關係。換句話說，盧武鉉政府認為，正是因為與美國有同盟關係，才使得南韓認真考慮扮演這個角色。平衡作用並不是說要「選擇中國」、而不選美國，它意味著避免陷入中美競爭帶來的問題，而又支持華府將北京納入國際社會的努力。[155]因此，盧武鉉這種含蓄支持的作法，至少可以追溯到一九八〇年代的長期對美政策。

作為南韓大戰略的一部分，盧武鉉政府尋求在朝鮮半島和東北亞以外，發揮更積極的作用，以便被視為具有影響力的中等強國。二〇〇三年，南韓與美國等國家一起派遣維和人員加入聯合國駐賴比瑞亞代表團。[156]小布希政府發起的全球反恐戰爭，為首爾扮演這一角色奠定基礎，讓南韓能夠大力支持美國的政策。二〇〇四年二月，南韓國會以壓倒性多數，投票贊成授權派遣南韓作戰部隊前往伊拉克。盧武鉉政府帶頭努力，爭取到國會提供授權，盧武鉉本人則主張支持華府的必要性，並闡述了這樣做對南韓的好處。[157]首爾派去參加伊拉克戰爭的部隊，是美國領導的「自願聯盟」（Coalition of the Willing）中人數第三多的部隊，直到二〇〇八年十二月，所有部隊才全部撤出。(158) 這是越戰以來，南韓第一次派遣軍隊參與海外作戰。盧武鉉政府發出的訊號是，南韓與美國的同盟確實是「全面的」。

盧武鉉在啟動自由貿易協定談判時，試圖大力強調韓美關係的全面性質。二〇〇三年盧武鉉政府宣布的自由貿易協定路線圖，為韓美自由貿易協定談判奠定基礎，初步談判即於二〇〇四年十一月啟動。(159) 從南韓的角度來看，南韓身為已開發經濟體的地位和中國的崛起，是它推動與美國簽署自由貿易協定的關鍵因素。自由貿易協定可以加強首爾融入世界經濟，還可以透過降低從南韓轉向中國的經濟多元化風險，來增強自主權，因為南韓企業將享有更好的條件進入美國市場。因此，南韓妥善運用它的經濟手段。事實上，中國已經向南韓接洽，想要啟動自由貿易協定談判，這有助於說服小布希政府也必須和南韓展開談判。(160) 首爾和華府終於在二〇〇六年二月啟動自由貿易協定談判，並於二〇〇七年四月達成協議。(161) 然而，美國國會放慢了韓美自由貿易協定（Korea-U.S. Free Trade Agreement, KORUS）的批准速度，拖到李明博政府時期，就某些方面重新談判之後才正式生效。此時，南韓已經與歐盟簽署了自由貿易協定。

作為中等強國，南韓在與美國打交道時也繼續使用其他工具。南韓企業對美國的投資持續呈上升趨勢，特別是從二〇〇〇年代中期開始。[162] 這包括二〇〇八年盧武鉉任期即將結束時，韓國石油公社（Korea National Oil Corporation, KNOC）對一項外海石油生產項目的投資。[163] 另一方面，盧武鉉政府還繼續將美國告上世界貿易組織爭端解決機制，儘管次數只有一次，比不上金大中政府的六次提告。[164] 除了經濟手段外，盧武鉉政府持續運用軟實力對待美國。洛杉磯和紐約這兩處韓國文化院繼續運作；韓國國際交流財團於二〇〇五年在華府特區設立了辦事處，同時繼續提供贈款，並愈來愈關注外交事務；二〇〇七年，南韓政府成立了世宗學堂，以促進韓國語言和文化的學習。[165] 美國最終成為設置這類機構數量第三多的國家。此外，南韓政府也為二〇〇三年在加州舉辦的韓國音樂節（Korean Music Festival）提供了贊助。[166] 這個音樂節將南韓流行音樂帶到了美國，因而有助於傳播南韓軟實力。

中國

中國（經濟）的崛起以及它於二〇〇一年十二月加入世界貿易組織，強化了南韓對其

鄰國的大戰略。對盧武鉉政府來說，中國的崛起是不可避免的，並將產生貿易和投資以外的影響。因此，首爾必須使用不同的手段來應對其鄰國，並實現目標，包括免受中國（潛在）軍事威脅、改善兩韓關係以及深化經濟整合。盧武鉉於二〇〇三年七月訪問中國，宣布他的對中政策為「全面合作夥伴關係」（전면적협력 동반자관계）。[167] 盧武鉉的政策名稱無可避免地被拿來與金大中的政策相提並論，被貼上「合作夥伴關係」的標籤。透過使用「全面」這個名詞（它也適用於盧武鉉的美國政策），新政府表明希望深化超越貿易和投資以外的關係。此外，盧武鉉對中美競爭採取「戰略模糊」態度，表現出他不想對北京採取對抗性的態度，甚至可能促進北京融入現有的區域和全球治理結構。從這個角度來看，韓中關係改善，會透過首爾對外關係的多元化，來增強南韓的自主權。

經濟關係不可避免地主導首爾對北京的大戰略。二〇〇三年十二月，中國成為南韓最大的出口目的地，[168] 二〇〇四年十二月，中國成為南韓最大的貿易夥伴，同時，兩國之間的雙邊投資從二〇〇二年（中國加入世界貿易組織的第一個全年）的二十七億二千萬美元猛增至二〇〇七年的三十六億七千萬美元。[169] 南韓企業以創紀錄的速度，將生產製造向中國外包。盧武鉉的自由貿易協定路線圖，以更堅定的經濟關係以及中國的要求為基礎，首爾和北京於二〇〇六年啟動研究自由貿易協定可行性的磋商。[170]然而，實際談判要到李明博政府時期才真正啟動。盧武鉉政府決定優先與美國進行自由貿易協定談判，顯示首爾這位數十年的盟友交情仍在南韓大戰略中占據優先地位。此外，與美國的自由貿易協定可以增強南韓企業的競爭力，因為此時南韓企業正試圖抵禦成本較低的中國廠商的競爭。

拜南韓外交官團隊努力之賜，南韓與中國的關係也增強。特別是，南韓和中國都參加六方會談，試圖解決北韓的核武計畫問題。與會各方都稱許中方擔任會談的東道主。[171]對於盧武鉉政府來說，北京參與處理北韓問題是必要的，可以確保南韓確實擁有追求改善兩韓關係的自主權。南韓外交官認為，他們與中國同行間的常態性互動，增強了兩國之間的聯繫。[172]中國國家主席胡錦濤於二〇〇五年十一月訪問南韓，標誌著南韓和中國之間的政治關係，因為中國參與處理北韓問題發揮作用而更加牢固，而且雙方經濟關係也更加牢固。[173]胡錦濤訪問進展順利，沒有產生任何問題。

軟實力也是盧武鉉實施南韓對中優先戰略的工具。事實上，盧武鉉政府提出「創意韓國」的理念，運用「韓流」支持南韓的大戰略。以中國為例，首爾在上海開設第二個韓國文化院。[174]此外，南韓政府在二〇〇七年首次開辦世宗學堂時，也優先考慮在中國開設，後來中國成為全世界世宗學堂數量最多的國家。(175)由於愈來愈多的韓國流行音樂表演者在中國各地巡迴表演，以及中國電視網上大量播放韓劇，南韓政府的努力得以順利推動。此外，由韓國放送公社和中國中央電視台主辦的韓中音樂節持續播出。(176)二〇〇五年韓國國際交流財團在北京設立辦事處時，軟實力更得到公眾外交的奧援。(177)

不過，南韓和中國之間的關係並不全然都是正面的。二〇〇四年，北京的「東北亞計畫」（Northeast Asia Project）聲稱，古代的王國高句麗是中國的一部分。對中國歷史和中韓關係的這種修正主義解釋，引爆中國與南韓的外交爭端。(178)這提醒人們，中國的崛起可能會產生外交摩擦，南韓需要透過外交官團隊和公眾外交來處理這些摩擦。此外，「二〇二〇年國防改革計畫」針對的是中國，並非僅是北韓。(179)盧武鉉政府意識到中國的崛起可能會造成安全摩擦，因此南韓的軍事能力應該成為首爾用來對付北京的手段之一部分。

李明博時期（二〇〇八年—二〇一三年）

北韓

李明博於二〇〇七年底當選總統，二〇〇八年初就職，他是經歷十年的自由派主政之後第一位保守派總統。李明博批評前兩位自由派總統的交往接觸政策，他認為這些政策沒有為南韓帶來任何有意義的結果，也未能阻止北韓發展核武器。不過李明博並沒有轉向反對交往接觸。他對北韓的態度被稱為「互惠互利和共同繁榮的政策」，並承諾與北韓達成「大交易」（grand bargain），南韓將幫助北韓在十年內達到人均國內生產毛額三千美元，換取北韓放棄核武計畫。此外，李明博政府希望得到金正日政權的互惠，以便南韓也能從更牢固的兩韓關係中受益。李明博的計畫也呼籲繼續進行六方會談，以促進包括北韓在內的區域國家彼此合作。(180) 後者也暗示，李明博認為，南韓自主推動北韓政策，不能忽視美國和中國的角色。

值得注意的是，李明博的北韓政策把外交斡旋和經濟接觸納入他推行戰略的手段。李明博政府與平壤政府官員進行秘密會談，以便能和前兩位自由派總統一樣，跟金正日舉行高峰會議。(181)開城工業園區、金剛山旅遊團繼續營運外，李明博的特使也謹慎地與北韓官員接觸，以確定是否有可能舉行兩韓正式會談。(182)此外，二〇〇八年國防白皮書再次克制住，沒有把北韓列為「敵人」。(183)這是李明博總統任期內發布的第一份白皮書，也是遵循盧武鉉政府期間制定的路線，不把北韓視為敵人。

不過，李明博政府的作法也包含施加壓力和嚇阻。李明博政府頭三年期間，北韓的行為導致首爾優先運用外交、經濟和軍事壓力來處理兩韓關係。二〇〇八年，一名北韓士兵在金剛山開槍打死一名南韓觀光客。李明博政府要求道歉，並就事件進行聯合調查。北韓拒絕，李明博政府決定停止旅遊。(184)同年稍後，首爾加入一項聯合國決議案，譴責北韓的人權紀錄。事實上，李明博政府的平壤政策強調價值觀的重要性。金正日政權以關閉兩韓之間的通訊線路進行報復，但幾個月後又重新開放。(185)這顯示李明博政府並未排除交往接觸，但施壓是它策略的一部分。

二〇〇九年至二〇一〇年這兩年，南北韓緊張局勢急遽上升。二〇〇九年五月，也就是歐巴馬就任美國總統後不久，平壤進行第二次核子試爆。(186)一整年下來，北韓進行的飛彈試射次數也創下紀錄新高，[187]加劇了兩韓之間的緊張。七月，平壤針對南韓和美國，進行了大規模分散式阻斷服務攻擊（DDoS attack）。這是北韓首次公開針對首爾的大規模網路攻擊之一。[188]從此以後，這成為南韓考慮與北韓關係的新變數。同年十一月，一艘北韓船隻穿越分隔兩國在西海領海的北方界線。兩韓之間爆發的戰鬥導致至少一名北韓水手死亡。[189]二〇一〇年三月，北韓擊沉南韓海軍天安號護衛艦，造成四十六名南韓人員死亡。[190]這是韓戰以來兩韓之間最嚴重的對抗事件，使得兩韓關係十分緊張。

李明博政府針對天安艦沉沒事件採取「五二四措施」（May 24 Measures），包括允許南韓武裝部隊先發制人的「主動嚇阻」，除了開城工業園區之外，暫停所有官方經濟往來，以及停止向北韓提供一切援助，包括人道援助在內。[191]針對這些措施，平壤再次切斷兩韓之間的通訊線路。[192]此外，平壤在十一月進行新的挑釁。北韓向延坪島方向發射約一百七十發砲彈，延坪島是位於北方界線以南的南韓領土，事件造成南韓兩名士兵和兩名平民死亡。[193]李明博政府的回應是暫時中止前往開城工業園區的訪問，並禁止南北韓紅十字會的交流。[194]此外，二〇一〇年南韓國防白皮書對北韓採取明顯嚴厲的態度，這是自金大中時代以來第一次變臉。[195]首爾訂出第一套網路安全戰略：《二〇〇九年國家網路安全危機綜合對策》（Comprehensive Countermeasures for National Cyber Security Crisis of 2009）和《二○一一年國家網路安全總體計畫》（Masterplan for National Cybersecurity of 2011）。[196] 然而，它們的範圍相對有限。

不過，李明博政府也繼續尋求與北韓接觸。二○一一年四月至六月，南北韓展開秘密會談，俾能舉行雙邊峰會。李明博認為，會談可以在二○一○年的緊張局勢之後重新啟動兩韓關係。[197] 與此同時，開城工業園區繼續運作，南韓恢復對北韓的援助，只不過與盧武鉉時期相比，援助金額縮小。[198] 此外，兩韓也於二○一一年恢復通訊線路。[199] 李明博政府也準備好恢復六方會談。[200] 簡言之，李明博政府仍然認為，外交手段應該是處理與平壤關係的工具。

在天安艦沉沒和延坪島砲擊之後，李明博政府明確強調嚇阻是對付北韓的首選對策。二○一一年，南韓政府發布《國防改革三○七計畫》（Defense Reform Plan 307），將南韓國防戰略的焦點重新放在北韓構成的直接威脅上。重要的一點是，嚇阻被視為南韓明確表示武力統一不可取，是要讓平壤走回非交戰立場的一種方式。[201] 二○一二年，首爾發布「殺傷鏈」戰略（Kill Chain strategy）和「南韓防空飛彈防禦」系統（Korea Air and Missile

Defense, KAMD）。殺傷鏈戰略包括透過監視和情報資產，及早發現迫在眉睫的北韓飛彈攻擊，並透過精準導引彈藥，先發制人地摧毀平壤的飛彈發射能力。[202]同時，南韓防空飛彈防禦系統是一種國產預警雷達系統，用於追蹤北韓飛彈的發射，它同時配上一種國產飛彈系統，用於摧毀北韓飛彈。[203]為了開發這些計畫，李明博政府與歐巴馬政府談判成功，重新檢討彈道飛彈指南。檢討之後，南韓飛彈的射程限制從三百公里（一百八十五英里）提高到八百公里（五百英里）。[204]對李明博政府來說，這些嚇阻系統也有助於增強韓國的自主性，特別是在遭美國遺棄的假設情況之下。

事實上，李明博政府尋求發展飛彈系統以外更廣泛的軍事能力，俾能嚇阻北韓。二〇〇八年，首爾成為全球第五個操作神盾作戰系統（Aegis Combat System）的國家。這套系統使南韓海軍能夠追蹤和引導武器攻擊敵方目標。[205]購買這套系統的合約是由金大中政府簽署，並在盧武鉉政府執政後繼續存在，這代表的是南韓國防政策以及其大戰略的連續性。李明博也與英國討論購買核動力潛艦的可能性。[206]這項討論沒有成功，但證明首爾有意願獲得比平壤更具顯著優勢的力量。南韓也於二〇一〇年開始研發國產太空火箭，並於二〇一三年進行首次測試。[207]儘管太空火箭計畫具有民用目的，但它也具有軍事影響。作為《國防改革三〇七計畫》的結果，南韓設立一個網路司令部來對付平壤的網路攻擊。(208)南韓對北韓的大戰略現在包括發展整體的軍事能力。

美國

李明博認為，前兩屆自由派政府由於追求自主和（疑似）對北韓的狹隘關注，削弱了首爾和華府之間的同盟關係。他就任總統後，聲稱將「恢復」同盟。他將自己的作法稱為「面向未來的同盟」。(209)這顯然是對金泳三政府奉行的政策的認可，因為李明博使用了同樣的詞語。金大中和盧武鉉都擴大了韓美同盟的範圍，超越出北韓的安全威脅範圍。因此，李明博在兩位前任已經實施的大戰略的基礎上發展起來，而兩位前任又基於他們自己的（保守派）前任的基礎上發展。此外，李明博繼續在同盟框架內採取措施，增強南韓的自主權。

二〇〇九年六月，李明博和歐巴馬發表《美利堅合眾國和大韓民國同盟聯合願景》（Joint Vision for the Alliance of the United States of America and the Republic of Korea）。(210)

聯合聲明著重於貿易、亞太政治與安全以及全球治理等領域的合作。但在著重這些問題之前，聲明宣示：「《美韓共同防禦條約》仍然是美韓安全關係的基石，保障了朝鮮半島和東北亞過去五十多年的和平與穩定。」[211] 也就是說，主要焦點仍然是對北韓的嚇阻。二〇一〇年，首爾和華府同意了「戰略規畫指導方針」（Strategic Planning Guidance），以應對來自平壤的新威脅，包括它不斷擴大的核子計畫和飛彈計畫。此項指導方針呼籲兩個盟友「擴大嚇阻」並加強合作。[212] 韓美同盟仍然是首爾保護自己對付平壤的戰略之基石。

李明博政府也將天安艦沉沒和延坪島砲擊事件，視為加強與華府合作的催化劑。南韓海軍與美國海軍在東海和西海舉行聯合海軍演習。[213] 南韓和美國也舉行首次「二加二」（2-plus-2）會談，由兩國外交部長和國防部長參加對話。[214] 他們也啟動了由歐巴馬政府首先提議的美、日、韓三邊對話，以討論北韓問題及展示三邊團結。[215] 李明博政府由此以混合了韓美同盟的外交手段嚇阻北韓。

同時，李明博政府持續提升南韓的獨立軍事能力，以自主保護本身免受北韓侵害。當然，李明博也重新談判盧武鉉時期達成的作戰指揮權移轉協議。二〇一〇年六月，李明博和歐巴馬宣布移轉將於二〇一五年進行，而不是先前商定的二〇一二年。[216] 但李明博確實

致力於移轉，儘管他認為首爾需要更多時間做好準備，特別是在北韓第二次核試驗之後。(217)

在美國國會批准程序陷入停滯後，李明博政府也優先考慮重新談判韓美自由貿易協定。從南韓的角度來看，韓美自由貿易協定可以方便南韓利用貿易作為鞏固韓美同盟，並深化首爾融入世界經濟的手段。李明博從政之前是一個商人，他相信自由市場和經濟流動的好處。(218)首爾和華府重新談判的自由貿易協定，允許美國汽車製造商更容易進入南韓市場，美國國會之後於二〇一一年十月批准協定。韓美自由貿易協定終於在二〇一二年三月生效。(219)這是李明博政府用來深化與美國關係和促進經濟整合的幾種經濟手段之一。二〇〇八年十月，隨著全球金融危機從美國蔓延至世界其他地區，韓國中央銀行和美國聯準會簽署了一項三百億美元的交換交易協議（swap）。(220)隨著危機過後的復甦，南韓的貿易和投資水平上升。到二〇一三年李明博卸任那一年，南韓的出口和進口達到創紀錄的一千零四十億九千萬美元，庫存也有三百一十七億九千萬美元。(221)其中包括韓國石油公社參與一項頁岩氣生產計畫。(222)另一方面，李明博擔任總統期間，南韓和美國在世界貿易組織中發生兩次爭端。(223)二〇〇八年，在南韓發生大規模街頭抗議後，李明博不得不收回前令，完全取消進口美國牛肉的禁令。(224)

南韓希望被承認為具有影響力的中等強國的目標，也得益於與美國的堅強關係。首先，首爾運用外交官團隊在二〇一〇年主辦第五次二十國集團高峰會議，在二〇一二年主辦第二次核子安全高峰會議（Nuclear Security Summit, NSS）。這兩場峰會都是歐巴馬政府的倡議，前者是為了應付全球金融危機，後者目的是防止核子恐怖主義。南韓是第一個主辦二十國集團高峰會議的亞洲國家，峰會發表一份宣言關注經濟問題。(225)它也是美國以外第一個主辦核子安全高峰會議的國家，首爾峰會發表了一份聯合公報。(226)南韓因此運用它的外交力量加強與美國的同盟關係，並因主辦峰會帶來中等強國地位。

此外，李明博政府也運用軍事實力加強與美國的關係，提升南韓的中等強國地位。二〇〇九年三月，李明博政府派遣清海部隊（Cheonghae Unit）前往亞丁灣。清海部隊的正式名稱為「大韓民國海軍索馬利亞海上護航特遣隊」（ROK Navy Somali Sea Escort Task Group），加入在索馬利亞沿海海域打擊海盜的多邊聯盟。清海部隊加入「一五一聯合海上部隊」（Combined Maritime Forces 151, CMF 151），這是美國組建的一支多邊海上特遣部隊。(227)二〇一〇年四月，清海部隊首次領導「一五一聯合海上部隊」。(228)另外，二〇〇九年，南韓派遣維和人員支援聯合國部隊，參與穩定海地局勢的作業，美國也參與這項作業。(229)

二〇一〇年，在歐巴馬增派部隊以穩定阿富汗局勢後，首爾亦派遣軍隊到阿富汗。[230]這是歐巴馬政府的招牌政策。因此，李明博政府的支援，表明韓美同盟的重要性超越朝鮮半島的地理環境。另外，首爾亦派兵參與二〇一一年成立的聯合國南蘇丹派遣團，和美軍並肩作業。[231]

二〇一〇年，李明博揭櫫公眾外交是韓國外交政策的三大支柱之一，和軟實力協同作業，持續作為首爾影響與華府關係的工具。最顯著的是，韓國大使館於二〇一〇年十月在美國首都開設韓國文化院。[232]同年，韓國國際交流財團在洛杉磯開設第二個美國辦事處，[233]它也繼續提供經費給美國的組織。同時，新設立的世宗學堂在全美各地開幕。另外，南韓政府繼續提供贊助在加州舉辦韓國音樂節。（二〇一三年這項活動更名為「韓國時報音樂節」Korea Times Music Festival。）二〇一二年十月，南韓政府贊助了第一屆KCON（Korea Convention），這個由南韓最大的私人娛樂公司之一所主導的活動在洛杉磯舉行，後來推廣到世界各地，成為最大的韓國流行音樂節。[234]李明博政府支持民間部門，而民間部門反過來推動南韓在美國的軟實力。二〇一三年三月，南韓政府更進一步，文化體育觀光部下屬的韓國文化產業振興院（Korea Creative Content Agency, KOCCA）在美國德克薩斯州舉辦了名為「K-Pop Night Out」（韓流之夜）的韓國流行音樂和韓國當代音樂節。[235] 儘管它是在李明博卸任之後幾天才舉行，但這個活動是在他任期內規劃的。這是李明博政府直接推廣韓國文化的一個例子，以此作為支持國家大戰略的一種方式。

中國

在「戰略合作夥伴關係」的大帽子下，李明博利用前人所建立的韓中和解為基礎，加強與北京的聯繫。[236] 但是李明博更進一步，利用貿易作為加深與首爾這個鄰國經濟關係的手段。因此，南韓和中國於二〇一二年五月啟動雙邊自由貿易協定談判。[237] 李明博認為，加強與中國的貿易關係對於南韓的經濟繁榮至關重要。他特別希望南韓企業擁有競爭優勢，並鎖定以中國不斷壯大的中產階級為目標。[238] 這位南韓總統也認為，南韓企業可以維持相對於中國競爭對手的技術優勢，因此不會因雙邊自由貿易協定而陷入不利地位。[239] 與中國的談判啟動時，南韓已經與美國和歐盟達成了自由貿易協定。南韓可能成為世界上第一個，與全球「三大」經濟體簽訂雙邊貿易協定的國家。總之，與北京簽署雙邊協議的談判在朴槿惠政府任內完成。

同時，韓國銀行於二〇〇九年與中國人民銀行簽署雙邊交換交易協議，這筆二百七十億美元的協議，幾乎與韓國銀行和美國聯準會簽署的協議金額一樣大。[240]除了由政府主導的這項交易外，南韓企業也繼續在中國大量投資。到二〇一三年李明博卸任總統時，南韓投資總量已從二〇〇九年（李明博上任一年後）的三百二十二億二千萬美元增加到六百一十二億六千萬美元。[241]李明博所支持的雙邊自由貿易協定也有助於促進投資。南韓因此利用經濟手段來平衡它與中國和美國的經濟關係。李明博並沒有像盧武鉉那樣公開表示南韓可以發揮平衡作用，但他確實相信，儘管華府和北京之間存在緊張關係，首爾仍可以從與兩國的經濟關係中受惠。[242]與他的前任一樣，李明博認為，透過加強與中國的貿易和投資聯繫實現經濟多元化，可以增強首爾的自主地位。

隨著六方會談實質上已經成為過去，南韓愈來愈難以運用外交官團隊來處理與鄰國的關係。然而，李明博是前往中國參加二〇〇八年北京奧運開幕式的數十位世界領導人之一。不久之後，中國領導人胡錦濤報聘、訪問南韓，舉行了雙邊高峰會議。[243]南韓外交官在國際組織和其他論壇上，與中國外交官有愈來愈多的接觸，這有助於增進與中國的了解和改善關係。(244)值得注意的是，二〇〇八年十二月，南韓、中國和日本首次單獨舉行三邊峰會。(245)這個想法由盧武鉉最先提出，但是在他任期內並未實現，三邊峰會在李明博任內則年年舉行；到了二〇一一年，三方決定在首爾設立三邊合作秘書處。(246)此外，南韓和中國國防部在雙方首次戰略防務對話期間，同意建立直接熱線，以防止兩國軍隊發生意外衝突。(247)李明博政府也與胡錦濤政府接觸，設法解決北韓核武問題，包括洽商恢復六方會談的可能性。(248)外交斡旋成為李明博為實現南韓目標而使用的一項工具。

繼李明博呼籲將公眾外交作為南韓外交政策的支柱之後，首爾在與北京的關係中，繼續運用公眾外交和軟實力這兩種工具。當李明博上任時，這些手段已經牢牢納入國家的大戰略之中。因此，政府繼續在中國各地開設世宗學堂；韓國放送公社也繼續和中國中央電視台合作製作韓中音樂節；(249)韓國國際交流財團則增加了對中國機構的計畫數量和資助金額。不過，南韓也運用其軍事力量和外交官團隊，來保護自己避免遭受可能來自中國的軍事威脅。李明博和歐巴馬商定的新彈道飛彈指南，理論上，首次將中國領土納入南韓飛彈的射程範圍內。甚且，韓美日三邊合作非僅以北韓為目標，也將中國當作目標。(250)二〇〇九年，李明博提議排除北韓，召開五方會談，討論平壤的核問題。這有可能降低中國作為六方會談東道主的地位。二〇一〇年，中國拒絕就天安艦沉沒事件譴責北韓，暗示懷疑北韓就是罪魁禍首。李明博回擊中國的不作為，他表示，沒有任何國家可以否認北韓是這次攻擊的幕後黑手。(251)與此同時，中國認為李明博政府對平壤的作法造成反效果，加劇朝鮮半島的核緊張局勢。(252)這一來，導致首爾和北京之間出現新的外交裂痕。中國的崛起是影響南韓大戰略的一個因素，李明博政府願意利用可以掌握的手段，限制中國崛起可能對南韓造成的傷害。

朴槿惠時期（二〇一三年—二〇一七年）

北韓

朴槿惠於二〇一三年上任，是連續第二位保守派總統。儘管來自同一政黨，朴槿惠卻批評李明博的許多項政策，包括他的北韓政策。根據朴槿惠的說法，李明博對待平壤關係的作法造成反效果。(253)新任總統力求在不放棄嚇阻和壓力的情況下，優先推動接觸。朴槿惠對北韓採取的作法被稱為「建立信任的進程」（Trust-building Process），專注在增進南北兩韓政府、軍隊和人民之間的信任，對北韓提供經濟援助，以及透過東北亞和平合作倡議（Northeast Asia Peace and Cooperation Initiative, NAPCI）將兩韓可能的和平進程國際化。（這將包括讓中國和美國參與。這顯示朴槿惠同意，中、美這兩個東亞大國必須參與和北韓打交道的努力，否則首爾無法自主地推動兩韓關係的改善。）與此同時，朴槿惠政府保證繼續加強南韓的國防能力。(254) 朴槿惠任期內，南韓國防部繼續在白皮書中對北韓採取嚴厲態度。(255) 總而言之，朴槿惠的北韓政策，繼承了南韓既有的大戰略手段，這是合乎邏輯的，因為南北韓和解與統一的目標，是朴槿惠建立信任進程的核心組成部分。

朴槿惠政府持續實施過去歷屆政府所執行的接觸政策，即運用南韓的經濟力量。從貿易開始，首爾繼續與平壤共同營運開城工業園區。二〇一三年四月，由於北韓擴大南韓員工進入園區的困難度，園區一度短暫關閉，但於九月間又重新開放。(256) 首爾也繼續提供援助給北韓。(257) 金正恩在父親去世後繼承父位成為北韓領導人，朴槿惠本人也願意與金正恩舉行高峰會議。(258) 朴槿惠政府也表示，南韓支持恢復六方會談。(259)

另外，朴槿惠啟動東北亞和平合作倡議，作為支持南北韓建立信任的旗艦措施。朴槿惠政府認為，東北亞和平合作倡議應專注於非傳統安全問題，以此作為參與國之間建立互信和促進合作的一種方式，從而幫助建立支持兩韓合作的多邊框架。甚且，首爾也運用東北亞和平合作倡議促進兩韓、中國和俄羅斯，在能源和物流等領域的經濟合作。(260) 如此一來，朴槿惠政府就重新恢復前幾任總統也曾提出過的東北亞倡議的中心地位——尤其是金泳三的「東北亞安全對話」——可是因為六方會談沒有重新召開，因此李明博政府未能推動的這些倡議。

北韓的行動卻促使朴槿惠政府優先考慮嚇阻，並放棄大部分的接觸措施。朴槿惠就職前兩週，北韓進行了第三次核子試爆。(261) 同樣在二〇一三年，平壤切斷與首爾的通訊線路，然後又重新開放。但是北韓持續對南韓進行網路攻擊，攻擊對象包括軍隊和政府部門。(262) 二〇一四年至二〇一六年期間，北韓的飛彈試射次數屢次創下新的年度紀錄。此外，測試的飛彈射程也增加。平壤又於二〇一五年首次進行潛射彈道飛彈（submarine-launched ballistic missile, SLBM）測試。(263) 最後，北韓還分別於二〇一六年一月和九月，進行了兩次新的核子試爆。(264)

在這樣的背景下，朴槿惠政府果斷地執行對北韓政策的嚇阻和施壓。首爾於二〇一三年頒布《國家網路安全措施》。[265]與北韓直接相關，並以此為起點，首爾繼續發展李明博政府推出的殺傷鏈戰略和南韓防空飛彈防禦系統。二〇一四年十二月，運用韓美同盟關係，南韓與日本及美國簽署「三邊情報共享協議」（Trilateral Information Sharing Arrangement, TISA）。三邊情報共享協議讓首爾和東京能夠取得華府有關北韓的軍事情報。[266]二〇一六年一月北韓進行第四次核子試爆後，朴槿惠政府決定關閉開城工業園區，展現南韓的貿易力量。[267]北韓的反應是再次關閉與首爾的直接通訊線路。[268]但是這並不能阻止南韓繼續強化它的嚇阻和施壓措施。朴槿惠政府也鼓勵國會通過《北韓人權法》（North Korea Human Rights Act）。這項法案最先於二〇〇五年由保守派國會議員提出，終於在二〇一六年三月獲得國會通過。[269]此外，在平壤第四次核子試爆後，首爾也開始認真研發國產噴射戰鬥機，南韓本身的軍事能力在朴槿惠政府的北韓政策中變得更加重要。[270]二〇一六年七月，首爾和華府同意，美國將在南韓部署薩德系統。南韓軍方曾於二〇一三年要求美方提供有關此一系統的相關資訊，但是朴槿惠政府對於是否正式要求部署此一系統猶豫不決，直到北韓進行第四次核子試爆和連番展開飛彈試射後，首爾才決定開口請求。[271]

平壤在九月間進行第五次核子試爆後，朴槿惠政府進一步提高賭注。試爆後不久，國防部宣布「韓國大規模懲罰和報復」（Korean Massive Punishment and Retaliation, KMPR）戰略。這項戰略，預備運用南韓的一系列動能和非動能能力，來打擊北韓的軍事和政府設施，以報復來自平壤的一切攻擊。(272) 韓國大規模懲罰和報復戰略與殺傷鏈、南韓防空飛彈防禦系統一起構成「三軸」防禦系統（three axis defense system）。首爾也繼續發展本身的飛彈計畫以及其他軍事能力，以嚇阻和報復平壤。二〇一六年十一月，朴槿惠政府與日本簽署《軍事資訊整體安全協定》（General Security of Military Information Agreement, GSO-MIA），此項協定將使首爾和東京直接分享與北韓和其他事務有關的軍事情報。(273) 這是自從一九四五年韓國獨立以來，韓日兩國之間的第一份軍事協定，這顯示首爾決定專注嚇阻力量的程度。總而言之，朴槿惠仍對與金正恩進行對話保持開放態度，只要平壤願意改變行為，並考慮去核化可能性的話。(274)

美國

二〇一三年五月，朴槿惠前往美國訪問。她抵達後，首爾和華府發表《紀念韓美同盟六十週年聯合聲明》。聯合聲明將同盟提升為「全面戰略同盟」，涵蓋安全、政治、經濟、文化、人員等領域，並且跨越朝鮮半島，涉及地區和全球事務。聯合聲明也將價值理念擺到同盟的最前沿，指出「自由、民主和市場經濟的共同價值觀」支撐著兩國關係。(275) 朴槿惠政府遵循並強化南韓大戰略，把韓美同盟看作是首爾外交政策和國際關係的基石。它不是南韓自主的障礙，而是推動者。

聯合聲明肯定增強華府的承諾，在南韓面臨平壤構成的威脅時，會出手支援南韓的安全。這兩個盟友宣示，「美國仍然堅定承諾保衛大韓民國，包括透過擴大嚇阻和啟用全面的美國傳統和核子軍事能力。」南韓和美國的確加強合作以對付北韓的威脅。二〇一四年簽署的三邊情報共享協議，允許首爾和東京取得美國有關北韓核子計畫和飛彈計畫的情報。這樣一來，鑒於華府擁有卓越的情報收集能力，包括透過衛星和國際網絡等管道，南韓就可以要求調閱原本無法獲得的情報。三邊情報共享協議，強化了韓美日三邊就北韓問題的對話。朴槿惠政府繼續深入挖掘了解北韓問題。(276) 此外，李明博政府和歐巴馬政府簽署的戰略規畫指導方針繼續有效。朴槿惠執政期間，首爾也在美國公司的支持下繼續發展飛彈計畫。最重要的是，華府同意接受首爾的要求，部署薩德系統。這使得南韓成為全世界第四個、也是亞洲第一個獲得薩德系統的國家。

甚且，南韓也加入美國主導的擴大對北韓施壓的行動。朴槿惠政府採用經濟手段，妥善執行北韓發射人造衛星和第三次核試爆後，聯合國安理會分別於二〇一三年一月和三月通過決議案。朴槿惠政府隨後參與平壤第四次核子試爆後，聯合國安理會有關新制裁的討論。二〇一六年三月安理會通過一輪新制裁，十一月又批准另一輪制裁。(277) 此外，南韓制定的《北韓人權法》對美國國會二〇〇四年通過的類似法案進行了補充。(278)

朴槿惠政府繼續與美方討論作戰指揮權移轉問題，但從固定日期轉向根據條件實施的方法。二〇一三年，首爾和華府同意，當南韓吻合某些條件時，就進行移轉。兩國國防部在二〇一四年安全諮商會議上洽定下列條件：南韓軍隊獲得必要的能力、發展對抗北韓飛彈和核武器計畫的能力，以及朝鮮半島穩定的安全環境。(279) 一旦南韓滿足這三個條件，它的自主地位就會增強。然而，滿足這些條件並不意味著削弱韓美同盟。首爾二〇一四年國防白皮書指出，首爾應專注於發展自主性和面向未來的國防能力，但是它同時也明確指出，韓美同盟將繼續作為南韓安全的基石，並將在必要時啟用它。(280)

事實上，南韓繼續運用它不斷擴大的軍事能力和援助，作為支持美國在其他地方的安全目標的手段。清海部隊繼續派駐在亞丁灣海域作業。南韓軍隊也繼續部署在阿富汗，直到二〇一四年歐巴馬政府宣布從阿富汗撤軍的計畫，它才撤出。[281]首爾繼續為包括美國在內的聯合國特遣部隊作出貢獻，例如在賴比瑞亞和南蘇丹參與維和作業。二〇一三年十一月，菲律賓遭受海燕颱風（Typhoon Haiyan）襲擊後，南韓軍隊也被派往菲律賓，參與美國帶頭提供的援助和重建工作。[282]同時，南韓繼續向美國在阿富汗和伊拉克的重建任務，提供經濟支援和能力建設（capacity-building）的專業知識。當然，首爾這些熱心協助解決東亞以外問題的行動，使它被更廣泛地承認為中等強國。

隨著韓美自由貿易協定生效，南韓和美國之間的貿易和投資持續成長。這使得首爾能夠繼運用貿易和投資，作為加強與美國同盟的手段，以抵禦外來威脅，並且更深化融入世界經濟。最明顯的是，二〇一三年南韓對美國的投資，首次超過了對其他地區的投資。到二〇一七年，也就是朴槿惠卸任那一年，南韓在美國的投資總量已達到五百五十五億六千萬美元。這是二〇一一年韓美自由貿易協定獲得批准的當年金額的兩倍半以上。[283]同時，貿易額從二〇一三年的一千零四十億九千萬美元成長到二〇一七年的一千一百八十五億三千萬美元。[284]另一方面，朴槿惠政府決定南韓不加入跨太平洋夥伴關係協定（Trans Pacific Partnership, TPP），這是歐巴馬政府的標誌性政策，但是首爾考量本身的自由貿易協定網絡已包含韓美自由貿易協定在內，因此並沒有看到加入跨太平洋夥伴關係協定的經濟利益。(285) 這顯示首爾在處理與華府的關係中願意行使自主權。甚且，朴槿惠執政期間，南韓曾經兩度向世界貿易組織提告和美國的貿易爭端。(286)

和歷任南韓總統類似，朴槿惠也強調軟實力和公眾外交，作為首爾實施其大戰略的政策工具。韓國國際交流財團繼續與美國機構合作，韓國文化院繼續它們的活動計畫，世宗學院也在美國各地開設新的中心；韓國文化產業振興院也繼續在德克薩斯州舉辦韓流之夜；KCON 把紐澤西州加入它的加州音樂節。各種延伸活動都得到南韓政府機構提供文化、觀光和食品的支援。政府也繼續支持在加州舉辦的韓國時報音樂節。這顯示，朴槿惠政府將韓國流行音樂，視為增強南韓中等強國地位和強化大戰略的手段。

中國

朴槿惠延續前幾任總統在處理對中關係時所奉行的大戰略，既以不同方式進行接觸，同時又尋求加強安全以對付可能的軍事威脅。然而，朴槿惠將雙方的接觸交往推升到韓中關係歷史上的新高度。朴槿惠政府上台後不久就發布對中戰略，稱之為「新韓中關係」。它呼籲首爾和北京之間，建立涵蓋政治、經濟、安全和文化多方面的關係。(287)這項戰略明確表示，朴槿惠政府傾向於與北京接觸並建立良好關係。作為一個象徵性的舉動，朴槿惠在尚未就職之前就先派遣一名特使前往中國，然後才派遣特使前往美國。(288)這個動作顯示她十分重視與中國政府建立良好關係，因為這有助於透過對外關係的多元化，促進南韓的自主地位。

朴槿惠以外交為切入點，與中國發展良好關係。二〇一三年六月，朴槿惠前往中國訪問。(289)訪問期間，朴槿惠重申，首爾將致力於加強兩國戰略合作夥伴關係。(290)十三個月後，中國國家主席習近平回訪南韓。(291)同時，南韓和中國外交官就恢復六方會談的可能性，以及更廣泛的外交合作以解決東亞安全問題，進行討論。(292)二〇一四年，首爾和北京終於簽署一份瞭解備忘錄，按照多年前洽定的內容，在兩國國防部之間建立一條雙邊熱線。(293)一年後，兩國武裝部隊又設立了另一條熱線，以防止海上和空中發生意外衝突。負責朝鮮半島、俄屬西伯利亞、外蒙古、西海地區的中國人民解放軍北部戰區，代表中方簽署這份文件。[294]二〇一五年九月朴槿惠訪問北京，參加紀念二戰結束七十週年閱兵儀式，首爾和北京之間的外交關係，至此可以說是達到了兩國邦交正常化以來的頂峰。朴槿惠是唯一出席這項閱兵儀式的主要民主國家的總統。[295]不久之後，朴槿惠又和中國和日本首腦會晤，恢復三國之間的三邊對話。[296]然而此對話因中國國家主席易人而暫停。和中國的外交關係，有助於南韓透過外交政策聯繫多元化，以及加強與東亞這兩個大國之一的關係，來增強南韓的自主地位。

總而言之，朴槿惠政府優先運用貿易和投資作為改善與中國關係、行使自主權，以及深化融入世界經濟的手段。再者，貿易和投資有助於減少兩國之間潛在的緊張局勢，從而增強南韓的安全。最重要的是，在李明博執政時期，雙邊自由貿易協定談判進展相對緩慢之後，朴槿惠政府迅速採取積極行動。事實上，朴槿惠決定將貿易談判從外交部轉移到新設置的產業通商資源部。但貿易對南韓的地緣戰略意義仍一如既往，十分重要，並無改變。首爾和北京於二〇一四年十一月宣布達成協議，二〇一五年六月簽署自由貿易協定，並迅速批准，搶在同年十二月生效。[297]此外，朴槿惠上任後，南韓啟動與中國、日本的三邊自由貿易協定談判。[298]

首爾也以其他方式運用經濟手段加強它與中國的聯繫。二〇一五年，南韓成為亞洲基礎設施投資銀行，簡稱亞投行（Asian Infrastructure Investment Bank, AIIB）的創始成員國，這是中國針對世界銀行的回應措施，因為它覺得自己在世界銀行的代表性不足。儘管歐巴馬政府反對亞投行，並敦促美國的盟友和合作夥伴不要加入，但是南韓仍然和其他國家加入。[299] 此外，二〇一六年南韓企業在中國的投資總額創下歷史新高，達到九百五十億六千萬美元。[300]

南韓也持續運用軟實力和公眾外交來深化與中國的聯繫。北京和上海的韓國文化院持續舉辦活動。世宗學堂在全中國各地開設新據點。韓中音樂節也繼續每年舉辦。[301] 韓國國際交流財團繼續贊助經費，給增強人們對南韓及其對中外交政策了解的活動。

儘管如此，南韓也是最早對中國崛起戒慎警惕的國家之一。在中國決定擴大防空識別區之後，二〇一三年十二月，南韓也以擴大本身的防空識別區作為回應。兩國的防空識別區現在在西海出現重疊，甚至在南韓的離於島（Ieodo）（譯按：中國稱為蘇岩礁）上空重疊。[302] 甚且，鑒於北京和平壤之間的關係密切，南韓和日本簽署的《軍事資訊整體安全協定》也可能包括與中國活動相關的情報共享。韓國的飛彈和國產噴射戰鬥機等其他項目，可能會瞄準位於中國的目標。此外，當首爾決定優先施壓時，北京宣稱朴槿惠政府的北韓政策「具有反效果」。[303] 這顯示它們對待平壤的態度出現摩擦。同時這也是中國開始加大對南韓網路攻擊力道的時候，為首爾帶來新的威脅。[304]

然而，最值得注意的是，在南韓宣布將於境內部署美國薩德系統之後，中國對此做出負面反應。甚至在實際部署之前，中國外交部長王毅就嗆聲警告，部署行動會影響中國的「合法國家安全利益」。[305] 薩德系統的目標是北韓，但它確實可以被視為嚇阻中國的工具，也有可能保護南韓免受其鄰國發射飛彈攻擊。中國針對南韓實施一系列經濟制裁，包括對樂天（Lotte）位於中國的營運據點進行檢查，最後迫使這家南韓企業撤離中國。原因就是薩德系統部署在樂天集團擁有的土地上。此外，北京也禁止旅遊團前往南韓，並阻止南韓流行音樂在中國的演出。[306] 習近平政府也於二〇一五年，停止中國國防部與南韓國防部之間的雙邊戰略防務對話。[307] 北京也增加了針對南韓目標的網路攻擊次數。[308] 縱使如此，朴槿惠政府並沒有退縮。薩德爭端顯示韓美同盟、兩韓分治和中國崛起，是推動南韓大戰略的重要因素，而韓美同盟超乎其他手段，是實現其目標的最重要因素。

文在寅時期（二〇一七年—二〇二二年）

北韓

文在寅於二〇一七年上台，是在連續兩任保守派總統之後，又出現的自由派政府。這位南韓新任領導人著手推出一項新的北韓戰略，處理他認為兩位保守派前任的政策失敗問題。文在寅政府頒布「和平與繁榮的朝鮮半島」政策，追求「兩韓的和平共處與共榮」，認為這是實現終極統一所必要的過渡步驟。(309) 文在寅明確提到二〇〇〇年和二〇〇七年雙邊峰會後簽署的兩韓協議。(310) 文在寅曾在盧武鉉手下任職，包括領導二〇〇七年兩韓峰會的籌備工作，他決心優先改善與北韓的關係。針對這個目標，他尋求重啟南北峰會、恢復兩韓經濟合作、緩和朝鮮半島緊張局勢的方法。然而，文在寅同時強調「透過實力實現和平」。(311) 潛台詞就是加速軍費開支，大幅增強南韓軍隊的自主嚇阻能力。背後的想法是，北韓在意識到不可能使用武力接管南韓後，會選擇非交戰的方案。

事實上，北韓的行為和韓美同盟，是影響二〇一七年文在寅政府對平壤政策的主要因素。金正恩政權在這一年，進行了另一次核子試爆，又首次試射洲際彈道飛彈，且飛彈試測的次數創下紀錄。[312]它還繼續對南韓發動網路攻擊。[313]同時，川普在文在寅就職前不久也就任美國總統，這位美國新任總統展開了批評合作夥伴的運動，並且質疑美國與友邦結盟的價值。[314]因此，文在寅政府啟動多項計畫，以增強對付北韓的自主嚇阻能力，同時也尋求盡可能與美國合作。二〇一七年七月，文在寅總統宣布《國防改革 2.0》方案，其中包括呼籲南韓發展非對稱能力，以對付來自北韓的核武威脅。[315]文在寅政府也同意繼續實施薩德系統的部署。[316]此外，文在寅和川普同意新的彈道飛彈指南，取消對南韓飛彈的酬載量限制。[317]南韓繼續執行既有的對北韓制裁措施，文在寅政府也在二〇一九年發布《國家網路安全戰略》。更廣泛地說，文在寅是第一個制定全面網路安全戰略，並且把國防部納進來的總統。[318]同時，國防部在白皮書中繼續把平壤列為「敵人」，[319]顯示文在寅政府願意在必要時對北韓採取強硬立場。

與此同時，文在寅政府比起李明博和朴槿惠，更積極推動與北韓恢復外交斡旋。這位南韓新總統強調，他認為外交、貿易和援助（首爾擁有的手段）是改善兩韓關係的重要方法。[320]二〇一八年，平昌冬季奧運會（Pyeong Chang Winter Olympic Games）為與北韓的外交斡旋打開機會之窗，南韓優先考慮對北韓進行外交交涉。一整年下來，南北韓舉行了三次峰會，以及多次雙邊會議，包括兩國軍隊之間的會談。(321) 南北韓也在二〇一八年恢復原先切斷的通訊線路。(322) 南韓也尋求實施一項經濟計畫，最初的重點是重新開放開城工業園區、恢復金剛山旅遊，以及重建和升級穿越北韓領土、連接南韓與俄羅斯乃至歐亞大陸的鐵路軌道。(323) 首爾也支持川普和金正恩於二〇一八年六月在新加坡和二〇一九年二月在河內舉行的歷史性高峰會議。二〇二〇年，南韓國防部從白皮書中刪除將平壤列為「敵人」的敘述。(324) 此外，國防部還將「三軸」防禦系統重新命名為「應對核武器和其他大規模殺傷性武器的系統」，並將重點放在全方位威脅上，而不僅僅針對來自北韓的威脅，(325) 首爾方面希望這會減少平壤感受的威脅。同時，與朴槿惠政府最後幾年相比，文在寅政府增加了對北韓的援助。(326) 在朴槿惠執政末期停止的政治和文化交流現在又恢復了。(327)

同時，文在寅政府啟動東北亞和平合作平台（Northeast Asia Peace and Cooperation Platform, NAPC），其中包括「東北亞＋責任共同體」（Northeast Asia Plus Community of Responsibility, NAPCR）計畫。以金泳三的「東北亞安全對話」和朴槿惠的「東北亞和平合作倡議」為基礎，「東北亞和平合作平台」和「東北亞＋責任共同體」計畫呼籲在東北亞開展多邊合作，以此加強區域聯繫，並將北韓納入跨國網絡。[328]首爾認為，將北韓融合進入東北亞經濟，可以激勵金正恩政權降低挑釁，優先重視經濟發展，而非發展核子武器和飛彈。[329]隨著六方會談實質上已經成為過去，東北亞和平合作平台強調讓東協或歐盟等區域外角色參與此一倡議的可能性。[330]至關重要的是，東北亞和平合作平台也顯示，文在寅明白，中國和美國必須成為解決兩韓敵意的任何決議的一部分，因此南韓在這方面的自主，只能透過讓北京和華府參與和平壤的外交斡旋來實現。由於美國和北韓的外交陷入僵局，這項計畫一直不能展開。

河內峰會失敗後，北韓再次改變行為，又恢復飛彈試射。於是，文在寅政府加速推動「透過實力實現和平」的發展，首爾特別著於重發展自主的嚇阻力量。「三軸」系統加速部署，北韓仍是主要目標。[331]薩德系統的部署持續不變。同樣，首爾繼續推行取得核動力潛艦的計畫。[332]二〇一九年年底，南韓與「五眼」國家（"Five Eyes" countries）〔譯註1〕以及

〔譯註1〕美國、英國、加拿大、澳洲和紐西蘭五個英語系國家組成的情報分享機制。

法國和日本，一起成立一個分享有關北韓情報的團體。(333)二〇二〇年，南韓宣布將研發一艘國產航空母艦，(334)這可以支援與北韓的一切對抗行動。文在寅政府在二〇二〇年至二〇二二年期間，繼續推動透過外交斡旋解決南北韓之間的僵局，其中包括提議宣告戰爭結束，這有助於為恢復可永續的外交創造條件。(335)平壤在二〇二〇年切斷雙邊通訊線路後，於二〇二一年再次恢復連線。(336)即使如此，首爾仍遵循它的大戰略，繼續加強軍事能力。

事實上，二〇二一年至二〇二二年是發展這些能力的關鍵時期。二〇二一年三月，南韓國防部負責武器採購和國防工業研發的「防衛事業廳」（Defense Acquisition Program Administration, DAPA）公布新版「二〇二一年至二〇三五年核心技術計畫」，要發展高科技國防能力。(337)同年五月，首爾和華府同意廢除彈道飛彈指南，南韓今後發展的飛彈計畫，不再受射程或酬載量限制。文在寅十分高興，稱讚這代表首爾擁有「飛彈主權」。(338)同年，首爾推出第一架國產戰鬥機，宣布取得一架國產攻擊直升機，決定開發第一艘國產護衛艦，成為世界上第八個測試潛射彈道飛彈的國家，而且是從第一艘具有潛射彈道飛彈能力的國產潛艦發射，還測試了第一枚國產超音速飛彈。(339)南韓也推出第一枚國產太空火箭「世界號」（NURI），它可用於軍事和民用用途。(340)北韓於二〇二二年三月再度試射洲際彈道飛彈後，文在寅政府進行了一系列不同尋常的飛彈試射作為回應，分別從地面、噴射機和海軍艦艇上試射。[341]可以說，文在寅將對付北韓的軍事能力和自主嚇阻力，提升到前所未有的水平。

美國

文在寅就任南韓總統時，韓美同盟已經明顯超越朝鮮半島，甚至東北亞地區。因此，文在寅將他的美國政策稱為「所有領域的全面同盟」（모든 분야에서의 포괄적 동맹），遠超過只是解決北韓難題的範圍。[342]文在寅政府認為，與美國的同盟是南韓大戰略的倍增器，不僅限於與北韓的關係方面，也涉及南韓在全球的發揮，以及追求自主目標和利益的能力。[343]同時，文在寅政府尋求更加脫離美國和韓美同盟羈束的自主，以發展更獨立的大戰略。[344]這是建立在前幾屆政府追求自主和與美國共同合作以擴大南韓實力的基礎上。

在北韓政策方面，文在寅政府明白需要與美國合作。因此，當華府和平壤於二〇一八年至二〇一九年走上外交道路時，首爾尋求充當兩者之間的平衡者。平昌冬季奧運會後不久，南韓向川普傳達了金正恩希望舉行雙邊峰會的訊息。(345)同時，南韓繼續部署薩德系統，並對北韓實施制裁，這些都是川普和拜登政府奉行的政策。首爾甚至默許川普政府在二〇一八年底要求成立的雙邊北韓政策協調工作小組。工作小組停止了可能實施的兩韓經濟項目，即使這是文在寅政府北韓政策的核心成分，文在寅還是擱置了這項目標。(346)這樣一來，在首爾和華府之間製造出緊張關係，即使首爾想和北韓進行經濟接觸，川普政府拒絕同意提供制裁豁免。(347)拜登就任後，文在寅政府協調政策試圖影響華府的決定，但仍無法獲得制裁豁免。(348)不過在二〇二一年，首爾和華府宣布將對二〇一一年商定的戰略規畫指導方針進行全面檢討，以便更好地對付來自裝備更加精良的北韓威脅。(349)

文在寅政府也恢復談判，企圖實現戰時作戰指揮權的移轉。這個目標被納入《國防改革2.0》方案，文在寅起先爭取在其五年任期屆滿、未能連任之前實現這一目標。(350)川普在職期間談判進展緩慢。然而，雙方在二〇一九年進行初步作戰能力評估，以便推動作戰指揮權的移轉。這是落實朴槿惠政府期間設定的條件的必要步驟。它涉及對南韓軍事能力的評估，文在寅政府加速從美國獲取軍事資產和技術。拜登政府上台後，首爾得以在二〇二一年達成協議，將在二〇二二年進行全面作戰能力評估。(351)這將是確定南韓是否能夠吻合作戰指揮權移轉條件的第二階段。（第三階段將是全面的任務能力評估。）隨著彈道飛彈指南的終止，這些朝向作戰指揮權移轉的步驟，符合首爾爭取更大自主權的目標。

南韓也尋求運用軍事能力支持華府的政策。清海部隊和派駐賴比瑞亞的南韓維和部隊繼續在當地執行任務。此外，二〇二一年八月，在拜登政府宣布美國將終止在阿富汗的任務後，由於喀布爾（Kabul）即將落入塔利班（Taliban）之手，南韓武裝部隊與美國和其他盟國一起作業，空運撤出阿富汗公民。[352] 最值得注意的是，首爾悄悄加入華府圍堵中國的戰略。川普發動「自由開放的印太」（Free and Open Indo-Pacific, FOIP）政策，以對抗華府眼中的中國在亞洲和印度洋的強悍行為。[353] 在與美國總統第一次峰會後，文在寅提出他的新南方政策（New Southern Policy, NSP）可以作為自由開放的印太政策的補充。拜登上任後，文在寅又與美國新任總統發表聯合聲明，承諾支持台灣海峽和南海等地區的自由航行權。[354] 這就明白涉及到北京在這些水域對國際法所構成的威脅。南韓海軍也加入美國與澳洲或日本等其他國家的聯合演習，藉以提升聯合作業能力。[355] 二〇二一年，南韓空軍與美國空軍簽署一項協議，成立太空政策諮商機構。[356]

南韓也持續運用經濟手段處理與美國的關係。川普政府上任後威脅要撕毀韓美自由貿易協定，認為它對美國不利。川普起草了一封終止韓美自由貿易協定的信函。[357]不過，文在寅政府率先與美國達成協議，修改雙邊自由貿易協定。韓美自由貿易協定於二〇一七年九月修訂，南韓做出些許讓步，避免與美國發生曠日持久的貿易戰。[358]即使如此，文在寅政府在川普執政期間向世界貿易組織提出三起針對美國的訴訟。[359]比較積極的一面是，隨著新冠肺炎疫情大流行，南韓央行和美國聯準會於二〇二〇年三月簽署一項新的雙邊交換交易安排，力求金融穩定。[360]儘管貿易和投資受到疫情影響，但到二〇二〇年底，它們的年交易量和總量分別達到一千三百二十二億九千萬美元和破紀錄的六百三十六億六千萬美元。[361]同樣相關的是，隨著美國和中國之間的競爭升高，南韓成為華府推動發展「有彈性的供應鏈」、不再依賴中國的主要支持者。[362]在半導體或電池等領域領先全球的南韓財閥，宣布在美國開設工廠，間接支持南韓繼續融入世界經濟的目標。[363]

可以說，文在寅政府也試圖將南韓的軟實力更加融入國家的大戰略中。二〇二〇年，文化體育觀光部設立韓流支援合作局（Hallyu Support and Cooperation Division），[364]這可以在南韓的軟實力與國家的大戰略目標之間建立共生關係。韓國文化產業振興院繼續在德州舉辦音樂節，後於二〇一八年更名為「韓國焦點舞台」（Korea Spotlight）。[365]文在寅政府繼續支持在美國的 KCON，而韓流支援合作局成立後，二〇二一年政府也是大力支持。政府也支持韓國時報音樂節。同時，文在寅政府繼續運用公眾外交，韓國文化院、世宗學堂和韓國國際交流財團繼續在美國各地積極活動。

中國

與前面歷任總統一樣，文在寅的中國大戰略，將接觸交往與加強首爾對北京的防禦能力結合在一起。文在寅將他的政策稱為「實質和成熟的戰略合作夥伴關係」，強調與南韓歷任總統相似的主題。然而，文在寅政府卻因為南韓部署薩德系統而繼承了與中國的不良關係。在他擔任總統期間，中國對周邊鄰國變得更加強悍。因此，隨著時間的推移，文在寅政府的政策逐漸傾向於圍堵中國——尤其是與李明博政府和朴槿惠政府相比。不過，他並沒有推動與中國「脫鉤」，這表明首爾明白與北京保持友好關係可以增強它的自主地位。

文在寅主政時期，南韓對中政策的象徵就是有關薩德系統的決定。儘管北京方面一再批評，首爾還是同意允許繼續部署這套反飛彈系統。但是文在寅政府也宣布「三不」政策：

不再增添部署薩德系統、不參與華府的飛彈防禦系統網路、不與美國和日本結成三邊軍事同盟，[366]這有助於改善與中國的關係，而後文在寅於二〇一七年十二月訪問了南韓的這個鄰國。[367]在二〇一八年至二〇一九年期間，首爾重新啟動與北京和東京的三邊對話，對話有部分原因是因為薩德爭議影響而中斷。[368]

文在寅政府實施「戰略模糊」政策來因應中美競爭。[369]理論上，這意味著南韓不在華府和北京之間的雙邊競爭中選邊站隊；實際上，情況並非如此。最值得注意的是，首爾的整軍經武針對的是北京，而不僅僅是平壤。「三軸」防禦系統的更名，在某種程度上是管理與北韓關係的一種方式，但也與文在寅圍堵中國的政策有關。[370]同樣，「二〇二一年至二〇三五年核心技術計畫」考慮的是北京，而不僅僅是平壤。[371]彈道飛彈指南的終止，允許南韓開發可以瞄準中國任何地方的飛彈；在捍衛南海和其他地區自由航行權的脈絡下，宣布建造航空母艦也是有它的意義的；揭示國產噴射戰鬥機問世，至少部分與解放軍侵犯南韓防空識別區，以及與俄羅斯聯合演習時侵犯南韓領空有關；潛射彈道飛彈試射考慮的是中國，而不僅僅是北韓。南韓愈來愈積極尋求針對中國的自主嚇阻力量，以補充韓美同盟之不足。

此外，二〇一九年與五眼聯盟、法國和日本簽署的情報共享協議，理論上只關注北韓，但是北韓與北京關係密切，這其中也考量到中國因素。同時，與日本的《軍事資訊整體安全協定》繼續有效。另外，南韓與四方安全對話（QUAD，由美國，澳洲，印度和日本組成的印太地區四方安全對話組織）、七國集團和美國領導的其他團體的合作，是對抗中國蠻橫的一種努力。(372)「戰略模糊」後來成為口號，並沒有反映南韓的政策，文在寅政府後來也不再使用它。

縱使如此，文在寅政府確實試圖與中國合作，設法處理北韓難題、防止意外軍事衝突。文在寅呼籲北京合作，促成以外交手段解決朝鮮半島的緊張局勢。(373)這也是中國偏好的作法。最顯著的是，在兩韓宣布將在平昌冬奧會後舉行高峰會議後，習近平會見了金正恩。而且習近平在二〇一八年至二〇一九年與金正恩共碰面五次。(374)中國也呼籲恢復包括北韓在內的多邊會談，以及緩和對金正恩政權的制裁。(375)在文在寅政府認為，需要北京參與才能解決兩韓緊張局勢的背景下，這是講得通的。同樣，文在寅政府利用外交手段改善南韓軍隊與中國解放軍之間的關係。二〇二一年三月，兩國國防部修改了雙邊瞭解備忘錄，允許兩國軍隊建立空軍和海軍熱線。在中國方面，由負責華東省分和東海的東部戰區司令部

出面簽署協議。(376)

文在寅政府也運用經濟手段處理與中國的關係。首爾和北京於二〇一八年同意探討啟動談判，將雙邊自由貿易協定升級。二〇二一年三月，雙方開始諮商以啟動實際談判。(377)同時，兩國都是「區域全面經濟夥伴關係」協定的創始成員。該協定於二〇二〇年十一月簽署，並於二〇二二年一月生效。(378)川普就任總統後，美國退出「跨太平洋夥伴關係協定」，「跨太平洋夥伴全面進步協定」出現並取代了它。首爾於二〇二一年十二月宣布將加入「跨太平洋夥伴全面進步協定」，這是中國正式申請加入「跨太平洋夥伴全面進步協定」兩個月後的事。(379)換句話說，首爾將區域自由貿易協定視為改善與中國經濟關係的一種方式。此外，截至二〇二〇年底，儘管受到新冠肺炎疫情的影響，南韓企業在中國的投資總量達到八百二十六億九千萬美元，開始從薩德爭議中恢復過來。(380)在薩德事件導致中方祭出制裁之後，南韓企業已經開始將生產線從中國移出，疫情帶來的破壞，進一步加速南韓撤出中國的趨勢。但是它們還沒準備好完全放棄中國或與中國脫鉤，中國對它們的成長策略仍然十分重要。(381)

首爾也尋求運用軟實力和公眾外交的組合來緩和它與北京的關係。二〇一八年，韓國文化院在香港開幕。(382) 北京和上海的兩家韓國文化院繼續運作，遍布中國各地的世宗學堂也繼續運作。韓中音樂節繼續舉辦，韓國國際交流財團也持續在全國各地開展活動。(383) 最後，習近平政府不得不開始取消在中國禁止韓國流行音樂演出的命令，畢竟韓國流行音樂太受中國人民的歡迎。南韓的軟實力，實際上促使北京改變政策。

尹錫悅時期（二〇二二年）

北韓

尹錫悅於二〇二二年就任總統，在自由派當家五年之後恢復保守派的統治。在他看來，上屆政府花費太多的時間和政治資本處理北韓問題，而且過於恭順。此外，尹錫悅希望降低北韓在南韓大戰略中的分量，增加對其他地區和領域的關注。話雖如此，尹錫悅對北韓的態度是建立在盧泰愚時代以來，久經考驗的南韓大戰略的基礎上。尹錫悅把他的北韓戰略稱為「大膽倡議」，在北韓停止和翻轉核武計畫發展的同時，將向平壤提供經濟激勵、軍事信任建設措施，以及朝鮮半島和平的前景。[384] 就這方面而言，尹錫悅的作法與朴槿惠和李明博這兩位保守派前任總統的政策密切相關。

尹錫悅的北韓戰略結合激勵措施與嚇阻力量。尹錫悅表示，他對與金正恩舉行高峰會議抱持開放態度，只要能產生實質成果就行。[385] 政府尋求對北韓採取整體方針，包括提供誘因鼓勵北韓參與一系列問題的談判，北韓的核子計畫、經濟合作、人權和朝鮮半島和平等等都包括在內。[386] 透過這種方式，尹錫悅可以接受啟動和平進程更務實的短期目標——要推動和平進程，勢必要談判。[387] 統一可以等。

同時，尹錫悅政府繼續增強南韓抵禦北韓的能力。首爾恢復與華府發展嚇阻力量的對話，對話在文在寅時期遭到削弱。[388] 此外，大韓民國海軍和美國海軍五年來也首次舉行聯合海軍演習，以嚇阻北韓。[389] 這些行動證明韓美同盟的持久重要性，它是南韓對付北韓戰略不可或缺的一部分。此外，北韓試射飛彈，南韓還以顏色，也發動試射飛彈。[390] 這表明首爾決心運用自己的軍事能力來保護自己。事實上，南韓於二〇二二年六月試射第一枚國產火箭。[391] 這枚火箭由韓國航空宇宙研究院開發，這賦予南韓一種新能力，可以將它武器化來保護自己避免遭受平壤的攻擊。尹錫悅也表示，南韓可以考慮對北韓發動先發制人的攻擊。(392) 此外，尹錫悅政府在職位空缺五年未補之後，任命一位大使主管北韓人權事務，並回到聯合國共同提出一項有關北韓人權問題的決議文。(393) 尹錫悅政府因此也加大了對北韓的外交壓力。

美國

尹錫悅明確表示，韓美同盟是他的大戰略的一個關鍵基石。他在上任不到兩週後就與拜登舉行首次峰會，美國總統親赴南韓訪問。這凸顯尹錫悅相當重視與美國維持良好關係。峰會之後發表的聯合聲明中，首爾和華府誓言要「發展和擴大」同盟，專注北韓問題，但也關注經濟和技術合作、「台灣海峽和平與穩定」——明顯與中國有關——以及疫情，或印太地區的合作等一系列其他問題。(394)

事實上，尹錫悅政府誓言要發布南韓本身的印太戰略。這項戰略由外交部北美事務局負責協調，強調與美國「自由開放的印太」政策的強大協調。(395) 此外，尹錫悅政府表示希望正式加入四方安全對話機制，於二〇二二年五月成立時就加入拜登政府倡導的「印太經濟框架」（Indo-Pacific Economic Framework, IPEF），並參加在華府召開的「晶片4」聯盟（Chip 4 alliance）發起會議；聯盟旨在建立一個有彈性的、沒有中國參加的半導體供應鏈聯盟，它涉及日本和台灣兩個國家。(396) 同樣，南韓財閥宣布在美國設廠，生產高科技產品。(397) 如前文所述，財閥與國家資本沒有關聯，但是它們的投資支持南韓的大戰略。南韓也派遣了它有史以來最大規模的海軍部隊參加美國主導的「環太平洋聯合演習」。(398) 因此，尹錫悅政府運用南韓的軍事能力、經濟工具和外交官團隊來加強與美國的關係。

另一方面，尹錫悅政府也繼續追求自主地位。它受到南韓長期戰略目標所影響，也受到首爾和華府利益不一致的記憶所影響——最近的例子就是川普擔任總統期間，一再出狀況。(399) 有一個明顯的例子是，尹錫悅堅持作戰指揮權移轉這個目標。在二〇二二年八月至九月的聯合軍事演習中，南韓和美國就未來的韓美聯合部隊司令部交由韓國將領指揮調度，進行全面作戰能力的評估。(400) 這是指揮權移轉三階段中的第二階段。此外，尹錫悅政府也延續前任總統們所奉行的外交、軍事和經濟關係多元化政策，以此作為加強韓國自主的手段。

中國

尹錫悅上任時強調價值觀對他大戰略的重要性，這就讓人聯想到，韓中雙方具有不同的價值觀體系，兩國關係是否會出現問題。然而，尹錫悅繼續推動南韓對中大戰略，包括堅持強大的軍事能力和外交立場，但是也維持雙邊接觸交往。這項作法，建立在南韓自從一九九二年與中國外交關係正常化以來所奉行的作法之上。因此，圍堵是一個重要組成部分，但是並無意與北京脫鉤或斷絕關係。(401)

尹錫悅上任後不到幾個月，南韓就與中國發生兩次外交爭端，反映韓方的堅硬態度。首先，南韓批評中國想要「以武力改變台灣海峽現狀」。(402)再加上尹錫悅和拜登發表的聯合聲明，明顯顯示首爾反對中國可能採取軍事行動接管台灣。此外，南韓外交部否認中國關於「南韓已同意不再部署更多反飛彈系統來增強薩德系統」的說法，這項否認出現在兩國外交部長在北京會晤後僅只一天的時間。(403)事實上，在尹錫悅的領導下，南韓繼續發展自己的軍事計畫。除此之外，二〇二二年十月，南韓在聯合國人權理事會投票支持，對中國涉嫌在新疆維吾爾自治區侵犯人權的行為進行調查，它是僅有的兩個投票支持調查的亞洲國家之一。[404] 對北京來說，這是一個極為敏感的問題，北京否認犯了這些侵權行為。首爾則運用其軍事能力和外交官團隊來對付中國。

然而與此同時，南韓繼續尋求與中國接觸交往。尹錫悅上任後不久就向習近平發函邀請訪問首爾。[405] 首爾和北京簽署供應鏈合作瞭解備忘錄，表明尹錫悅政府在尋求確保供應鏈彈性，且南韓企業將生產線移出中國的同時，並不想中斷與中國的經濟和技術聯繫。[406] 尹錫悅上任才一個月，兩國國防部長就舉行了會議，承諾重振武裝部隊不同部門的軍事交流。[407] 從尹錫悅政府的角度來看，維持與中國的關係是國家大戰略的一部分。[408]

＊＊＊＊＊

與北韓、美國和中國的關係，是南韓外交政策的重中之重。雖說如此，它們的特徵是國內存在相當程度的爭吵，在處理兩韓關係和韓美同盟時，尤其如此。然而，南韓有明確的大戰略，來管理它外交關係的三角核心關係。這項大戰略的根源至少可以追溯到南韓民主轉型當時，至少直到尹錫悅總統任期的早期階段，一直維持如此。

從北韓開始，首爾有很清晰的目標：追求兩韓和解與統一。南韓歷任總統無不發動改善兩韓關係、為終極統一創造條件的政策。為了達成這一目標，南韓總統無不尋求使用外交、經濟手段，並且不斷增強軍事嚇阻力量。金大中、盧武鉉和文在寅這幾位總統，優先運用外交手段和經濟交流；其他幾位總統，包括李明博和朴槿惠，則優先考慮經濟恫嚇和嚇阻。但是，所有的總統都尋求將這些手段結合起來。同時，另一個目標是保護國家，不受外來軍事威脅。針對這個目標，每一位南韓總統都專注於提升國防自主權，包括李明博政府以來採用的網路工具，同時也強化韓美同盟。不分保守派或自由派，每位總統都運用這些手段。

以美國為中心，南韓尋求同時追求以下幾個關鍵目標：自主、免受外來軍事威脅、深化融入世界經濟，以及被承認為具有影響力的中等強國。南韓把美國視為對其自主權處處設限，但同時也協助它達成其他目標，因此，南韓歷任總統在和美國打交道時，他們的大戰略都相當複雜。總而言之，南韓歷任總統都混合運用各種手段來影響美國，最重要的是，讓韓美同盟具有全球性質。從李明博總統以來這一點尤其明顯。因此，韓美同盟本身就是目標，也是南韓實現其他目標的手段。同時，首爾運用它不斷增長的軍事能力、外交官團隊、貿易和投資、公眾外交或軟實力來尋求影響美國及其雙邊同盟。

就中國而言，首爾有兩個關鍵目標：保護國家、不受它的軍事威脅，以及深化經濟整合。因此，南韓運用不斷增長的軍事能力和韓美同盟，嚇阻中國可能發動的侵略行為。隨著中國崛起的不斷推進，在文在寅和尹錫悅擔任總統期間臻至頂峰，這一點也變得更加明顯。至於深化經濟整合這一點，自從盧泰愚以來，歷任南韓總統都尋求運用國家的外交官團隊以及貿易和投資，來影響與這個鄰國的關係和加強雙方聯繫。這種情況在李明博政府和朴槿惠政府期間尤其明顯，並且在文在寅和尹錫悅執政時期，即使與中國的關係惡化，仍然繼續如此。同時，南韓也將與中國的外交看作幫助實現另一個目標——兩韓和解——的手段，這在盧武鉉執政期間尤其如此。但是隨著中國對北韓的影響力減弱，首爾運用其手段讓北京更參與它對平壤政策的可能性也跟著減弱。

第五章

東亞：區域主義與區域化

다섯

南韓位於東亞。雖然已經不言可喻，但仍需要反覆強調，因為它影響南韓大戰略的範圍，超越長期主導南韓思維的三角核心。從首爾決策者和其他菁英的角度來看，東亞包括東北亞、東南亞，以及這兩個次區域之間新興的經濟、政治和安全聯繫，導致區域主義和區域化。這意味著南韓的大戰略不僅基於南韓在東亞的地理位置，而且還基於東亞地區為單一經濟和安全共同體的理念和現實。在一九八七年至一九八八年民主化之前，東亞就已經成為包括朴正熙在內的南韓領導人思想中的重要內容。然而，直到冷戰結束，東亞決策人物才能夠真正發展區域連結和機構——包括南韓的參與。

就南韓在東亞地區和針對東亞地區的大戰略而言，日本肯定是最突出的一環。從地理位置上來看，除了北韓之外，它是南韓最近的鄰國。韓日關係的歷史明顯非常複雜，影響著一九八八年以來的南韓大戰略。自從恢復民主政體以來，南韓歷任總統都必須面對如何處理與東海（譯按：南韓的東海即日本所稱之日本海）一水之隔的鄰國的關係，每一位南韓總統也都尋求與東北亞這個中等強國改進關係。日本關係到南韓的大戰略，因為雙邊關係攸關首爾的許多目標，包括深化融入全球貿易和金融流動、取得保護以免遭受外來軍事威脅（尤其是中國和北韓），以及被承認是個具有影響力的中等強國。日本也愈來愈涉入與北韓打交道，有時候甚至成為南韓想要實現南北和解與統一目標的重要考量。南韓在推行對日大戰略時，可說是使出了全方位的一切手段。

東南亞——尤其是東協及其十個會員國家——肯定是南韓大戰略另一個重要相關地區。隨著東協及它的一些會員國在東亞乃至全球政治中日益活躍與核心，南韓對東南亞地區的興趣也與日俱增。上溯到一九九〇年代，南韓歷屆政府都將重點擺在深化融入世界經濟和被承認為具有影響力的中等強國的目標上。甚且，從該地區許多決策者的角度來看，中國的崛起以及它對鄰國構成的潛在安全威脅，意味著南韓的大戰略也要從防範外來軍事威脅的目標來看待東南亞。南韓對待該地區的大戰略，能使用的手段包括軍事實力、外交官團隊、貿易投資與援助、公眾外交、

表 5.1：南韓的東亞大戰略

關鍵因素	關鍵目標	關鍵手段
· 韓美同盟 · 中國崛起 · 經濟發展 · 民主 · 中等強國的身分認同 · 區域整合與全球化 · 亞洲金融危機	· 自主 · 獲得保護避免遭受外來軍事威脅 · 兩韓修睦和解與統一 · 深化融入世界經濟 · 被承認爲具有影響力的中等強國	· 增進軍事力量 · 與美國締盟 · 外交官團隊 · 貿易投資與援助 · 公衆外交 · 軟實力

軟實力。換句話說，有一套非常完整的工具。

南韓對東亞大戰略的另一個重要面向，涉及它與美國和中國，以及某種程度與北韓有關。美國在東亞地區實力強大，不僅表現在它與一些國家締結同盟的軍事足跡，也表現在它不時參與制定地區貿易和安全協議的作用。就中國而言，它很明顯就是東亞的一部分，因此，該地區受到北京行為的影響，也影響北京的行為。談到區域經濟、政治和安全整合和制度化時，尤其如此。至於北韓，由於它僅參與少數的區域倡議，但是東南亞某些國家有可能成為北韓的榜樣，導致南韓大戰略家必須將平壤納入東亞地區的政策考量。

盧泰愚時期（一九八八年—一九九三年）

盧泰愚就任後提出一項改善對日關係的計畫。在「歷史和解」（미야자와）的旗幟下，盧泰愚提出的政策是，南韓將把首爾和東京之間的當代關係，與日本占領和隨後殖民統治朝鮮這一棘手的歷史問題，分開來處理。(1) 這項作法成為後來歷任總統的藍圖，畢竟，加

強與日本的關係可以促進南韓的自主地位。在盧泰愚主政時期，日本明仁天皇（Emperor Akihito）和首相海部俊樹（Kaifu Toshiki）的道歉，促進了這一目標的實現，海部俊樹於一九九〇年五月與這位南韓總統會面，並為日本給韓國人民造成的「苦難」道歉。(2) 日本的道歉、誠意以及對在日本殖民統治下直接受害的南韓人或其後代賠償，成為韓日關係的一個特點。（賠償對象包括被委婉地稱為「慰安婦」的性奴隸，以及奴隸勞工。）他們不可避免地影響到兩國關係，但盧泰愚制定的藍圖成為南韓大戰略的一部分。

為了強化與外界的經濟聯繫，盧泰愚尋求解決南韓和日本之間的貿易逆差問題。由於日本產品遠比南韓產品科技高超，南韓長期出現貿易赤字。因此，首爾尋求促成日本企業能將技術轉移，然而，日本政府忌憚南韓企業日益增強的競爭力，視之為直接對手，兩個鄰國之間的經濟緊張關係尚未解決。(3) 南韓試圖運用外交斡旋解決問題，但無濟於事。

盧泰愚政府也關注日本在緩和兩韓關係方面可能扮演的角色、可能來自東京的軍事威脅，以及運用軟實力改善雙邊關係。就兩韓關係而言，盧泰愚的北方政策呼籲日本和北韓改善關係。然而，盧泰愚政府對日本和北韓全面外交正常化的可能性卻相當擔心，(4) 因此，它運用外交官團隊，設法減緩東京和平壤之間的和解進程。至於日本可能構成的軍事威脅，在一九八八年南韓國防部白皮書則是強調與這一鄰國合作的必要性。[5]儘管有這些安撫性的話語，南韓的軍事建設，特別是飛彈的發展也被視為可以嚇阻日本。[6]日本對南韓發動攻擊的可能性微乎其微，但南韓官員仍然認為必須為這種可能性做好準備。此外，日本對獨島（自一九五二年起由南韓管轄）的主權主張也可能會導致雙方軍事衝突。[7]韓國武裝部隊從一九八六年開始，每年舉行保衛獨島的防禦演習，一直延續到盧泰愚時期。[8]韓國首爾並於一九七九年在東京開辦第一批韓國文化院之一。[9]韓國國際交流財團創立後，亦優先考慮在日本推行計畫。[10]隨著南韓轉型成為民主國家，韓國文化院大力推動南韓擺脫獨裁歷史的附加價值來促進文化，因而增強了國家的軟實力。

就東南亞而言，南韓專注運用外交和經濟手段加強關係。關係多元化可以促進南韓的自主，東南亞因為地理位置接近和文化融和性，成為東北亞之外另一個合乎邏輯的起始點。[11]以東協為起點，盧泰愚政府透過一九八九年的行業對話夥伴關係、一九九〇年的「特別合作基金」和一九九一年的全面對話夥伴關係，建立起正式雙邊關係。[12]東協成員國包括印尼、馬來西亞、菲律賓和泰國，一直試圖複製南韓和其他發展型國家的發展模式，這使得南韓能夠將自己作為這些國家的發展典範，並以此作為推進外交政策利益的手段。

事實上，一九九一年成立的韓國國際協力團為外交部乃至南韓政府，提供強大的工具推動在該地區的大戰略。從一開始，東南亞就成為韓國國際協力團、經濟發展合作基金和其他機構提供的南韓援助的主要接受國。[13]有趣的是，首爾將基礎設施和社會發展作為它對東南亞援助政策的支柱。首爾希望透過這種方式，不僅能影響東南亞各國政府，也影響該地區的人民。隨著首爾在東南亞各國簽署多項雙邊投資條約，援助得以利用投資作為後盾。[14]此外，東南亞在南韓的資源外交中扮演關鍵角色，幾乎南韓所消耗的液化天然氣，全都由印尼和後來的馬來西亞所提供。[15]一九九二年，韓國石油公社與越南政府簽署一份生產分成合約，從越南的一個新項目採購天然氣。[16]這些發展支持南韓經濟整合融入全球的目標。

同時，冷戰的結束為東南亞地區帶來一種新的、不那麼敵對的模式。盧泰愚政府趁勢於一九九二年與越南外交關係正常化，[17]兩國已經是貿易和投資夥伴。[18]但是在北方政策和首爾與莫斯科和北京建立外交關係的脈絡下，與河內關係正常化，促進了南韓的經濟目標和作為中等強國的信譽。

同樣在冷戰之後東亞緊張局勢緩和的背景下，南韓成為包括東亞國家、美國和其他夥伴在內的亞太倡議的一部分。亞太經濟合作會議的倡議於一九八九年十一月發起，南韓為創始成員之一。亞太經濟合作會議承諾加強東亞與美國之間的貿易和投資聯繫。一九九一年，首爾主辦了第三次亞太經濟合作會議高峰會。[19] 一九九二年十一月，首爾主辦了關於建立區域性二軌安全對話的討論。來自南韓、其他東亞國家、美國和一些亞太地區國家的機構，同意成立「亞太安全合作理事會」。[20] 它將與一九九四年發起的東協區域論壇一起成為東亞兩個核心的一．五軌或二軌安全對話平台。這是南韓運用其外交官團隊加強安全，同時也提升中等強國的信譽之典型案例。

金泳三時期（一九九三年—一九九八年）

金泳三就任後提出對日友好合作政策。與盧泰愚類似，金泳三的政策試圖在歷史摩擦和當代關係之間畫出一條界線。金泳三尤其希望深化與日本的關係，透過貿易和投資提振南韓經濟，以及在和北韓打交道時能得到日本支持。[21] 他在與日本首相細川護熙（Hosokawa Morihiro）第一次會面時，由於細川就日本在殖民時期和第二次世界大戰期間虐待朝鮮人民，尤其是慰安婦問題提出道歉，金泳三因此得以專注在討論合作事宜。[22] 細川是自一九五〇年代自民黨執政以來，第一位非保守派首相，有助於促進韓日關係。

為了支持南韓融入世界經濟和整體經濟成長，金泳三尋求促進與日本的貿易，以及來自日本的投資。最值得注意的是，南韓加入了經濟合作發展組織。南韓因此成為繼日本之後第二個加入這個已開發經濟體組織的亞洲國家。金泳三政府認為，這是首爾和東京推行不同類型經濟政策的機會。[23] 這項政策將減少奠基於（新）自由主義模式，而更增加與發展型國家相關的力道。這樣，南韓可以嘗試運用外交官團隊提出與日本共同的立場，這可能會對南韓和日本企業的經濟關係產生正面影響。然而，事情並沒有這樣發展。更積極的一面是，一九九七年十二月，韓國央行和日本央行同意一項過渡性貸款安排，讓前者可以啟動貸款以對付亞洲金融危機的影響。[24] 這是南韓巧妙運用外交以保護經濟的案例。

兩韓關係方面，日本在一九九〇年代中期，成為北韓最大的貿易夥伴，這個地位一直維持到二〇〇二年東京和平壤關係急轉直下之時。[25] 當中國和俄羅斯將它們與北韓的經濟關係改為市場導向的方式時，它們的貿易就崩潰了。在南北韓合作十分有限的情況下，日本成為北韓的主要經濟命脈之一。金泳三政府尋求與日本合作，以便引導北韓對南韓採取更合作的立場。[26]然而，這一招並沒有奏效，主要是北韓國內出現問題。同時，金泳三政府運用和美國的同盟，來改善它與日本在南北韓政策方面的協調，以及強化防務對付北韓的安全威脅。一九九四年，在華府帶頭下，美國、南韓和日本啟動「三邊防務會談」（Defense Trilateral Talks, DTT）。[27]三邊合作處理北韓問題——以及後來在其他安全議題方面的合作——成為首爾未來幾年大戰略的一個特點。

首爾對東京的大戰略，繼續以取得保障避免遭受外來軍事威脅，以及被承認是具有影響力的中等強國為目標。就前者而言，保衛獨島的年度軍事演習在金泳三時代持續進行。另一方面，一九九四年，李炳台（Lee Byung-tae）成為第一位訪問日本的南韓國防部長，韓國海軍船艦也首次停靠日本港口，[28]這開啟了一個雙邊定期交流的時代，一直持續到至少二〇二三年。另外，對於金泳三政府來說，被承認為中等強國似乎是更重要的目標。最值得注意的是，一九九六年五月首爾和東京獲得共同主辦二〇〇二年世界盃足球賽的權利。[29]對南韓來說，這代表運用軟實力來加強與日本的關係，同時也意味著以新姿態出現在世界舞台。韓國國際交流財團透過繼續優先在日本發展計畫來補強這一點。

就東南亞而言，貿易投資和援助整合起來，成為南韓加強與東南亞地區聯繫、深化融入世界經濟，以及被承認為中等強國的優先手段。隨著愈來愈多南韓企業將目光投向東南亞不斷成長的中產階級，南韓與東協之間的貿易額從一九九三年的一百六十七億四千萬美元增長到一九九七年的二百九十二億四千萬美元。[30] 貿易也因為南韓的資源外交而增加，最顯著的是印尼和馬來西亞，以及一九九四年以後的汶萊，在這段期間繼續供給南韓幾乎所需全部的液化天然氣進口數量。[31] 一九九五年，首爾與吉隆坡簽署協議，優先取得它的能源和礦產資源。[32] 此外，南韓也策略性地運用援助計畫，韓國國際協力團、經濟發展合作基金和其他機構，一九九三年在亞洲撥款了七百五十萬美元，一九九七年提升到一千八百六十萬美元，整個東南亞成為南韓援助的首選目的地。[33] 與此同時，首爾繼續與東南亞地區其他國家簽署雙邊投資條約。[34]

此外，首爾還運用外交來增強它在該地區的存在感。一九九五年，南韓與寮國關係正常化；[35] 一年後，金泳三成為第一位訪問越南的南韓總統；[36] 一九九七年，南韓與柬埔寨外交關係正常化。[37] 隨著南韓與歐洲和東協這些共產主義國家建立關係，以及東協組織擴大規模而納入一些前共產主義敵國，金泳三政府出於經濟原因和爭取中等強國地位，加強

與這些國家的關係也是有它的道理。它又透過公眾外交補強這方面的努力，讓韓國國際交流財團開始在東南亞推動項目。(38) 同時，金泳三政府也重視區域合作（지역협력），儘管重點擺在亞太區域合作加強（아시아 - 태평양 지역 협력 심화），而非僅限於東亞地區。一九九三年，南韓成為亞太安全合作理事會創始成員之一。(39) 同年，東協及其對話夥伴同意建立「東協區域論壇」，論壇於次年成立，南韓為創始成員之一。(40) 它成為一個重要的一．五軌和二軌論壇。一九九四年，北韓也加入了亞太安全合作理事會，次年理事會成立「朝鮮半島穩定框架」（Frameworks for Stability on the Korean Peninsula）工作小組，不過，北韓並沒有參加工作小組的第一次會議。(41) 同時，南韓繼續積極參與亞太經濟合作會議組織。隨後，在亞洲金融危機期間，東協正式邀請中、日、韓三國於一九九七年十二月參加會議。(42) 東協加三政府首腦高峰會此後每年例行召開。區域合作使得首爾能夠運用外交來追求包括免受外來威脅、兩韓和解，以及深化經濟整合等目標。

金大中時期（一九九八年——二〇〇三年）

金大中長期以來對日本有正面的看法和經驗。這位南韓新任總統曾於一九七〇年代初期流亡日本；一九七三年八月，金大中遭到綁架，即將被扔到東海，日本海上自衛隊救了他的性命。[43]在大戰略方面，金大中就任南韓總統後，沿襲了前人把歷史與當代關係分離的作法。然而，他比前兩任總統更大程度地推動改善韓日關係。一九九八年十月，金大中訪問日本，簽署《韓日共同宣言：面向二十一世紀的韓日新夥伴關係》（Republic of Korea-Japan Joint Declaration: A New Republic of Korea-Japan Partnership toward the 21st Century）。這是自一九六五年《基本關係條約》以來兩國簽署的第一份協議，其中包括經濟和北韓等領域合作的條款。[44]這項宣言之所以成為可能，是因為日本首相小淵惠三（Obuchi Keizo）首次向曾經嘗過苦頭的國家，就日本的殖民歷史和二戰期間的行為發出書面道歉，明仁天皇也重申他對日本帶給韓國人民的苦難表示歉意。[45]

金大中在亞洲金融危機爆發後不久上任，這位新任總統運用外交、貿易和投資等手段尋求日本的支持，改善南韓的經濟狀況。在一九九八年的共同宣言中，首爾和東京同意在經濟合作發展組織、世界貿易組織和亞太經濟合作會議等多邊論壇中合作。日本也同意日本輸出入銀行提供貸款給南韓。[46]另外，金大中政府也於一九九九年取消對日本進口還剩下的所有限制。[47]這些限制已經實施了幾十年，以保護南韓企業不受某些高科技日本進口產品的影響，從金大中的角度來看，南韓企業必須與日本同行正面競爭。這項決定並未對南韓對日本的貿易赤字產生重大影響，但是它降低兩國之間的經濟摩擦。不過，儘管南韓企業向加值鏈的上游提升發展，一些摩擦仍然存在。

金大中在獲得東京對其兩韓戰略的支持方面堪稱最為成功，《韓日共同宣言》表明：「小淵首相表示支持金大中總統的北韓政策，根據此一政策，大韓民國在維持穩固的安全體系的同時，亦積極促進和解與合作。」[48]金大中也支持日本首相小泉純一郎（Koizumi Junichiro）二〇〇二年九月訪問平壤，與金正日進行高峰會議。[49]日本確實為金大中的和解努力提供外交方面的支持，甚且，直到二〇〇二年，日本一直是北韓最大的貿易夥伴，這為金大中的北韓戰略提供了支持。此外，南韓也運用和美國的同盟關係，讓日本更加參與首爾的兩韓政策和防範北韓的軍事威脅。一九九九年，在柯林頓政府的要求下，華府、首爾和東京成立「三邊協調和監督小組」（Trilateral Coordination and Oversight Group,

TCOG）。三邊協調和監督小組的重點是外交政策，它將補充以國防為重點的三邊防務會談。[50]

金大中政府也運用軟實力和公眾外交來加強與日本的聯繫。一九九九年，文化觀光部在日本開設一個新的韓國文化院，這次設在大阪。[51]同時，二〇〇二年韓日共同主辦的世界盃足球賽強化了首爾和東京之間的關係。韓國國際交流財團則繼續在日本推展活動。更重要的是，金大中政府啟動一項支持韓流出口的計畫。[52]計畫的目標是支持韓國文化產業，促進國家經濟發展，並在海外建立南韓為中等強國的良好形象。日本是這項計畫的首批目標國家之一。

金大中政府也持續加強整軍經武，以及運用外交官團隊來追求目標的實現。就前者而言，涉及獨島的緊張局勢持續存在，韓國武裝部隊繼續進行每年度保護島嶼的軍事演習。至於後者，二〇〇一年，日本文部省批准一本新的歷史教科書，南韓認為教科書中包含若干不正確的敘述，因此向日本提出抗議。[53]此外，新當選的日本首相小泉純一郎同年開始每年參拜靖國神社，[54]靖國神社奉祀十四名甲級戰犯，以及一千多名戰犯。小泉的參拜引爆與南韓的外交爭議。不過，首爾也運用它不斷增長的軍事能力來促進與日本的關係，以抵禦外來威脅。從一九九九年開始，韓國海軍與日本海上自衛隊啟動聯合搜救演習，此後每兩年舉行一次。[55] 一九九八年，日本也首次參加南韓的艦隊校閱。作為回報，首爾於二〇〇二年參加日本艦隊校閱。[56]

就東南亞而言，金大中政府在亞洲金融危機爆發後不久上任。亞州金融危機始於泰國，然後蔓延到東南亞各地，再到達南韓和東北亞其他國家。東亞這兩個次區域的經濟明顯唇齒相依。金大中加強前人的目標，運用貿易投資和援助以深化經濟融合，爭取造福南韓。貿易量從一九九八年即亞洲金融危機造成衰退的二百一十八億美元，於二〇〇三年達到創紀錄的三百六十五億五千萬美元。同時，年度投資流量於二〇〇三年達到六億一千一百萬美元。[57] 在資源外交方面，印尼、馬來西亞和汶萊仍然是南韓液化天然氣的主要供應國家。[58] 一九九八年，韓國石油公社與越南政府簽署第二份石油和天然氣採購協議。[59] 同時，儘管亞洲金融危機造成重大打擊，南韓對外援助仍然持續增加。到二〇〇二年，韓國國際協力團和經濟發展合作基金以及其他政府機構，向亞洲各國提供二千八百八十萬美元援助，亞洲仍然是南韓直接援助的最大受惠地區之一。[60] 最後，從一九九九年至二〇〇三年，南韓也派遣維和部隊前往東帝汶。[61] 首爾運用它的軍事力量來提升中等強國的地位。

金大中政府也運用外交手段加強與東南亞的關係，建立泛東亞的經濟聯繫，從而深化整個地區的融合。金大中熱切接受東協加三的概念，在他看來，亞洲金融危機已經證明，「現在區分東北亞和東南亞已經沒有意義」。[62] 此外，二〇〇〇年也出現每年召開一次的東協加三財政部長會議。[63] 金大中還在一九九八年十二月舉行的政府首腦會議中提議成立「東亞願景小組」（East Asian Vision Group, EAVG）。[64]「東亞願景小組」於一九九九年成立，由首爾擔任主席，以振興東北亞和東南亞國家之間的貿易、投資、供應鏈和資源合作為宗旨。二〇〇一年，「東亞願景小組」發布的報告，也聚焦在政治與安全、環境與能源，以及社會、文化與教育。[65] 同時，首爾也支持二〇〇〇年啟動的「清邁倡議」（Chiang Mai Initiative, CMI），這是東協加三央行之間的一系列雙邊貨幣交換安排，將在發生貨幣危機時啟動，從而降低對國際貨幣基金貸款的依賴。[66] 同樣，金大中政府支持啟動「東協加三債券市場倡議」，預備發展本幣債券市場，避免發行美元債券的需要。[67] 這些事件引領真正泛東亞合作與融合。從南韓的角度來看，這些都是對每年繼續進行中的南韓－東協峰會的補充。所有這些倡議不僅支持南韓深化融入世界經濟，而且還強化首爾被承認為具有影響力的中等強國的目標。畢竟，東亞願景小組是金大中的主意，它們也透過與南韓所在的東亞地區建立更堅強的聯繫，來支持南韓爭取自主地位。

金大中政府也將軟實力制度化，作為加強與東南亞聯繫，並支持其大戰略目標的手段。金大中支持韓流的計畫，將東南亞確立為重要的目標地區。儘管金大中時期在東南亞地區的行動進展緩慢，但是他的政府已經為南韓建立運用軟實力的藍圖。至於北韓政策，在有史以來第一次兩韓峰會之後不到一年所舉行的二〇〇一年南韓－東協峰會上，金大中請求東協支持他的北韓政策。(68) 甚且，金大中在二〇〇〇年亞太經濟合作會議高峰會上，要求允許北韓加入此一組織。同年，金大中政府也支持北韓加入東協區域論壇。(69)

盧武鉉時期（二〇〇三年—二〇〇八年）

盧武鉉的日本政策遵循前幾任總統的大戰略，尋求將歷史恩怨與當代合作分開來。盧武鉉對日本的態度建立在相互尊重的基礎上。從本質上講，盧武鉉希望以金大中簽署的共同宣言為基礎，促進在共同感興趣的領域的合作——尤其是貿易和投資聯繫。無論歷史爭議如何，都要合作。由於盧武鉉希望南韓在東北亞扮演「平衡者」的角色，他於二〇〇四年提議，召開包括中國和日本在內的三邊高峰會議，專注討論政治和經濟問題。[70]高峰會將支持韓國的自主。

盧武鉉上任後不久，以貿易作為支持南韓目標的優先手段，就變得清晰起來。二〇〇三年十二月，首爾和東京啟動自由貿易協定談判。[71]鑒於南韓許多官員和商人對南韓對日本的貿易赤字仍然忐忑不安，對於盧武鉉政府來說，這是一項大膽的動作。但盧武鉉相信，與日本簽署自由貿易協定將使南韓經濟更具競爭力，可以加速它在全球層面的整合。[72]另一個積極的方面是，二〇〇五年五月，韓國央行和日本央行簽署一項雙邊貨幣交換協議，萬一兩國之一發生貨幣危機，交換交易就會啟動。[73]然而同時，南韓變得更有自信地運用其他手段處理與日本的經濟關係。二〇〇四年，南韓就乾紫菜和調味紫菜進口配額，向世界貿易組織提出爭端調解之訴。二〇〇六年，首爾就電腦動態隨機存取記憶體反補貼稅提出第二項爭端調解之訴。[74]

盧武鉉政府也看到日本可以在它的北韓政策中發揮作用。六方會談於二〇〇三年啟動，即使各國的最終目標不同，南韓外交官卻經常發現自己與日本外交官意見一致。首爾因此支持納入日本的目標，尤其是解決日本國民遭北韓綁架的問題，以及六方會談聯合聲明呼籲日本和北韓實現外交關係正常化。[75] 作為回報，東京支持盧武鉉為南北韓正常化所做的努力。[76] 與此同時，與美國的三邊合作持續推動。[77]

盧武鉉政府也運用軟實力和公眾外交來改善與日本的關係，並以「創意韓國」的整體標籤實現追求目標。南韓政府提供支援在日本舉行韓國流行音樂演唱會，也鼓勵出口韓劇，電視連續劇《冬季戀歌》（*Winter Sonata*）在日本特別受歡迎，改變了日本對南韓的看法。[78] 韓國國際交流財團繼續為日本智庫和大學推動的計畫提供支持，並於二〇〇七年在東京設立辦事處。[79] 同年，南韓文化觀光部在日本開設第一所世宗學堂。後來，南韓這個東方鄰國成為世界上設立世宗學堂第二多的地方。[80]

另一方面，韓國的軍力建設繼續以日本為防備目標。二〇〇三年，韓國首次舉行每兩年一次的保護獨島的軍事演習，從那時起，演習從每年一次改為每兩年一次，這項作法一直保留至今天。[81] 二〇〇五年，日本國防白皮書宣稱獨島是日本領土，[82] 這項主張在白皮書中保留到至少二〇二一年。[83] 同年，日本島根縣政府宣布慶祝「竹島日」，以紀念日本政府單方面授予竹島管轄權一百週年。[84]這些都是盧武鉉執政期間的摩擦點，因為它們將韓日關係的歷史恩怨與當今關係直接聯繫起來。即使盧武鉉政府並不認為日本構成軍事威脅，國防部白皮書也強調雙邊合作，但首爾仍被迫必須保護領土。[85]這是盧武鉉在東北亞發展區域兵力投送能力計畫的一部分。[86]

在東南亞方面，盧武鉉繼續沿襲金大中的路線前進，但將關係提升到一個新的水平。二〇〇四年，南韓與東協將關係提升為「全面合作夥伴關係」。[87]在這個標籤下，以盧武鉉的整體自由貿易協定戰略為基礎，南韓和東協於二〇〇四年啟動「全面經濟合作協定」（Comprehensive Economic Cooperation Agreement, AKFTA）談判。隨後於二〇〇七年六月簽署了協定。[88]二〇〇四年，南韓和新加坡也同時啟動談判，以達成一項更加雄心勃勃、更加全面性的協定。僅僅一年半後，他們於二〇〇五年達成協議。[89]貿易、投資和援助繼續蓬勃發展。雙邊商業流量幾乎翻升一倍，從二〇〇三年的三百六十五億五千萬美元增加到二〇〇七年的六百九十六億八千萬美元。年度投資流量在二〇〇七年高達十一億三千萬美元。[90]同時，二〇〇八年對亞洲的援助金額達到一億零七百萬美元。[91]盧武鉉希望南韓成為東亞地區的貿易和投資中心。[92]這需要更加強與東南亞的連結。

盧武鉉政府也加速在東南亞運用軟實力和公眾外交來支持首爾的大戰略。二〇〇五年，韓國國際交流財團在胡志明市設立辦事處，[93]這個機構也增加它在東南亞的經費支出。二〇〇六年，首爾在東南亞開設第一家韓國文化院，地點也選在越南。[94]南韓政府提供支援給南韓藝術家，讓他們參加東南亞各地的節慶和舉辦音樂會。

此外，盧武鉉政府也支持泛東亞活動。二〇〇五年，南韓第二次主辦亞太經濟合作會議領袖峰會。即使這個組織專注於亞太地區，峰會是在釜山舉行。[95]釜山是南韓第二大城市和最大港口所在地，即將成為與東南亞貿易關係的樞紐。因此，在這裡舉辦亞太經濟合作會議領袖峰會具有巨大的象徵意義。甚且，盧武鉉政府支持二〇〇五年召開「東亞峰會」（East Asia Summit）。[96]東亞峰會最初包括東協加三國家，以及澳洲、印度和紐西蘭，是作為討論安全、經濟、和政治的論壇，盧武鉉政府持續積極參與東協加三進程。

李明博時期（二〇〇八年—二〇一三年）

經過十年的自由派統治，李明博於二〇〇八年就任南韓總統。他的對日政策繼續奉行韓國民主轉型以來的大戰略。李明博把他的政策稱為「面向未來的關係」（새로운협력의 시대），試圖在當代（和未來）韓日關係與過去的歷史恩怨之間畫出一條界線。[97] 李明博政策有兩個關鍵支柱，就是經濟和安全。從這位總統的角度來看，日本不僅可以成為強大的貿易和投資來源國和目的地，也可以成為國防和軍事夥伴。李明博政府不僅從雙邊層面上，並透過韓美同盟推行這項政策。與前幾屆美國政府相比，歐巴馬政府更積極追求美韓日三邊合作，而李明博政府強烈支持這項作法。

新政府一成立，就開始強調結合雙邊主義和三邊主義（即與美國的同盟），以加強針對北韓軍事威脅的防護，同時也支持李明博的兩韓政策。上任僅僅一個月，李明博總統就前往日本訪問，承諾恢復二〇〇七年中斷的三邊會議。[98] 二〇〇八年，首爾與華府和東京啟動三邊防務會談。[99] 三邊防務會談成為一個永久性的特色，一直延續到尹錫悅政府上任仍持續舉行。同年，韓國海軍自金大中政府以來，首次參加日本艦隊校閱式。[100] 一年後，這三個國家啟動一年一度的國防部長級對話，對話也成為永久性的活動。[101]南韓、美國、日本也定期舉行三邊外長級會談。而從二〇一〇年起，繼韓國海軍天安艦沉沒和延坪島砲擊事件之後，南韓也運用不斷增長的軍事能力，與日本和美國合作，保護自己免受北韓的軍事威脅。韓國海軍和日本海上自衛隊增加海軍聯合演習的頻率，並與美國海軍進行三邊演習。[102]南韓和日本甚至啟動兩國軍隊之間雙邊情報共享協議的談判，並於幾年後正式簽署協定。

二〇〇九年至二〇一二年期間，日本民主黨贏得國會選舉而執政，大大促進首爾與東京的合作。自從一九五〇年代以來，這是自民黨第二次落居在野黨地位，日本換上立場左傾的首相執政，他們似乎對國家過去的帝國主義歷史更加真誠地悔恨。[103]這受到李明博政府的歡迎。即使如此，二〇一二年八月，韓日關係堪稱是跌到兩國恢復外交關係以來的最低點。由於日本再度聲稱擁有竹島／獨島主權，李明博做出回應，成為首位訪問獨島的南韓總統（截至二〇二三年初，也是最後一位）。[104]這項舉動在李明博總統剩餘任期內產生相當大的摩擦，因此他保持定期軍事演習以保護獨島。

安全事務之外，李明博政府還繼續運用貿易和投資來深化經濟聯繫，運用外交手段來抵禦外來軍事威脅，並運用軟實力和公眾外交來支持被承認為中等強國。二〇一二年，南韓和日本等東協加六國家（即東協加三再加上澳洲、印度和紐西蘭）啟動建立區域全面經濟夥伴關係的談判。(105)值得注意的是，首爾、北京和東京於二〇〇八年發起三邊政府首腦峰會，在李明博執政期間每年會面一次。在軟實力和公眾外交方面，南韓的公共廣播公司韓國放送公社二〇一一年在東京舉辦了首屆「音樂銀行世界巡迴演出」（Music Bank World Tour），南韓政府繼續贊助其他韓國流行音樂會活動，韓國國際交流財團、韓國文化院和世宗學堂繼續在日本推動活動。(106)李明博將公眾外交列為他外交政策的三大支柱之一。

就東南亞而言，與前面幾任總統相比，李明博對南韓的東南亞大戰略採取更全面的作法。這是為了增加自主性和深化融入世界經濟，以便在其他夥伴之外關係多元化，並試圖繼續提升首爾的中等強國地位。首先，李明博擴大南韓在東南亞的外交足跡。二〇一〇年，南韓與東協將關係提升為戰略夥伴關係。兩年後，首爾在雅加達設立駐東協外交代表團。(107)李明博政府也運用南韓不斷增長的軍事能力，向本地區出售武器，印尼成為南韓武器出口商的兩個最大市場之一。(108)

總而言之，貿易、投資和援助當然持續是首爾東南亞大戰略的核心。二〇一二年，李明博政府啟動與印尼、越南的自由貿易協定談判。(109)同時，年度貿易額在二〇一二年增加到一千三百一十六億一千萬美元，同年投資總額達到一百九十三億二千萬美元，二〇一二年對亞洲的援助也增加到二億零六百四十萬美元。(110)二〇〇九年，韓國燃氣公社（Korea Gas Corporation, KOGAS）與雅加達簽署協議，參與一項液化天然氣探勘計畫。(111)甚且，軟實力和公眾外交也得到加強。二〇一一年，文化體育觀光部在印尼和菲律賓開設韓國文化院。(112)二〇一三年，李明博在職期間，韓國放送公社音樂銀行在印尼舉辦一場音樂會。(113)南韓政府繼續提供支援，讓韓國流行音樂節和音樂會在東南亞各地舉行。文化體育觀光部開始在東南亞各國開辦世宗學堂，韓國國際交流財團繼續與本地區的大學和智庫進行合作計畫。(114)

李明博政府發起一項「新亞洲倡議」（New Asia Initiative），把東南亞、東北亞、西南亞、中亞和南太平洋連結起來。(115)當然，它的地理範圍非常宏大，但是它是用來指引李明博的東亞政策。首爾是「清邁倡議多邊化」（Chiang Mai Initiative Multilateralization, CMIM）的一員，這項多邊貨幣交換交易安排取代清邁倡議，匯集東協加三國家和香港中央銀行的資源。(116)清邁倡議多邊化是針對清邁倡議不足的回應，全球金融危機期間沒有任何國家啟動清邁倡議。南韓也是「東協國防部長擴大會議」(ASEAN Defense Ministers Meeting-Plus, ADMM-Plus)的創始成員之一，這個平台於二〇一〇年十月啟動，讓東協加六國家與俄羅斯和美國，一起運用外交斡旋來處理本地區的安全難題。(117) 李明博政府利用這個平台以及東協區域論壇，尋求參與國支持首爾的北韓政策。一年後，俄羅斯和美國也加入東亞峰會。同樣在二〇一一年，南韓成為「東協加三宏觀經濟研究辦公室」(ASEAN+3 Macroeconomic Research Office, AMRO)的創始成員之一，這個辦公室是一個區域宏觀經濟的監測辦公室，也是該地區第一個政府間組織。(118) 二〇一二年，首爾同意參與包括東協十個成員國在內的區域全面經濟夥伴關係談判。同年，南韓參加東協加三財政部長和央行總裁會議。(119) 中央銀行總裁加入會議，等於承認財政和貨幣政策之間的關係密切。首爾參與這兩項倡議，有助於分別透過貿易和外交手段促進它融入世界經濟。

朴槿惠時期（二〇一三年—二〇一七年）

朴槿惠就任南韓新總統後，把她的對日政策稱為「面向未來的友好夥伴關係」（미래지향적인 우호 협력관계）。即使從政策的標籤來看，與前幾任總統的政策也明顯相似。這也顯示朴槿惠將延續前幾任總統所制定的大戰略。朴槿惠的政策的確要求關注積極的前瞻性關係，要與歷史爭端分開。(120) 針對這個目標，首爾使用全套的手段來達成全面目的。

從南韓不斷增強的軍事能力和韓美同盟為起點，朴槿惠政府尋求加強與日本的雙邊關係，以及將美國包括在內的三邊關係，以抵禦外來軍事威脅，爭取對兩韓政策的支持，以及提升被視為中等強國的地位。三邊防務會談、三邊國防部長年度會議，以及雙邊和三邊聯合海軍演習繼續進行。日本也自金大中時代以來首次參加南韓的艦隊校閱活動。(121) 三邊外交部長會議也繼續進行。所有這一切都得到三項重大發展的補強。二〇一四年，首爾、華府和東京簽署三邊情報共享協議以分享情報。(122) 三邊情報共享協議最初只關注北韓，但後來還是涉及有關中國的情報共享，鑒於北京和平壤之間的密切關係，這也是不可避免的結果。(123) 這顯示韓日合作現在也涉及兩國都認為中國日益構成威脅，必須提防。兩國後來於二〇一六年簽署《軍事資訊整體安全協定》（General Security of Minitary Information Agreement, GSOMIA），協定名義上是針對北韓，但也有提防中國的成分。二〇一六年至二〇一七年，韓、美、日首次進行三邊飛彈演習。[124]這一樣還是關注北韓的威脅，但也有針對中國的嚇阻成分。

然而與此同時，南韓也運用它的軍事能力防備可能來自日本的威脅。朴槿惠與前幾任總統類似，認為除非與獨島有關，否則不太可能與日本發生軍事衝突。[125]因此，韓國海軍繼續進行兩年一次的演習。[126]然而，東北亞局勢日益緊張，對首爾的日本政策產生連鎖反應。由於中國決定擴大防空識別區，二〇一三年十二月，南韓也決定擴大防空識別區，作為回應。韓方一擴大防空識別區，卻和日本的防空識別區出現重疊狀況。[127]同時，朴槿惠政府加快南韓國產噴射戰鬥機的開發計畫，[128]即使這項計畫與南韓認為來自中國、北韓以及某種程度上俄羅斯的威脅有關，但是南韓的擴大防空識別區，再加上這項計畫，也不無防備日本航空自衛隊可能侵入的用意。

在貿易和投資方面，朴槿惠上台不到一個月，南韓就啟動與中國、日本的三邊自由貿易協定談判。[129]然而，談判進展緩慢。一個關鍵原因是東協加六也在二〇一三年初啟動區域全面經濟夥伴關係的談判。同年十一月，朴槿惠政府表示有興趣加入跨太平洋夥伴關係協定的談判。[130] 南韓、中國和日本可能成為區域全面經濟夥伴關係的成員，而首爾和東京也可能成為跨太平洋夥伴關係協定的成員。（前文已經解釋，朴槿惠政府後來放棄加入跨太平洋夥伴關係協定的興趣。）南韓和日本之間持續存在摩擦，特別是因為南韓企業已經與日本同行展開正面競爭，這種緊張關係是韓國央行和日本央行在二〇一五年雙邊貨幣交換安排到期後，沒有延續的重要原因。[131]

此外，朴槿惠政府也運用南韓的外交官團隊、公眾外交和軟實力來改善與日本的關係，並提高國家自主地位及被承認為具有影響力的中等強國。二〇一三年，日本首相安倍晉三前往靖國神社參拜，而且安倍的政府也宣布，要檢討一九九三年日本政府對二戰期間暴行的道歉，其中包括對韓國和慰安婦問題的道歉。[132] 這一下就加劇了日本與南韓的緊張關係。然而，二〇一五年十二月，安倍政府同意一項協議，日本承認對二戰期間的性奴隸負有責任，同意向倖存受害者基金會支付約八百三十萬美元的賠償。[133] 此外，首爾於二〇一五年與北京和東京舉行一輪三邊峰會。三國之間的緊張關係，尤其是中國和日本之間的緊張關係，使得朴槿惠任期內，無法再進行新一輪峰會。在公眾外交和軟實力方面，韓國國際交流財團、韓國文化院、世宗學堂一樣繼續它們的活動，同時，韓國政府繼續提供支援在日本舉辦音樂會。事實上，KCON於二〇一五年和二〇一六年在日本舉辦的頭兩場音樂會，得到韓國文化產業振興院、韓國觀光局和大韓貿易投資振興公社（Korea Trade-Investment Promotion Agency, KOTRA）等政府官方機構的支持。(134)

就東南亞而言，朴槿惠政府沿襲歷屆政府的大戰略。貿易、投資和援助仍然是首爾政策的核心，以便增強對美國的自主地位，深化融入世界經濟，並獲承認為具有影響力的中等強國。二〇一五年，南韓和越南簽署雙邊自由貿易協定，隔幾個月後就生效，(135)這只是南韓與東南亞國家簽訂的第二個自由貿易協定，但是它標誌著一個重要的里程碑，因為南韓企業得以更方便地將生產線從日益昂貴的中國遷出。同時，到二〇一七年，東協成為南韓第四大貿易夥伴（如果將歐盟視為單一實體的話），(136)二〇一三年至二〇一七年，雙邊貿易額從一千三百五十五億四千萬美元增加到一千五百二十億美元，到二〇一七年，投資總量成長至四百五十四億美元，使東南亞成為南韓企業的第三大目標市場。(137)同年，援助達到一億九千零八十萬美元，意味著東南亞仍然是南韓贈款和貸款的最大接受者之一。(138)

朴槿惠執政期間，南韓也透過它的東南亞大戰略追求其他目標。就兩韓和解與統一的目標來說，朴槿惠邀請東協作為觀察員，出席她提議的「東北亞和平合作倡議」。[139]這是一項重要行動，因為它讓東協在多邊外交倡議中占有一席之地，朴槿惠政府希望這有助於改善南北韓關係。同樣，朴槿惠運用外交手段透過推出中等強國合作體（ＭＩＫＴＡ）提升南韓中等強國的地位。其中「Ｉ」代表印尼，它是這項倡議的五個成員國之一，另外四個是墨西哥、南韓、土耳其和澳洲。中等強國合作體在朴槿惠擔任總統期間舉行過多次會議。[140]除了外交之外，朴槿惠也運用南韓不斷增長的軍事能力來提升中等強國的角色。在她任期內，武器銷售持續成長，印尼、菲律賓和越南成為南韓國防工業公司的最大客戶。[141]此外，南韓繼續在本地區運用公眾外交和軟實力。韓國國際交流財團、韓國文化院和不斷擴大的世宗學堂網絡繼續開展活動。例如，二〇一三年在泰國開設一個新的韓國文化院，[142]同時，韓國放送公社於二〇一五年將音樂銀行世界巡迴展帶到越南，[143]政府機構也繼續贊助音樂會演出。

就整個東亞而言，朴槿惠繼續支持東協加三倡議，以及東協領導的機構，如東協國防部長擴大會議或東協區域論壇。[144]有趣的是，當她的政府決定留在區域全面經濟夥伴關係談判，並退出跨太平洋夥伴關係協定時，有意識地將東亞區域主義擺在亞太合作之上。在某種程度而言，這是承認南韓可以透過區域全面經濟夥伴關係，更好地實現深化融入世界經濟，以及擺脫中國和美國的經濟自主，因為這項協議將會促進南韓與日本和東南亞的經濟關係。

文在寅時期（二〇一七年—二〇二二年）

文在寅於二〇一七年就職，是兩屆保守派政府之後第一位自由派總統。然而，他對日本的態度與前兩任總統並無不同，甚至與一九八〇年代末期恢復民主以來歷任南韓總統所奉行的政策沒有什麼不同。文在寅採取雙軌作法，分別處理歷史問題和發展面向未來的夥伴關係。(145) 文在寅政府也繼續透過雙邊和多邊管道處理與日本的關係，正如同自從金泳三以來歷任南韓總統的作法。事實上，即使在川普總統執政期間，儘管這位美國總統蔑視盟友和多邊合作，三邊合作仍然持續。

在安全事務方面，文在寅政府繼續運用南韓不斷增長的軍事能力和韓美同盟，來加強與日本的聯繫。三邊防務會談、年度國防部長層級會談，以及雙邊和三邊聯合海軍演習繼續進行。隨著華府對中國日益採取對抗態度，這些演習又以美國主導的多邊演習予以補強。澳洲於二〇一九年加入美日韓三國，一起在西太平洋進行聯合演習。[146] 二〇二一年，這四個國家又舉行了一次四方演習，[147] 而在二〇二二年，這四個國家與加拿大和印度一起進行六方演習。[148] 二〇二〇年，南韓、日本在沒有美國參與的情況下，加入「歐盟海軍部隊」（EUNAVFOR）於亞丁灣舉行的聯合演習。[149] 這些許許多多聯合演習，都是要加強韓國海軍和日本海上自衛隊與其他志同道合國家海軍之間的作業能力。

談到防範北韓威脅，以及尋求兩韓和解與統一的議題，在川普執政時期有一段時候由於對平壤的態度存在分歧，首爾和東京之間的合作並不多。[150] 三邊情報共享協議和軍事資訊整體安全協定，繼續為首爾和東京提供情報交換服務。二〇二一年拜登就職後，三邊在北韓問題上的協調又恢復。[151] 與美國的同盟關係再次把首爾和東京的距離拉近。

在貿易和投資方面，具有里程碑意義的是南韓和日本於二〇二〇年十一月簽署區域全面經濟夥伴關係（印度此時已經退出區域全面經濟夥伴關係）。協定於二〇二二年一月生效，標誌著南韓和日本首度加入同一個自由貿易協定。另外，文在寅政府於二〇二一年十二月宣布，它將尋求加入跨太平洋夥伴全面進步協定，並於翌年四月正式宣布這項決定。[152] 如果南韓加入協議，這將標誌它與日本的經濟關係更加牢固，因為跨太平洋夥伴全面進步協定涵蓋了更廣泛的議題。負面的一面是，與日本在二戰期間使用奴隸勞工有關的歷史爭端，造成首爾和東京之間的經濟摩擦。韓國最高法院命令兩家日本公司要賠償第二次世界大戰期間所雇用的奴隸工人後，日本於二〇一九年六月宣布，將南韓從快軌貿易夥伴（fast-tracked trade partners）的「白名單」中除名。日本在八月正式執行除名動作，南韓企劃財政部旋即做出報復動作。[153] 因此，雙邊貿易於二〇一九年出現亞洲金融危機以來首次下降。此外，文在寅政府一個月後向世界貿易組織提起針對日本的爭端控訴，爭議焦點集中在日本向南韓出口產品和技術相關的措施。[154]

由於歷史對雙邊關係造成影響，南韓國防部在二〇二〇年白皮書中將日本降級為「鄰國」。[155] 在這方面，日本對韓國最高法院關於日本企業過去使用奴隸勞工的裁決做出的反應，對首爾和東京之間的關係產生影響，兩國減少軍事交流和聯合演習的次數，南韓也繼續在獨島舉行兩年一次的軍事演習。然而，南韓外交官團隊、公眾外交和軟實力還是持續用來支持追求自主，以及被承認為具有影響力的中等強國的目標。最明顯的是，在新冠肺炎疫情爆發之前，文在寅在二〇一八年和二〇一九年與日本和中國領導人舉行了三邊峰會，甚且，韓國國際交流財團、韓國文化院和世宗學堂繼續正常舉辦活動。南韓政府也持續積極支持韓國流行音樂演唱會，KCON於二〇一七年、二〇一八年和二〇一九年重返日本。除了上述南韓政府機構之外，之後又新加入了中小企業管理局和一些地方政府機構提供支持。

可以說，東南亞是南韓三角核心之外，文在寅最明顯重視的地區。就任後不久，文在寅就派遣一位特使前往東南亞，然後在印尼推出他的旗艦「新南方政策」——後來重新命名為「新南方政策+（NSP+）」。(156) 新南方政策建立在歷任總統大戰略的基礎上，但就首爾為實現目標而採取的手段之程度而言，它把戰略提升到一個新的高度。二〇一九年，南韓與東協在釜山舉行特別紀念高峰會，慶祝雙邊建立關係三十週年。東協各國領導人全部出席峰會。同時，文在寅是第一個在總統任期內，遍訪東協全部十個成員國的南韓總統。(157) 這種類型的外交為新南方政策定下基調。

南韓強調以貿易、投資和援助促進它融入世界經濟。首爾於二〇二〇年與印尼簽署自由貿易協定，鑒於印尼是東南亞最大的經濟體，而且一向不願簽署自由貿易協定，這可以說是非常重要的進展。[158]文在寅政府也啟動與柬埔寨和馬來西亞的自由貿易協定談判。[159]儘管爆發疫情，南韓與東協之間的貿易仍然蓬勃發展，到二〇二一年，東協成為南韓第三大貿易夥伴。單獨計算的話，越南是第四大貿易夥伴。[160]同時，雙邊投資總量在二〇二〇年達到創紀錄的七百五十四億九千萬美元，這使得東協成為南韓第二大投資目的地。[161]同年，南韓對亞洲的援助達到二億二百五十萬美元。[162]

文在寅政府也廣泛運用公眾外交和軟實力來強化它的中等強國地位。二〇一七年九月，韓國國際交流財團在釜山開設一所「東協文化之家」（ASEAN Culture House）[163]這是朴槿惠政府著手規劃的。韓國放送公社音樂銀行世界巡迴演唱會於二〇一七年前往新加坡和印尼，[164]同時，KCON也於二〇一八年和二〇一九年在泰國舉辦音樂節，[165]同樣在二〇一九年，韓國國際交流財團在雅加達開設第二個東南亞辦事處。[166]文化體育觀光部二〇二〇年設立韓流支援合作局時，東南亞是重點地區之一。同樣，文在寅政府也更加利用南韓的軍事能力來加強與東南亞的聯繫，主要是為了深化經濟整合。最明顯的是，南韓和印尼簽署協議共同開發噴射戰鬥機。此外，二〇二一年南韓對東南亞的軍售再創新高。

文在寅也尋求運用外交手段，爭取東南亞國家支持他的兩韓和解與統一政策，新南方政策將南北韓和平納為一項支柱。[167]在與東協領導人舉行峰會時，文在寅呼籲他們支持北韓。[168]甚且，文在寅將東協納入他的東北亞和平與合作平台作為成員。[169]與朴槿惠提倡的東北亞和平合作倡議一樣，都在尋求在東北亞框架內改善兩韓的關係。

首爾專注於東亞整體，繼續參與東亞相關事務，並支持東協加三和以東協為中心的各項倡議。但南韓最集中精力的還是在貿易和投資方面，除了參與區域全面經濟夥伴關係談判，並對跨太平洋全面進步夥伴關係協定感興趣之外，首爾還於二〇二一年申請加入數位經濟夥伴關係協定（Digital Economy Partnership Agreement, DEPA）。[170]協定由新加坡帶頭發起，同時還有智利和紐西蘭的參與，預計將會成為東亞和亞太地區數位商務標準的制定者。

尹錫悅時期（二〇二二年）

尹錫悅上任後重點擺在改善與日本的關係，他認為韓日關係在上屆政府領導下已經惡化。總而言之，在尹錫悅領導下，首爾對東京的態度還是建立在南韓大戰略的支柱之上。簡言之，尹錫悅政府一樣主張將歷史問題與當代關係脫鉤的雙軌作法。尹錫悅發誓要建立「未來導向的合作關係」，(171)這是家喻戶曉的說法，表明兩國應該關注使他們團結的因素，而不是使他們分裂的因素。尹錫悅特別強調與志同道合的夥伴合作，其中包括日本。(172)

因此，尹錫悅政府採取不同的政策來重振與日本的關係。其中包括動用南韓外交官團隊舉行多次會議，包括二〇二二年九月尹錫悅與日本首相岸田文雄（Kishida Fumio）之間的雙邊會談，這是兩國領導人自從二〇一九年以來的首次會談。(173)會議也涉及到包括美國政府首長、外交部長和國防部長層級的多次三邊會談。(174)南韓也與美國和日本進行旨在圍堵北韓的三邊聯合軍事演習，其中包括反飛彈演習等定期演習，以及反潛演習等其他已處於休眠狀態的演習。(175)此外，尹錫悅政府著手透過《軍事資訊整體安全協定》改善情報交流，這項交流曾遭受二〇一九年貿易爭端的影響。(176)韓國海軍自朴槿惠時代以來，首次恢復參加日本艦隊校閱活動。(177)

就東南亞而言，尹錫悅政府延續前幾屆政府所奉行的戰略。尹錫悅提出「ABCD戰略」，重點關注提升人力資本、建立健全的安全、連接文化和亞洲基礎設施數位化。(178)這項戰略建立在文在寅的新南方政策和新南方政策+（NSP/NSP+）的基礎上之上，並且依賴南韓的經濟手段來推進與東南亞國家的關係。此外，尹錫悅政府繼續強調與本地區國家的軍事合作，包括武器銷售和轉移。[179]此外，韓國軍隊於十月首次參加了美菲「卡曼達格軍事演習」（Kamandag military drills），增強首爾對本地區的軍事承諾。[180]這表明前幾屆政府已經推出的更全面的方法，在尹錫悅的領導下仍然繼續進行。

甚且，產業通商資源部也重申尹錫悅政府加入跨太平洋全面進步夥伴關係協定和區域全面經濟夥伴關係的承諾。[181]具有東協加三各機構的成員身分，加上區域全面經濟夥伴關係協定，這象徵首爾從外交上和經濟上持續支持東亞區域主義。在這方面，尹錫悅政府的目標是進一步實現經濟關係多元化，尤其是遠離中國和美國，意味首爾加強關注東亞區域主義，是要促進東亞地區貿易和投資聯繫。[182]

南韓的地理位置明顯會影響它的大戰略，這可以理解。近幾十年來，南韓決策者明確地將自己的國家定位在東亞（包含東北亞和東南亞），並提出由本區域（也包括亞太地區）國家主導或包括在內的區域倡議。鑒於東亞是南韓所在的區域，由於國內政治的結果可能存在某些差異，特別是日本與韓國有過不愉快的歷史恩怨，南韓與日本的關係不時會有齟齬。然而，首爾其實對東亞有明確的大戰略。

從日本開始，南韓有明確的目標：首先是在日本（和美國）的支持下保護國家不受外來軍事威脅，但也對東京本身對獨島不無染指之意心存警惕；深入融入世界經濟；兩韓之間和解與統一；以及被承認為具有影響力的中等強國。南韓運用許多種不同手段來實現這些目的。首爾運用不斷增長的軍事能力與日本在安全領域合作，同時也在獨島嚇阻東京，它與美國結盟也是為了三邊安全合作，這在李明博和朴槿惠總統任期內、文在寅執政末期和尹錫悅政府初期，後者尤其明顯。同時，首爾運用外交官團隊以及貿易和投資來深化與東京的經濟關係，並善用外交官團隊、公眾外交和軟實力，以被視為中等強國。

就東南亞而言，南韓歷任總統都將自主、深入融入世界經濟以及被承認為具有影響力的中等強國視為施政優先。就工具而言，南韓綜合運用貿易投資和援助、外交、公眾外交、軟實力以及不斷增長的軍事能力。可以說，經濟工具和外交的使用，分別可以追溯到盧泰愚時期和金泳三政府。至於公眾外交和軟實力，自盧武鉉和李明博時代以來，使用顯著增加。南韓運用軍事能力來實現針對東南亞的目標，是近年來才出現的現象，直到文在寅上台後才真正大幅盛行。

最後，南韓將國家主導的區域主義視為增強自主權、融入世界經濟和晉身中等強國的大好機會。在這方面，南韓主要專注於運用貿易投資和援助以及外交官團隊。事實上，它一直高度重視東亞或亞太區域倡議。亞洲金融危機爆發，金大中上任後，南韓重視在區域倡議中發揮可能的領導作用，在朴槿惠上任後，這些倡議終於也涵蓋了東北亞安全。

第六章 大歐亞和印度洋

여섯

大歐亞和印度洋是一個遼闊的區域，從南韓決策者的角度來看，這個區域比起鄰近地區更為重要。大歐亞是南韓位置所在的大陸塊。同時，印度洋是連接大陸塊不同部分的水道。從歷史上看，除了與部分地區有些經濟、能源和資源相關的原因之外，南韓並沒有太關心這個區域。但隨著南韓變得更加強大，也發展出更積極主動的大戰略，大歐亞和印度洋對南韓的重要性也隨之上升。雖然南韓最初對這塊遼闊地區的興趣集中在它自身的經濟利益，但隨著時間的推移，南韓決策者也發展出與政治和安全發展相關的大戰略。

南韓對大歐亞和印度洋的戰略中特別關注俄羅斯，俄羅斯與朝鮮半島有陸地邊界，對朝鮮半島具有歷史利益，也是唯一真正連接歐洲和亞洲的歐亞國家。事實上，近幾十年來，特別是弗拉基米爾·普丁（Vladimir Putin）總統於二〇〇〇年上台以來，俄羅斯一直努力想成為亞洲地緣政治的中心。即使如此，俄羅斯在亞洲，特別是東亞，仍然處於次要地位。它被排除在東亞和近來的亞太經濟活動之外，在東亞安全討論和機構中的角色是次要的，並且被排除在該地區的主要政治論壇之外。但在涉及歐亞大陸和南韓大戰略時，俄羅斯仍然很重要，無論是它本身的重要性，還是相對於歐亞大陸其他地區的重要性。它影響南韓在自主、免受外來軍事威脅、深化融入世界經濟，或被承認為具有影響力的中等強國等議題的目標。南韓運用一切可用手段來處理與俄羅斯的關係。

從南韓的角度來看，歐洲是這塊區域第二重要的部分，它包括南韓與歐洲大陸之間的主要貿易通道：印度洋。歐洲對南韓的重要性主要是出於經濟原因，特別是歐盟與中國和美國並列為「三大」經濟體之一。然而，歐盟、北大西洋公約組織，以及法國、德國和英國等歐洲主要中等強國，在南韓大戰略的政治和安全成分中變得愈來愈重要。這個說法同樣適用於澳洲，從經濟角度來看，澳洲可以說已經與紐西蘭一起融入了東亞；但是從政治和安全的角度來看，它對東亞地區來說仍然居於次要地位。從南韓的角度來看，澳洲是大歐亞和印度洋地區的一部分。對南韓來說，澳洲的重要性在於它位於印度洋，或是說它屬於印太

表 6.1：南韓對大歐亞暨印度洋的大戰略

關鍵因素	關鍵目標	關鍵手段
· 韓美同盟 · 中國崛起 · 經濟發展 · 中等強國的身分認同 · 區域整合與全球化	· 自主 · 受到保護以免遭受外來軍事威脅 · 深化融入世界經濟 · 被承認爲具有影響力的中等強國	· 日益增長的軍事能力 · 網路工具 · 與美國結盟 · 外交官團隊 · 貿易投資與援助 · 公衆外交 · 軟實力

地區的「印度」部分——印太地區是一個從二〇一〇年代末期開始流行的地理和地緣政治概念。除了兩韓和解與統一之外，南韓也追求所有目標，包括它與歐洲、印度洋和澳洲的關係。除了網路工具以外，首爾採用所有的手段和它們交往。

中亞、大中東和南亞也是南韓大歐亞暨印度洋區域大戰略的一部分。當然，這三個地區的不同國家最為重要，印度、哈薩克、沙烏地阿拉伯和烏茲別克基於不同的原因，對南韓的大戰略家來說尤其重要。但總的來說，這些地區作為一個整體，主要是由於經濟因素而重要——彼此的利益互通。這些地區的某些安全發展也日益影響南韓的大戰略。因此，南韓對中亞、大中東和南亞的大戰略，與深化融入世界經濟，以及被承認為具有影響力的中等強國等目標連結起來。南韓在這些地區使用的手段，主要包括外交官團隊、貿易投資和援助，以及軟實力。

盧泰愚時期（一九八八年—一九九三年）

盧泰愚的招牌政策是北方政策。作為南韓大戰略的一部分，這項政策提升蘇聯和蘇聯解體後的俄羅斯之重要性。北方政策拋棄冷戰時期的敵意，將自主、深化融入世界經濟，以及被承認為具有影響力的中等強國，作為南韓與俄羅斯交往關係所要實現的關鍵目標。其他目標還包括避免受到外來軍事威脅，以及兩韓和解與統一也很重要，但程度上略為低一點。盧泰愚政府在實施對蘇聯／俄羅斯戰略的手段上，強調的是南韓的外交官團隊和貿易投資及援助，後來歷任政府也奉行不渝。

蘇聯不理睬北韓呼籲抵制，仍舊參加一九八八年首爾奧運會。俄羅斯在首爾設立工商總會（Chamber of Commerce and Industry）辦事處之後，大韓貿易投資振興公社（當時仍稱為韓國貿易振興公團）也於一九八九年在莫斯科設立辦事處。[1]接下來，南韓於一九九〇年九月與蘇聯外交關係正常化，不久之後，盧泰愚正式訪問蘇聯，與戈巴契夫總統會面，成為第一位踏足蘇聯國土的南韓總統。[2]蘇聯解體後，南韓和俄羅斯很快就建立外交關係。一九九二年，南韓成為俄羅斯新總統鮑里斯・葉爾欽（Boris Yeltsin）訪問的第一個亞洲國家，盧泰愚與葉爾辛簽署了《大韓民國與俄羅斯基本關係條約》（Treaty on Basic Relations Between the Republic of Korea and Russia）。[3]同時，首爾在一九九〇年提供三十億美元的貸款給莫斯科，部分還款以天然氣和石油形式支付。到一九九一年，兩國之間的討論著重在建造一條輸油管，俾能出口俄羅斯石油。計畫中，這條輸油管將穿過北韓，因此希望有助於支持兩韓之間的聯繫。[4]這條輸油管也將提高南韓的運送安全，因為南韓極端依賴由海外供應石油和天然氣，需要將能源進口路線多樣化。儘管兩韓關係變幻莫測，但這個想法到二〇二三年都還沒有完全消失。在相對短促的時間內，南韓和蘇聯／俄羅斯從冷戰時期分屬對立陣營，迅速發展出蓬勃的外交和經濟關係。

然而，可以說，韓俄關係在安全領域出現更大的轉變。盧泰愚政府希望透過增強軍事能力來強化首爾的自主能力，以保護自己避免遭受可能的攻擊。俄羅斯擁有高度發展的軍事技術，但它迫切需要經濟支援。早在一九九一年，莫斯科就向首爾兜售米格噴射機。一九九二年，盧泰愚政府宣布希望與俄羅斯公司合夥，取得俄方軍事裝備，將它們商業化。[5]隨後不久，首爾和莫斯科簽署了軍事交流瞭解備忘錄。[6]透過這種方式，盧泰愚為加深兩國之間的安全關係奠定基礎。

在對歐洲關係方面，盧泰愚政府著重外交關係，透過夥伴多元化來加強自主地位，並且以貿易和投資深化與世界經濟的融合。最明顯的是，南韓於一九八九年與匈牙利互派大使級常駐代表團，同年又與匈牙利和南斯拉夫互設貿易辦事處。[7]一年後，盧泰愚完成包括中歐和東歐在內的歐洲多國訪問行程。[8]隨後幾年，隨著共產主義政權垮台和南斯拉夫聯邦解體，首爾與各個新興獨立國家紛紛建交，[9]南韓財閥也開始在這些國家設立辦事處並展開投資。[10]至於西歐，首爾在一九八九年設立常駐歐洲共同體（EC）——即歐盟前身——代表團。一年後，歐盟在南韓開設代表處作為回報。[11]盧泰愚執政期間，貿易和投資關係增加，但與其他國家和地區相比，歐洲仍然是相對較小的合作夥伴。[12]

南韓對大歐亞和印度洋的大戰略，還涉及到關注與大中東的經濟聯繫，以及與中亞的外交關係。前者是南韓最大的石油來源，其中沙烏地阿拉伯尤其重要，而伊朗、阿拉伯聯合大公國和阿曼都是最大的供應來源。南韓約八〇%的石油進口來自本地區，這個比例在二〇二三年之前一直保持相當的穩定。[13]南韓致力於與這些國家保持穩固的外交關係，以確保能獲得這些國家的石油。這有助於韓國石油公社與利比亞政府簽署合約，參與一項石油生產計畫。[14]這也表明，截至二〇二三年，南韓對此一地區過境安全的興趣日益濃厚，包括要發展和派遣遠洋海軍部隊前往護航。至於中亞，南韓於一九九二年與本地區新興獨立國家建立外交關係。[15]換句話說，首爾在這些國家獨立之後不到幾個月，就尋求與它們關係正常化。它們是潛在的能源供應國，烏茲別克和哈薩克也是世界上具有最多朝鮮裔僑民的國家，或許可以成為加強經濟和外交關係的切入點。[16]

南韓也參與一九九〇年至一九九一年的波斯灣戰爭，派員參加以美國為首的聯軍對抗伊拉克。[17]盧泰愚政府派遣三百多位軍事醫護人員和運輸支援專家。聯軍是根據聯合國安理會第六七八號決議成立的，它是韓戰以來聯合國批准的第一個戰爭任務，[18]也是越戰以來韓國軍隊首次出國參戰。從首爾的角度來看，參與戰爭有助於展示南韓在多邊聯盟中的自主性，有助於增強南韓的安全，也彰顯它中等強國的地位。[19]當然，參與波斯灣戰爭也有助於南韓向親密盟友美國表示支持。

金泳三時期（一九九三年—一九九八年）

金泳三政府接續了盧泰愚政府與俄羅斯的合作關係。一九九三年，首爾和莫斯科簽署軍事工業互助協議，[20]這為更深層的軍事合作鋪平道路。一年後，南韓啟動「棕熊計畫」，[21]目標是讓首爾獲得技術和專門知識，以加速韓國武裝部隊能力的發展，進而增進國家安全。同年，俄羅斯派遣工程師前往南韓，莫斯科同意提供飛彈、噴射戰鬥機和其他武器，作為支付盧泰愚政府先前提供的貸款。[22]武器和軍事技術的轉移和銷售持續增加，於一九九七年達到頂峰。同時，南韓國防工業公司與俄羅斯同行建立合作夥伴關係，開發潛艇等高科技產品。[23]

南韓也尋求透過加強與俄羅斯的關係來增強自身經濟。兩國繼續探討興建輸油管穿越北韓的可能性，[24]雖然考慮到俄羅斯內部的動亂，這似乎並不符現實，但是少量俄羅斯石油還是流向南韓。[25]同時，隨著俄羅斯經濟的開放，南韓企業增加對俄羅斯的出口，同時在俄羅斯尋求潛在的合資企業對象。[26]金泳三政府也將軟實力視為加強與俄羅斯聯繫的一種方式，同時也是考慮到俄羅斯國內的朝鮮裔僑民。[27]一九九五年，韓國文化院在莫斯科

設立據點。(28)

金泳三政府強調了南韓對歐洲貿易和投資大戰略的重視，一九九六年，南韓與歐盟簽署貿易合作協定，(29)雙方都希望降低雙邊貿易和投資的壁壘，並開始促進政治合作。從南韓的角度來看，與歐盟的協定，是加深與歐盟經濟整合的一種方式，並且透過與世界第二大經濟體建立更牢固的聯繫，以增強南韓自主地位，何況許多新會員紛紛申請加入，而且更多中歐和東歐國家也在排隊等待加入歐盟。(30)此外，文化體育部一九九四年於柏林開設了在歐洲的第二個韓國文化院。(31)首爾現在在法國和德國都設立文化院，希望運用軟實力加強與歐洲的聯繫。

同時，南韓也希望透過東亞區域主義加強與歐盟的經濟和外交關係。一九九六年，首爾是亞歐會議（Asia–Europe Meeting, ASEM）的發起成員國之一。南韓、歐盟、東協、中國和日本發起這項會議，包括政治和經濟兩大支柱。(32)亞歐會議旨在平衡它們各自與美國的關係。從南韓的角度來看，亞歐會議還可以透過加強與新夥伴歐盟的外交聯繫，來增強首爾的自主地位，而且可望在國際政治中發出更強有力的聲音。

就大中東地區而言，它一直是南韓進口大量石油的主要供應來源，(33)因此首爾一直維持著與這個地區的資源外交。也就是說，金泳三政府繼續運用韓國外交官團隊維持良好的經濟關係。此外，南韓於一九九四年派遣維和部隊參加聯合國駐西撒哈拉（Western Sahara）的作業。[34] 這一來，首爾也開始運用軍事能力來支持它對本地區的大戰略。同時，澳洲於一九九三年開始出口液化天然氣到南韓，[35] 這是南韓資源外交和深化與世界不同地區融合戰略的一部分。不同的是，與中亞的關係並沒有達到一九九二年關係正常化時所盼望的程度。經濟交流才剛萌芽，但與大歐亞和印度洋區域的其他地區相比，它們的分量微乎其微。在這方面，首爾也開始向南亞國家提供援助，[36] 一九九四年，派遣維和人員到印度－巴基斯坦邊境參加聯合國作業。[37] 南韓因此運用援助及軍事能力來提升它作為中等強國的形象。

同時，印度洋本身開始成為南韓大戰略家更重視的關注點。一九九五年，金泳三同意韓國海軍開始準備發展遠洋海軍能力，關於發展遠洋海軍的討論可以上溯到盧泰愚時期，但是到金泳三才明確宣示這是南韓當務之急。[38] 金泳三政府批准韓國海軍建立自主能力，擁有遠洋海軍艦隊的長期計畫，[39] 而印度洋是這項計畫的重點，因為它是從大中東進口石油和天然氣必經的主要路線，也是南韓與不斷增長的歐盟市場之間的主要貿易路線，更攸關過境安全。

金大中時期（一九九八年—二〇〇三年）

金大中的大歐亞和印度洋區域大戰略沿襲前人的政策，同時也深化與這片遼闊地區某些國家和次區域的關係。從俄羅斯開始，隨著首爾尋求提升兵力以保障自身安全，加強軍事聯繫仍然是兩國關係的特色。事實上，一九九七年俄羅斯向南韓的武器銷售和軍事技術轉移方面都創下紀錄，此後再也無法企及，不過在金大中時期，銷售和轉移仍然很高。[40]同時，莫斯科和平壤簽署一項新的《友好睦鄰合作條約》，條約並未明白承諾在發生戰爭時前者將要保護後者——這與兩國在蘇聯時期達成的協定有相當重大的區別。[41]二〇〇一年，新當選的俄羅斯總統普丁在他首度外訪的行程中，甚至還未與北韓領導人金正日會面，就先訪問南韓，[42]這顯示首爾與莫斯科之間的軍事關係，比起莫斯科與平壤之間的關係更為堅強。第二個「棕熊計畫」緊隨其後，俄羅斯在二〇〇二年至二〇〇六年期間提供坦克、裝甲車、反坦克飛彈或直升機給予南韓。[43] 普丁就職後不久就訪問南韓也顯示，金大中政府也在運用外交手段加強與俄羅斯的聯繫，為「陽光政策」爭取支持，讓普丁政府可以發揮作用支持南北韓關係。

此外，金大中政府認為透過經濟聯繫多元化，俄羅斯可以扮演更大的角色，以協助南韓融入世界經濟。二〇〇〇年，首爾和莫斯科簽署一項能源和資源協議，[44] 協議賦予南韓優先取得俄羅斯石油、天然氣和礦產的權利。事實上，與早期相比，金大中時期俄羅斯對南韓的石油出口量大增。[45] 然而，俄羅斯石油在韓國進口量中僅占小量比例，液化天然氣的進口量也只占南韓整體消費量的一小部分。

話題轉向大中東地區，能源聯繫繼續主導雙邊關係。來自沙烏地阿拉伯、伊朗、阿拉伯聯合大公國和阿曼等國家的石油，以及來自卡達或阿曼的液化天然氣，對於南韓尋求經濟安全至關重要。[46] 事實上，大中東地區在金大中時期，成為南韓液化天然氣的主要來源地，這個地位一直維持到二〇二三年都沒有改變。在這方面，南韓展現了它在外交和貿易投資方面的實力。一九九九年，南韓國營天然氣公司韓國燃氣公社與卡達政府簽署協議，從卡達採購液化天然氣；一年後，韓國燃氣公社又和阿曼政府簽署採購協定，[47] 這確保南韓可從兩國取得天然氣。同時，首爾也持續在西撒哈拉部署維和部隊。[48]

除大中東地區外，南韓也與澳洲和中亞展開資源外交。澳洲直接出口液化天然氣，幫助首爾超越它的傳統合作夥伴，更進一步融入世界經濟。[49]金大中政府於一九九九年與位於中亞和東亞交匯之處的國家蒙古，簽署了能源和資源協定。[50]至於中亞本土，與南韓的聯繫仍有所加強，特別是透過外交和軟實力手段，但是沒有任何重大的突破。就南亞而言，援助仍然是南韓在該地區大戰略的主要特色。[51]

在歐洲，金大中政府專注南韓經濟聯繫的多元化，以及爭取支持它對北韓採行的「陽光政策」。金大中任期內，外交也升級，南韓和歐盟於二〇〇二年九月首次舉行雙邊政府首腦峰會。貿易和投資有相當成長，部分是得益於雙邊貿易和合作協定於二〇〇一年生效。[52]至於北韓政策，首爾支持歐盟與平壤建立雙邊政治對話的動作。[53]第一屆會議於一九九八年舉行。金大中政府隨即於二〇〇〇年主辦亞歐首腦會議，這項峰會於十月舉行，距離兩韓舉行第一次高峰會議僅只四個月。由首爾執筆準備的主席聲明中，包括歐盟和歐洲國家在內的亞歐會議成員，承諾支持加強兩韓關係。[54]在此期間，金大中訪問了好幾個歐洲國家，他的主要重點是爭取他們支持他的北韓政策，最引人注目的是在柏林發表的演講。(55)亞歐首腦會議與此次旅行的成功，結合起來幫助歐盟和德國、西班牙、英國等西歐國家跟平壤建立了外交關係。(56)

金大中政府也繼續重視發展遠洋海軍，目標之一就是把南韓的兵力投射到印度洋，這可以支持南韓加強本身安全和被承認為中等強國的目標。金大中於二〇〇一年宣布將成立一支「戰略機動艦隊」。(57)這支艦隊將作為能夠在世界各地海域作戰的遠洋海軍的基礎，這一計畫可以追溯到金泳三時代，但要到金大中時期才啟動。二〇〇一年至二〇〇三年，韓國海軍派遣兩棲作戰艦艇到印度洋和其他地區，支援美國的全球反恐戰爭。(58)這被認為是南韓發展全面的遠洋海軍的墊腳石。

盧武鉉時期（二〇〇三年—二〇〇八年）

盧武鉉政府上任後，繼續執行南韓大戰略，但是透過在各個地區採取多樣化手段，提升了與歐洲、大中東和中亞的關係。俄羅斯仍然是南韓對大歐亞和印度洋區域大戰略的主要焦點。盧武鉉政府於二〇〇四年和它建立「雙邊戰略夥伴關係」。(59)軍售和軍事技術轉移仍然是雙邊關係的一部分，但隨著南韓發展出國產能力並已獲得它想從俄羅斯獲得大部分技術之後，兩者都有降低之勢。(60)資源外交可以說變得更加重要，二〇〇六年首爾和莫斯科簽署一項新的能源和資源協議。(61)盧武鉉政府認為先前的交易不足，新協議使俄羅斯對南韓的石油出口增加了一倍以上。(62)另外，南韓將公眾外交視為加強與俄羅斯關係的手段，二〇〇五年，韓國國際交流財團在莫斯科開設辦事處。(63)

然而，可以說，韓俄關係是在改善兩韓關係這個目標上達到新的水平。俄羅斯是二〇〇三年為解決第二次北韓核武危機而啟動的六方會談的創始成員國之一。打從一開始，一般對是否讓俄羅斯參與談判是抱持疑慮的，(64)然而，當莫斯科成為六方會談的一員時，南韓外交官發現與俄羅斯外交官合作愉快。他們覺得俄羅斯採取務實的態度，而且他們強調美國必須與北韓關係正常化，也符合盧武鉉政府的想法。(65)

就歐洲而言，南韓運用各種手段追求自主、深化經濟整合，以及被承認為中等強國。首爾正式要求歐盟啟動雙邊自由貿易協定談判。由於歐盟與美國並列為全世界最大的兩個經濟體之一，南韓看到為其企業爭取更便利的市場准入的好處，(66)不過，布魯塞爾拒絕首爾的提議。另一方面，深化南韓與歐洲之間的經濟關係反而也造成更大的摩擦。二〇〇三年至二〇〇四年間，金大中政府透過世界貿易組織爭端解決機制對歐盟提起三起申訴，這些案件的重點是，對南韓動態隨機存取記憶體晶片的反補貼措施、商船貿易以及對商船的援助。(67)同時，南韓著重與挪威主導的「歐洲自由貿易協會」（European Free Trade Association, EFTA）啟動自由貿易協定。談判進展順利，南韓和歐洲自由貿易協會於二〇〇五年簽署雙邊貿易協定，僅只一年後就正式生效。(68)同時，南韓在推動對歐洲大戰略時採用公眾外交手段，於二〇〇五年在柏林設立韓國國際交流財團辦事處，將公眾外交納入其對歐戰略。(69)首爾透過與布魯塞爾再舉行兩輪雙邊峰會，鞏固了運用外交官團隊的手法。(70)此外，值得注意的是，南韓不斷增長的軍事能力以及外交官團隊，也導致南韓在二〇〇五年成為北約的對話夥伴，(71)從此以後，雙邊關係大為強化。

盧武鉉政府的大中東戰略是以歷任政府的大戰略為基礎，但也是第一個對大中東地區制定完善外交政策的政府。石油和天然氣移轉仍舊是雙邊關係中最重要的部分，大中東國家一直是南韓最大的石油和天然氣供應來源。(72)二〇〇五年，韓國石油公社參與的一個財團得到葉門政府授予一項石油開發案的合同。(73)但是盧武鉉政府也尋求推進更廣泛的經濟關係，特別是藉由支持南韓企業進入大中東地區，從中產階級消費者中受益，並且推動經濟多元化。二〇〇六年，南韓與「波斯灣合作理事會」（Gulf Cooperation Council）啟動談判，希望以國家對地區的形式與此一地區建立自由貿易協定。它也支持南韓企業參與本地區各國基礎設施的新建設項目。[74]南韓也運用軍事能力加強在大中東地區的安全聯繫。首先，南韓於二〇〇四年派遣部隊赴伊拉克，支持美國領導的聯軍部隊。[75]二〇〇六年，南韓和阿拉伯聯合大公國簽署第一份軍事瞭解備忘錄。[76]這是首爾首次與本地區國家簽訂類似的協議。二〇〇七年，南韓維和人員加入聯合國派駐黎巴嫩的作業，而西撒哈拉維和部隊繼續部署到二〇〇六年。[77]

同樣，盧武鉉政府也可以說是南韓史上第一個推出完善的中亞戰略的政府。二〇〇五年，盧武鉉政府宣布一項「全面性中亞倡議」（Comprehensive Central Asia Initiative），這項戰略的支柱是深化雙邊經濟關係和加強南韓作為中等強國的信譽。就前者來說，韓國石油公社於二〇〇五年簽署一項協議，確保從哈薩克獲得石油。[78]同時，韓國燃氣公社於二〇〇六年與烏茲別克簽署協議，以促進從這個中亞共和國開採和向南韓出口天然氣。[79]二〇〇七年，韓國國際交流財團發起了「韓國－中亞合作論壇」（Korea–Central Asia Cooperation Forum），[80] 這是盧武鉉總統任期內提倡的活動，目的是運用公眾外交加強韓國與此一地區間的聯繫。

至於澳洲和印度洋，盧武鉉政府也根據南韓長期以來的大戰略深化彼此關係。二〇〇四年，首爾和坎培拉簽署一項能源和資源協議，方便南韓獲得澳洲的天然氣和礦產，[81] 該協議確實幫助澳洲對南韓的液化天然氣出口增加一倍以上。[82] 南韓發展遠洋海軍能力，使得韓國海軍能夠在二〇〇四年印尼遭到海嘯侵襲之後支持人道救援工作，[83] 這則意味動用軍事能力來加強南韓身為中等強國的信譽。相較之下，南韓與南亞的關係主要仍以援助為主導。[84]

李明博時期（二〇〇八年—二〇一三年）

李明博政府上任後，決心打造「全球化的韓國」。就大歐亞和印度洋區域而言，這實際上意味著以過去南韓歷屆政府所奉行的大戰略為基礎，同時擴大國家的目標和手段。儘管隨著歐盟等其他國家和次區域對首爾的關係愈來愈重要，俄羅斯對南韓的相對重要性已經有所下降，但仍然是南韓對本區域戰略的核心。李明博將他的對俄政策稱為「雙邊戰略夥伴關係」，指的是要推動全面性的關係。(85)南韓持續注重它的資源外交，如果說有什麼不同的話，那就是資源外交愈來愈成為李明博外交政策的核心支柱，重要性有增無減。俄羅斯對南韓的石油出口持續成長，只不過，尚不足以使莫斯科在這一地區的相對重要性有顯著增加的程度。(86)

俄羅斯仍然是南韓北方政策的重要參與者。六方會談已經停止，但是李明博政府將莫斯科視為可能在恢復與平壤外交中發揮作用。(87)另一方面，俄羅斯也被認為是啟動制裁機制、迫使北韓扭轉核武器和飛彈計畫的重要角色。為此，南韓運用外交官團隊試圖影響俄羅斯支持首爾的政策。

在歐洲方面，李明博政府執政期間，南韓與歐盟的雙邊關係得到顯著的提升。二〇一〇年，雙方簽署了一項自由貿易協定，將於一年後暫時生效。(88)對南韓來說，這是與世界「三大」主要經濟體之一的第一份自由貿易協定。另外，首爾是第一個與布魯塞爾簽署協定的亞洲國家，使它相對於亞洲其他國家更具有優勢。這項自由貿易協定也有助於李明博政府與美國討價還價，因為華府要求在美國國會批准之前，韓美自由貿易協定的內容必須要修改。[89]另一方面，這是歐盟第一個新世代自由貿易協定，涵蓋服務業、環境或勞工議題等領域。這也是歐盟與亞洲國家的第一個自由貿易協定，可以為未來與日本、新加坡和越南等亞洲其他國家簽署自由貿易協定時作為藍圖，對南韓來說這也具有積極正面作用，南韓企業有更長的時間來調整、符合歐盟市場的要求。此外，南韓也於二〇一〇年與土耳其啟動自由貿易協定談判，兩國於二〇一二年簽署協定。[90]簡而言之，與歐洲的關係有助於南韓深化融入全球經濟的目的。此外，南韓運用它不斷增強的軍事能力來強化與歐洲的關係，土耳其是這段時期南韓武器出口商最大的市場。[91]首爾也持續加強與北約組織的關係，最顯著的是，南韓在二〇一〇年至二〇一四年期間參與北約組織派往阿富汗的國際安全援助部隊（International Security Assistance Force, ISAF）。[92]

首爾也運用外交手段處理與歐洲的關係，並尋求被承認為具有影響力的中等強國。二〇一〇年，南韓與歐盟將雙方關係提升為戰略夥伴關係。[93]雙方承諾在廣泛的政治和安全議題上合作，並且在未來幾年啟動或升級涉及這兩個領域的數十次對話。與此同時，雙邊高峰會議持續進行。除了政治和安全議題之外，李明博政府還承諾將公眾外交作為南韓外交政策的核心支柱。韓國國際交流財團增加它在歐洲的計畫數量。[94]李明博任內，南韓在匈牙利、波蘭、西班牙、土耳其和英國普設韓國文化院。[95]世宗學堂也開始在歐洲各地設立。[96]李明博政府也開始有系統地運用軟實力來提升中等強國的地位，並支持南韓的經濟整合。二〇一二年，法國主辦韓國放送公社音樂銀行世界巡迴演出，次年土耳其也接棒主辦韓國放送公社音樂節。[97]

同時，南韓對大中東的政策變得更加多元化，因為南韓看到機會可在本地區實現不同的目標。經濟多元化肯定是最高優先。大中東地區仍然是南韓最大的石油和天然氣供應來源，天然氣的供應比重更是大幅增加。[98]南韓國有企業繼續在大中東地區簽署新合約，以確保獲得能源資源。韓國石油公社和韓國燃氣公社於二〇〇九年與葉門簽署協議。[99]同年，韓國燃氣公社參加的國際財團取得一項石油開發項目，一年後，韓國燃氣公社參加的國際財團再次取得一項天然氣開發項目。[100]此外，南韓也加入多邊聯盟，參與阿富汗和利比亞戰後重建工程，[101]這提升了首爾的中等強國地位。二〇〇九年，南韓與波斯灣合作理事會啟動自由貿易協定談判。[102]李明博政府的目標不僅是支援它的資源外交，也要促進南韓的出口，包括商品和文化產品，乃至協助基礎設施公司打開市場。最值得注意的是，南韓企業贏得一份價值四百億美元的合約，在阿拉伯聯合大公國興建核電廠，並且在大中東地區其他國家展開類似項目的談判。李明博政府直接參與了談判。(103)

韓國也運用軍事能力來提升中等強國地位，以及深化經濟融合，南韓部隊參與阿富汗任務就是最明顯的例子。此外，韓國武裝部隊也應東道國請求，派遣特戰部隊的兄弟部隊（Akh unit）到阿拉伯聯合大公國，協助訓練特種部隊和進行聯合演習。(104)

同樣，南韓也在這段時期針對中亞地區推出多方面的政策。李明博政府將中亞納入它的新亞洲倡議，透過經濟、安全和外交的聯繫，將亞洲不同地區串連起來。(105)最明顯的進展是韓國石油公社與哈薩克政府於二〇〇九年和二〇一一年簽署兩項石油協議。(106)哈薩克石油將開始流向南韓，因而讓南韓的能源來源更加多元化。(107)同樣在哈薩克，南韓文化體育觀光部於二〇一〇年開設韓國文化院，(108)這一來，軟實力也進入該地區。

同樣，印度和印度洋在南韓的大戰略中變得益發重要。二〇〇六年，首爾和德里啟動自由貿易協定談判。後來，雙方於二〇〇九年簽署經濟夥伴關係協定，並於一年後生效。(109)南韓和印度也於二〇一〇年簽署戰略夥伴關係協定，以強化政治和安全關係。(110)更廣泛地說，李明博政府希望倡議能夠加強亞洲各國之間的聯繫，故將南亞納入新亞洲倡議之中。

這個次區域依舊是南韓援助的主要受惠地區。[111] 就印度洋而言，二〇〇九年出現一件重大發展，當時南韓海軍派遣清海部隊前往亞丁灣，以支援聯合國多邊特遣部隊，負責打擊騷擾這片水域的海盜行為。[112] 因此，南韓遠洋海軍的發展就有了明顯的目標，即為支持南韓的安全和中等強國地位。至少在接下來的三屆總統任期內，清海部隊一直在這片海域執行任務。

李明博政府推動將南韓、澳洲關係提升到新的層次。將澳洲納入上述的新亞洲倡議當中，象徵從首爾的角度來看，亞洲大陸的範圍正在擴大。二〇〇八年，南韓與澳洲啟動自由貿易協定談判，[113] 同時，能源和天然資源繼續從澳洲流向南韓。[114] 二〇〇九年，首爾和坎培拉簽署了一份瞭解備忘錄，以強化雙方國防和安全關係。[115] 這是一項重大進展，它代表首爾運用不斷增長的軍事能力來加強與志同道合夥伴的關係。後來，李明博政府於二〇一一年在澳洲開設韓國文化院，將澳洲列入南韓軟實力訴求的目標。[116]

朴槿惠時期（二〇一三年—二〇一七年）

朴槿惠政府與俄羅斯的關係迭生風波。從正面的一面來看，兩國的經濟關係持續改善，最明顯的是，朴槿惠政府執政期間，俄羅斯對南韓的石油出口頗有成長。(117) 甚且，朴槿惠的東北亞和平合作倡議也把俄羅斯納入其中。這讓開發一條從俄羅斯經北韓進入南韓的輸油管道的構想，又重新得到政治動力。(118) 從積極的一面來看，朴槿惠政府相信俄羅斯可以在尋求以外交斡旋解決北韓核武問題方面發揮作用。因此，莫斯科在南韓企圖改善兩韓關係的目標中繼續被賦予角色。從消極面來看，南韓認為俄羅斯更具侵略性，尤其是，首爾對中俄關係升溫頗有戒心，莫斯科在二〇一四年併吞烏克蘭克里米亞地區的事件更是震撼首爾，首爾批評俄羅斯的行為將國際法視若無睹。(119) 俄羅斯的入侵行為，導致原訂的第三次「棕熊計畫」取消。(120) 南韓開發噴射戰鬥機、飛彈和其他軍事項目，加上日益關注網路安全，現在也把俄羅斯納入顧慮對象。(121) 首爾二〇一三年十二月延伸防空識別區也影響到俄羅斯，因為它與莫斯科的防空識別區產生重疊。(122) 南韓對俄羅斯的目標，開始涉及到需要保衛自身安全。

同時，在歐亞大陸的其他地區，南韓繼續發展一套政策，來支持廣泛的目標以及增強自主地位。從歐洲開始，歐盟成為南韓最大的投資者，其中部分歸功於二〇一〇年簽署的雙邊自由貿易協定。[123] 與土耳其的自由貿易協定於二〇一三年生效，這促進了雙邊貿易流通。[124] 甚且，韓國燃氣公社與塞浦路斯簽署一項協議，參與一家國際財團協助生產天然氣。[125] 再加上從英國進口石油，以及韓國石油公社於二〇一〇年收購一家當地公司，歐洲順勢被納入南韓的資源外交範圍。與此同時，文化外交和軟實力繼續成為南韓對歐洲地區大戰略的一部分，南韓努力提升中等強國的地位。兩個新的韓國文化院分別於二〇一三年和二〇一六年在比利時和義大利開幕。[126] 韓國國際交流財團持續推展業務，世宗學堂也普遍在歐洲各地設立。甚且，韓國放送公社的音樂銀行於二〇一八年在德國舉行，KCON 也於二〇一六年抵達法國。[127] 在運用外交官團隊方面，朴槿惠政府將土耳其納入她的中等強國合作體倡議，作為提升南韓中等強國地位的手段。[128]

安全是韓歐關係實現品質提升的重要領域。二〇一四年，南韓與歐盟簽署《大韓民國參與歐盟危機管理行動的框架協定》（Framework Agreement for the Participation of the ROK in EU Crisis Management Operations）。[129] 協定允許韓國武裝部隊參與歐盟維和任務。

這樣一來，南韓成為世界上第一個與歐盟簽署經濟、政治、安全三項關鍵協定的國家。同樣在二〇一四年，首爾加入北約的夥伴交互作業倡議（Partnership Interoperability Initiative），使韓國武裝部隊能夠參與一個匯集北約成員國和來自世界各地的合作夥伴的平台。[130] 隨著首爾繼續增強軍事能力，它也深化與歐洲的安全關係。與此同時，朴槿惠政府將歐盟納入它處理兩韓關係的政策中。事實上，歐盟自二〇一四年東亞和平合作倡議成立以來就加入成為對話夥伴。[131] 首爾首次讓歐盟參與多邊進程，試圖加強兩韓聯繫。

南韓歷任總統的目的和手段的多樣化，仍然在大中東地區呈現。本地區向南韓的石油和天然氣出口可以說仍然是兩者之間最牢固的聯繫。大中東地區的石油出口繼續占南韓石油進口總量的八〇%左右，本地區還提供南韓企業和家庭天然氣使用量的一半以上。[132] 與此同時，南韓也持續尋求加強與大中東地區的貿易和投資關係。二〇一六年，南韓與以色列啟動自由貿易協定談判。[133] 朴槿惠繼續在整個地區推廣南韓企業的活動。這包括武器出口，例如南韓出售武器給伊拉克。[134] 此外，南韓繼續運用軟實力和公眾外交在大中東地區取得更多據點，以支持其目標。[135] 韓國文化院分別於二〇一四年在埃及和二〇一六年在阿拉伯聯合大公國開設兩個新據點。KCON 首次在大中東地區舉辦音樂演出，阿布達比於二〇一六年主辦了韓國流行音樂節。[136]同時，南韓維和部隊繼續在黎巴嫩執行任務，首爾善加運用它的軍事能力。[137]

就中亞而言，朴槿惠政府發動「歐亞倡議」（Eurasia Initiative）。[138]這項倡議建立在前幾任政府的大戰略基礎上，但擴大了首爾實現目標所使用的工具範圍。首先，南韓運用外交官團隊、軟實力和公眾外交有系統地接觸中亞地區的朝鮮裔僑民。南韓政府首次將僑民視為潛在代理人，可以支持國家最終目標。二〇一五年，首爾在哈薩克開設韓國文化院。[139]韓國國際交流財團被賦予任務籌設「韓國－中亞合作論壇秘書處」。在朴槿惠卸任後幾個月，它終於正式成立。[140]甚且，哈薩克的石油繼續向南韓出口，韓國燃氣公社也在烏茲別克啟動一項液化天然氣開採和出口計畫，以確保從烏茲別克獲得天然氣。[141]朴槿惠將蒙古納入她提倡的東亞和平合作倡議，因為她看到蒙古有可能改變北韓的行為——因為它們兩國都是被更強大和更開發的國家所包圍的小國。[142]

以澳洲來說，南韓的大戰略達到新高點，也變得更加多元化。二〇一三年，首爾和坎培拉首次舉行由雙方外交部和國防部參加的2＋2會議。[143]一年後，兩國簽署了一份願景聲明，作為政治、經濟和安全關係的基礎。[144]二〇一四年，南韓和澳洲簽署自由貿易協定，並於當年稍後生效。[145] 二〇一五年，兩國洽定「國防及安全合作藍圖」。同年，韓國燃氣公社啟動經澳洲政府核准的一項液化天然氣計畫。[146] 一年之內，澳洲對南韓的液化天然氣出口量增加了一倍以上。[147] 朴槿惠也邀請澳洲加入中等強國合作體。[148] 韓國文化院繼續營運，韓國國際交流財團也繼續向澳洲機構提供補助款。[149] 朴槿惠政府運用貿易和投資、外交官團隊、不斷增長的軍事能力、軟實力和公眾外交來提振與澳洲的經濟和政治關係。

清海部隊繼續在亞丁灣執行作業。韓國海軍與其他國家海軍一起進行聯合演習、巡邏和追緝海盜活動。[150] 這象徵南韓運用它不斷增長的軍事資產來保護本身的安全，同時也展現它是個中等強國的形象。同時，就印度和南亞其他國家而言，與前者的貿易關係，以及對前者和後者的援助，繼續主導關係進展。[151]

文在寅時期（二〇一七年—二〇二二年）

文在寅政府對歐亞大陸的大戰略以前幾屆政府的戰略為基礎、更上層樓。以俄羅斯為例，首爾極力加強貿易和投資關係，以提高自主地位及更加融入世界經濟。石油繼續從俄羅斯流向南韓，即使百分比沒有增加，出口量則大幅上升。[152]然而，更值得注意和更具戰略意義的是，南韓於二〇一七年啟動與俄羅斯領導的「歐亞經濟聯盟」（Eurasian Economic Union）的自由貿易協定談判。[153]隨後於二〇一九年與俄羅斯本身展開雙邊貿易協定談判。[154]文在寅政府希望降低進口俄羅斯石油的成本，同時也透過降低進口關稅來提高南韓出口的競爭力。

文在寅政府也想方設法要讓俄羅斯直接參與它企圖改善南北韓關係的戰略。文在寅上任後不久就宣布針對俄羅斯的新北方政策。[155]這項政策預備經過北韓，在南韓和俄羅斯之間建立「經濟橋樑」，從而將北韓納入東北亞經濟活動。[156]此外，文在寅政府相信要運用南韓外交官團隊和軍事能力，來應對首爾感受到的，來自莫斯科的潛在威脅。二〇二一年十一月，兩國海軍和空軍同意開通軍事熱線，以避免意外衝突。[157]然而，這項決定是在俄羅斯戰機闖進南韓防空識別區之後才做出，甚至至少有一次是俄羅斯與中國聯合演習期間闖入南韓領空。[158]每當發生這種狀況時，韓國空軍就必須派出自己的飛機升空，證明有必要設置熱線電話。南韓還必須運用網路安全能力，來對付來自俄羅斯日益增多的網路攻擊。最值得注意的是，俄羅斯軍方在平昌冬季奧運會開幕當天，竟對南韓發動網路攻擊。(159)最後，俄羅斯於二〇二二年二月入侵烏克蘭後，韓國運用外交官團隊與其他夥伴協調譴責莫斯科，並透過貿易和投資手段，對俄羅斯進行經濟制裁。(160)這顯示出韓俄關係已經惡化。

就歐洲而言，南韓的大戰略繼續變得更加全面性。隨著三項關鍵協定已經生效，歐盟繼續成為在南韓最大的投資者，韓國海軍及其官員也繼續與歐盟在亞丁灣合作執行海上任務，而且首爾和布魯塞爾討論如何根據本身的戰略需求，加強在印太地區的合作關係，(161)雙方也繼續定期舉行高峰會談。文在寅政府也相信，歐盟可以支持它的兩韓政策。歐盟也被納入首爾的東北亞和平與合作平台，成為一個成員。(162)二〇一八年十月，文在寅出訪歐洲，並出席在布魯塞爾召開的亞歐首腦會議，呼籲支持他的北韓政策。(163)另外，南韓強調要更廣泛的擴大經濟連結。二〇一九年，首爾與脫離歐盟之後的英國簽署自由貿易協定，(164)英國也成為南韓武器出口的新市場。(165)同時，世宗學堂繼續在歐洲各地開設。

總而言之，可以說，南韓與歐洲的關係在安全領域有更明顯的加強。首爾把透過軍事能力與歐洲的合作，視為增強自主地位和抵禦外來軍事威脅的一種方式。南韓和北約於二〇一九年將雙邊合作協定續約生效。一年後，南韓與澳洲、日本和紐西蘭等四個北約的亞太夥伴，一起參加北約的外交部長會議。(166) 二〇二一年，在北約日益關注亞太區域的背景下，南韓和北約擴大了雙邊對話和務實合作的範圍。(167) 與此同時，隨著歐洲國家派遣海軍進入印太海域，韓國海軍與法國、德國和英國海軍進行聯合演習。(168)

在大中東地區，確保石油和天然氣出口供應不缺，這一點無疑持續支撐著首爾的大戰略。大中東地區仍然是南韓進口這兩種物資的主要源頭。(169) 但是貿易和投資對於促進深化經濟整合的重要性，愈來愈增加。二〇二一年，韓國與以色列簽署自由貿易協定。(170) 二〇二二年初，國營的韓國電力公社子公司韓國水力原子力公社（Korea Hydro & Nuclear Power Co, KHNP）加入一個國際財團，在埃及建造核電廠。(171) 同時，南韓企業繼續出售武器給伊拉克。(172) 除了經濟之外，南韓還運用它不斷擴大的軍事能力和外交官團隊，來提高它中等強國的地位，以及融入世界經濟。二〇二〇年，清海部隊的戰場範圍擴大到荷姆茲海峽（Strait of Hormuz），這是一條十分重要的石油和天然氣運輸通道，對於本地區向外部（包括南韓本身）的出口至關重要。(173) 同年，韓國武裝部隊在塔利班再次掌權之前，參與營救阿富汗國民逃脫出國，這是有史以來韓軍第一次撤離外國人的作業。(174) 一年後，首爾加入了與伊朗的多邊談判，試圖恢復曾經停止德黑蘭核武計畫，但後來遭川普政府撕毀的協定。[175]這是南韓首次參與大中東地區的高階層外交交涉。二〇二二年，南韓與阿拉伯聯合大公國簽署有史以來金額最大的一項國防合約，出售南韓的國產飛彈系統。[176]同時，南韓維和部隊繼續在黎巴嫩執行任務。[177]

至於中亞，首爾將「歐亞經濟聯盟」視為加強與它的中亞成員國哈薩克和吉爾吉斯貿易和投資關係的途徑。前者也增加對南韓的能源出口數量。[178]此外，設在哈薩克的韓國文化院和韓國－中亞合作論壇秘書處繼續進行活動。南韓繼續與中亞地區的朝鮮裔僑民進行接觸，運用一系列手段來實現被承認為中等強國及深化融入世界經濟的目標。

在南亞方面，文在寅政府尤其重視印度的地位提升。印度被納入文在寅的招牌外交政策倡議——新南方政策。兩國貿易和投資大幅成長。[179]就更廣泛的南亞而言，援助仍然源源流入。[180]同樣重要的是，韓國海軍和印度海軍多次舉行聯合演習，作為印太地區多邊演習的一部分。[181]首爾和德里也於二〇一九年簽署海軍軍事後勤支援協定，這是印度第四次簽署這一類的協定，也是繼與新加坡簽署協定後，第二次與亞洲國家簽署類似協定。[182]這樣一來，首爾也開始在與印度的關係中，將軍事能力派上用場。

在與澳洲的關係方面，南韓看到與一個志同道合的夥伴深刻交往接觸的潛力，可以增強自主地位、全球經濟整合和中等強國地位，雙方因而繼續不斷強化關係。首先，二〇二二年一月區域全面經濟夥伴關係協定終於啟動時，南韓和澳洲就是會員國。南韓在同年稍後也宣布將申請加入跨太平洋夥伴全面進步協定，而澳洲已經是這個協定的主要經濟體。在此之前，韓國燃氣公社已經簽署一項協定，將在二〇一九年獲得澳洲天然氣，南韓也簽署一項協議，將在二〇二一年從澳洲獲得礦產資源。[183] 就安全關係而言，首爾和坎培拉於二〇二一年簽署了雙邊安全夥伴關係協議。[184] 能夠做到這一點，就某種程度上來講，要歸功於韓、澳兩國都和美國關係密切，但也因為它們對中國的軍事崛起持保留態度。同樣的原因導致兩國於二〇一九年在西太平洋，與日本和美國舉行四方海軍演習，二〇二一年又舉行新一輪四方演習，以及二〇二二年包括加拿大和印度在內舉行六方演習[185] 等。與過去一樣，軟實力也是南韓對澳洲大戰略的一部分。二〇一七年 KCON 在澳洲舉辦音樂會，韓國文化院和韓國國際交流財團也繼續在澳洲活動。[186]

最後，南韓採取相關措施加強它在印度洋的兵力，以對付外來威脅及提升中等強國的地位。二〇一八年，南韓國防部推出《海軍二〇四五年願景》。這項戰略主張在印度洋等地區投射武力。值得注意的是，文在寅政府委託建造一艘航空母艦，完工後，這艘航空母艦將使南韓在南海和印度洋勢力大盛。(187)甚且，清海部隊繼續在亞丁灣執行任務。南韓似乎也有心尋求成為海上強國。

尹錫悅時期（二〇二二年）

尹錫悅政府沿襲過去歷屆政府的大歐亞和印度洋戰略。就歐洲而言，安全是最明顯的一個領域。尹錫悅於二〇二二年六月前往馬德里參加會議，成為第一位出席北約峰會的南韓總統。(188)一個月後，南韓與北約成員國波蘭簽署有史以來最大的一筆軍售協議，而波蘭又是捐助烏克蘭對抗俄羅斯的最大貢獻者。(189)南韓成為唯一譴責俄羅斯入侵烏克蘭、對莫斯科實施制裁，並向烏克蘭移轉武器（儘管是透過波蘭等第三方）的亞洲國家。尹錫悅從價值觀和國際規範方面，表達首爾對烏克蘭的支持。(190)另一方面，由於南韓對莫斯科入侵烏克蘭的反應，它與俄羅斯的關係惡化。由於首爾及夥伴實施制裁，韓俄經濟關係削弱，但是南韓展現它的貿易和投資實力已足以懲罰另一個國家。

就大中東地區而言，尹錫悅政府繼續強調運用貿易和投資以達成深化融入世界經濟的目標。事實上，他的政府於二〇二二年九月成立「中東經濟合作委員會」（Council on Economic Cooperation with Middle East）。委員會集合政府和民間部門，任務是在與俄羅斯關係惡化的背景下，負責促進與中東地區的經濟關係，特別是能源進口以及推動科技出口。(191) 後者對於尹錫悅的大中東地區戰略尤其重要，例如，二〇二二年八月，南韓與埃及簽署協議，替埃及興建第一座核電廠，這是二〇一三年以來，由南韓企業領導的國際財團達成的第一筆這一類的合約。(192)

尹錫悅政府對印太地區採取更加專注的作法，促進了與澳洲和印度的關係。尹錫悅表示希望加入四方機制，可以加深與坎培拉和德里的關係。以澳洲為例，南韓於二〇二二年八月同意加強軍火工業和軍事演習關係，(193) 首爾和坎培拉已經在兩國領導人出席北約峰會期間，加強雙方安全關係。印度被納入尹錫悅政府發起的ABCD戰略，這項戰略的目標也包含東南亞。因此，貿易和投資是首爾加強與德里關係的兩個優先手段，但是南韓將安全合作視為與印度關係中具有更大潛力的領域，(194) 重點將是軍火工業關係和聯合演習。

作為一個區域，大歐亞和印度洋區域與南韓的大戰略，關係愈來愈密切。畢竟，隨著南韓經濟關係日益擴大，這個地區對南韓的經濟重要性也日益增大。但隨著時間的推移，由於本地區攸關到南韓的安全，它在南韓外交決策者心目中的地位，也變得更加重要。甚且，隨著首爾尋求被承認為中等強國的要求愈來愈清晰，這個地區與首爾的關係也更加密切。

俄羅斯是南韓在大歐亞和印度洋地區最重要的焦點，但隨著時間的推移，它的相對重要性已經下降。總而言之，隨著時間的推移，南韓在與俄羅斯的關係中尋求實現的目標，一直相當穩定；它們是：尋求保護以免遭受外來軍事威脅（原先是要得到俄羅斯的支持，後來卻變成防備來自俄羅斯的威脅）、自主、支持兩韓修睦和解與統一，以及深化融入世界經濟。在工具方面，南韓自從民主轉型以及與俄羅斯的外交正常化以來，就一直以貿易和投資為優先。就首爾的安全和經濟目標，以及尋求自主來說，至關重要。南韓在與俄羅斯的來往關係中，也運用它不斷增長的軍事能力，最終是要保護自己免受俄羅斯可能的侵略。南韓也運用它的外交官團隊，作為實現安全和兩韓關係目標的手段。

與俄羅斯的情況相反，隨著時間的推移，歐洲對南韓的大戰略變得愈來愈重要。從南韓的角度來看，加強與歐盟、北約和某些歐洲國家的關係，主要是有助於實現自主、深化融入世界經濟，以及被承認為中等強國的目標。近年來，在取得保護以免遭受外來軍事威脅的目標上，南韓認為歐洲也有可能參與並產生作用。從手段來看，特別是盧武鉉啟動與歐盟展開自由貿易協定談判以來，南韓更加重視貿易和投資。外交官團隊和公眾外交分別是南韓自盧泰愚政府和金泳三政府以來就一直使用的工具。至於使用軟實力，是最近的事，可以追溯到一九九〇年代，尤其是盧武鉉時期。

中亞、南亞、澳洲和印度洋顯然有很大的不同。就中亞和南亞來說，南韓最重視的是追求自主，以及被承認為中等強國。就澳洲和印度洋來說，南韓主要關注的是自主、被承認為中等強國，以及近年來的取得保護以免遭受外來軍事威脅。首爾運用貿易、投資和援助，來實現它在中亞和南亞的目標。它也在中亞、南亞和印度洋這三個地區，以及澳洲這個國家，運用上它的外交、公眾外交和軟實力。

第七章

世界其他地區及全球治理

일곱

南韓的大戰略也涵蓋世界其他地區和全球治理結構。這是圍繞在南韓外交政策前三個優先項目同心圓的最後一個，也是更大的一個圓圈。自命為中等強國的首爾政府覺得有必要，但也可說是確實有必要放眼全球。這意味著它的大戰略必須有全球焦點，意即必須關注不包括在前三個同心圓內的其他國家和地區，以及至少在理論上已經建立的多邊機構，俾便在全球層面上治理國際關係。自古以來，南韓對它近鄰以外地區的關注相當有限，它希望，卻無法成為聯合國的一部分，它因為兩韓之間的競爭而被排除在聯合國之外。不過，首爾針對世界其他地區和全球治理，制定出更積極主動的大戰略。

南韓對世界其他地區的大戰略，以拉丁美洲和撒哈拉以南非洲，以及加拿大作為優先考量。的確，拉丁美洲和加拿大是南韓處理跨太平洋關係、亞太地區以及近來所謂的印太地區的太平洋部分策略的重要一環。當然，拉丁美洲和撒哈拉以南非洲的特定國家與南韓的關連更重要。但是從南韓的角度來看，它對這兩個地區不同國家和次區域的對待，是站在相同的目的和手段的基礎上。加拿大、拉丁美洲和撒哈拉以南非洲對南韓之所以很重要，主要是：首爾要促進自主地位，也有出於獲取資源等等的經濟原因。然而，隨著時間的推移，南韓的中等強國地位，以及在特定情況下的安全考量，也成為它對這些國家和區域大戰略的驅動力。

全球治理機構是南韓在前三個同心圓之外，大戰略的另一個關鍵優先考量。冷戰期間，南韓在全球治理機構中的存在和貢獻受到相當阻礙。由於地緣政治的考慮，南韓與北韓都無法加入聯合國。再者，南韓是一個開發中國家，經濟規模相對較小。這使得首爾無法加入專門為已開發國家保留的某些機構，也造成了它對全球金融機構產生某種程度的依賴。舉個例來說，南韓在一九九四年之前，一直接受世界銀行貸款，後來它在亞洲金融危機期間，取得國際貨幣基金的紓困救助和世界銀行的資金奧援。不過，南韓於一九九一年加入聯合國，並從一九九〇年代中期起加入了其他許多組織，這為首爾進一步發展和實行其大戰略提供了平台。它的主要焦點是自主、經濟和被承認為中等強國。

表 7.1：南韓對世界其他地區及全球治理的大戰略

關鍵因素	關鍵目標	關鍵手段
· 經濟發展 · 民主 · 中等強國的身分認同 · 區域整合及全球化	· 自主 · 深化融入世界經濟 · 被承認爲具有影響力的中等強國	· 外交官團隊 · 貿易投資及援助 · 公衆外交 · 軟實力

盧泰愚時期（一九八八年——一九九三年）

盧泰愚政府上任時，有一個明確的首要目標：加入聯合國。他與大戰略相關的主要口號是「結束冷戰」（냉전 종식）。[1] 從盧泰愚的角度來看，冷戰緩和及終於結束，為南韓加入聯合國創造了條件，南韓幾十年來一直未能實現這個目標，是因為北韓的盟友中國，以及特別是蘇聯，在聯合國安全理事會擁有否決權。冷戰時期的最後幾年，盧泰愚運用南韓外交官團隊以及貿易和投資來實現這一目標。盧泰愚的「北方政策」有助於降低南韓與蘇聯和中國的緊張關係，它還要求美國改善與北韓的關係。接下來首爾與蘇聯（稍後又與俄羅斯）建立起外交關係並承諾投資。這一來，南韓得以在一九九一年九月與北韓一起加入聯合國。[2] 成為聯合國會員國，有助於首爾實現數十年來爭取自主地位，以及被承認為具有影響力的中等強國的目標。

同時，盧泰愚政府也優先爭取加入其他國際組織以取得這些手段。最重要的是，首爾尋求成為經濟合作暨發展組織的會員，加入這個「富裕國家」俱樂部，有助於穩固南韓的全球地位，並間接加強它的經濟整合，因為這意味著（新）自由主義的經濟改革。此外，如前文所討論，南韓積極參與烏拉圭回合貿易談判，成立世界貿易組織以取代關稅暨貿易總協定。南韓於一九八九年成為「南極條約協商國」（Antarctic Treaty Consultative Party），(3)這標誌著首爾當局擴大其大戰略範疇的雄心壯志。簡而言之，盧泰愚政府相信南韓能夠在全球層面扮演更積極的角色，與它的經濟成長相稱。

除了全球治理機構之外，盧泰愚政府也開始注意美國以外的美洲地區。最顯著的是，南韓是一九八九年亞太經濟合作會議組織的創始成員之一，這個促進貿易的論壇，包括東亞國家和美國，在盧泰愚任期屆滿前，加拿大和墨西哥也加入了，南韓甚至還主辦了一九九一年亞太經濟合作會議的領袖高峰會。對南韓來說，與加拿大和拉丁美洲加強聯繫，可望深化融入世界經濟，並增進自主地位。此外，韓國國際協力團贈款、經濟發展合作基金貸款以及其他援助，也因此流向拉丁美洲各國。(4)南韓運用對外援助來加強經濟聯繫和中等強國地位。同樣地，首爾也開始提供援助給撒哈拉以南非洲地區。(5)撒哈拉以南非洲和拉丁美洲，成為南韓對外援助三大目的地中的兩個，這個狀況至少一直維持到二〇二二年。

金泳三時期（一九九三年—一九九八年）

金泳三基於強化被承認為中等強國及自主地位的目的，深化南韓融入全球治理結構。這麼做吻合金泳三的外交政策，把南韓呈現為國際社會中更負責任的成員。它以金泳三的世界化政策作為基礎。最明顯的是，南韓很早就積極參與聯合國各項事務，首先，南韓當選為聯合國安理會非常任理事國，它在一九九六至一九九七年首次取得這個地位。(6) 此外，首爾運用不斷增強的軍事能力，分別於一九九三年向聯合國索馬利亞援助團、一九九四年向西撒哈拉、同年向印度—巴基斯坦邊境，以及一九九五年向聯合國安哥拉查核代表團，派遣了維和人員。(7)

除了聯合國之外，南韓於一九九五年世界貿易組織成立時，成為它的創始成員國之一，(8) 世界貿易組織成為促進貿易自由化和解決貿易爭端的主要機構。一年後，南韓成為第二個加入經濟合作暨發展組織的亞洲國家；(9) 同樣在一九九六年，首爾成為國際清算銀行的成員國。(10) 國際清算銀行是促進國際合作、以實現貨幣和金融穩定的各國中央銀行的集合體，它也是中央銀行的銀行。(11) 身為這些機構的成員，直接關係到南韓尋求加強全球貿易連結。甚且，南韓於一九九五年畢業，不再向世界銀行借款。[12] 這樣，首爾就能夠利用它的援助來支持其他國家。同年，南韓主辦「南極條約協商會議」（Antarctic Treaty Consultative meeting），[13] 這是首爾運用外交提升中等強國地位的標誌。

金泳三政府注重拉丁美洲，擴大它實現目標的多種手段。首先，金泳三於一九九六年出訪中美洲和南美洲五個國家。金泳三是第一位訪問中南美洲地區的南韓總統，他運用外交手段提升南韓在此一地區的外交和經濟地位。譬如，韓國石油公社與秘魯簽署一項協議，在秘魯北部的一個盆地生產碳氫化合物。[15] 南韓也繼續提供援助給拉丁美洲，增加了援助款的淨額。[16] 同時，智利加入亞太經濟合作會議。[17] 這進一步增強了南韓運用這個組織來強化它與拉丁美洲的經濟聯繫。就撒哈拉以南非洲來說，南韓亦增加對該地區的援助金額。[18] 它派遣維和部隊前往安哥拉和索馬利亞，為該地區的大戰略注入新手段。

金大中時期（一九九八年—二〇〇三年）

金大中加強前任總統的作法，讓南韓更積極參與全球治理。首爾繼續積極參與聯合國活動，譬如，派遣維和部隊參加駐阿富汗的國際安全援助部隊。在金大中任期內，南韓也於一九九八年簽署《聯合國氣候變遷綱要公約》的《京都議定書》，並於二〇〇二年批准這項議定書，[19]此一協議旨在藉由限制溫室氣體排放來對付氣候變遷。二〇〇〇年，金大中政府又簽署《國際刑事法院規約》（International Criminal Court [ICC] statute），並於二〇〇二年批准規約生效。[20]國際刑事法院的起源可以追溯至一九四〇年代，當時聯合國大會建議設立國際法院，而國際刑事法院的成立，就是為了起訴被指控犯下某些駭人聽聞、嚴重罪行的個人。南韓是少數簽署、並批准加入國際刑事法院的亞洲國家之一。一九九九年，大韓民國國軍亦奉派到東帝汶參與維和任務。[21]

在經濟組織方面，南韓積極參與世界貿易組織和經濟合作暨發展組織。此外，南韓在一九九九年成為二十國集團的創始成員之一。[22]二十國集團是在亞洲金融危機之後成立的，誠如其名稱所顯示，它是由二十個成員國組成，任務是確保金融穩定。在經濟領域以及全球治理範疇外，金大中政府也為南韓更積極地運用貿易和投資作為深化經濟整合的工具奠定了基礎。一九九八年，外務部更名為外交通商部，將貿易事務納入職掌。同年，首爾制定了一套貿易協定談判指南，作為未來幾十年創立自由貿易協定網絡的基礎。

拉丁美洲是首爾測試更具策略性的新貿易方式的第一個地區。一九九九年，南韓與智利啟動雙邊自由貿易協定談判，在金大中卸任前幾天，終於完成簽署手續，成為南韓有史以來第一個自由貿易協定。至於亞太經濟合作會議，秘魯也加入了，(23) 這進一步促進了南韓與秘魯的關係。同時，即使遭遇亞洲金融危機的經濟打擊，南韓仍繼續提供援助給拉丁美洲。撒哈拉以南非洲也同樣繼續得到南韓的援助。(24) 這顯示援助、貿易和投資，對於南韓提振與拉丁美洲和撒哈拉以南非洲經濟聯繫，以及首爾確立中等強國地位，十分重要。

盧武鉉時期（二〇〇三年—二〇〇八年）

盧武鉉的任期始於美國遭受九一一恐怖攻擊事件之後。他實施「後九一一世界秩序」

（Post-9/11 World Order）的政策。在聯合國方面，盧武鉉政府推動由潘基文出任聯合國秘書長，[25]南韓爭取成功，潘基文於二〇〇七年就任聯合國第八任秘書長。這明顯是運用外交手段來提升南韓的中等強國地位。南韓也持續積極參與聯合國的活動，譬如，首爾在二〇〇六年至二〇〇八年期間，是新成立的聯合國人權委員會（UN Human Rights Council, UNHRC）的創始成員之一。[26]此外，南韓在繼續參加阿富汗維和任務的同時，也在二〇〇三年派遣部隊，組建聯合國維和部隊進駐賴比瑞亞。它也於二〇〇七年加入聯合國派駐黎巴嫩的維和任務。[27]除了聯合國，南韓繼續參與國際清算銀行、二十國集團、經濟合作暨發展組織和世界貿易組織等經濟組織。事實證明，與智利的自由貿易協定談判比預期困難得多，盧武鉉政府乃於二〇〇三年八月推出自由貿易協定路線圖。[28]這一份路線圖使南韓大幅加深對自由貿易協定談判的興趣，並成為首爾在未來的幾十年裡，對於這一領域的政策基礎。

就美洲而言，盧武鉉政府於二〇〇五年啟動與加拿大的自由貿易協定談判，[29]一年後又啟動與墨西哥的自由貿易協定談判。[30]伴隨著與美國的貿易談判啟動，南韓又優先處理與北美自由貿易協定（North American Free Trade Agreement, NAFTA）三個成員國家簽署貿易協定。同時，南韓繼續運用亞太經濟合作會議作為平台，加強與美洲的經濟聯繫，並主辦了二〇〇五年的會議。

此外，南韓在擺脫亞洲金融危機最壞的影響後，繼續增加對拉丁美洲地區的援助。二〇〇五年，南韓更進一步，與拉丁美洲的經濟交往邁出重要的一步，成為美洲開發銀行（Inter-American Development Bank, IDB）的成員。[31] 南韓加入這個美洲最大的開發銀行，結合起經濟和外交實力，來發展國家對本地區的大戰略。除了以經濟實力改善貿易和投資關係，以及中等強國形象之外，南韓在與拉丁美洲的關係中也引入一個新元素：軟實力。二〇〇六年，文化觀光部在阿根廷開設位於拉丁美洲的第一個韓國文化院。[32] 韓國的「韓流」在拉丁美洲流行開來，政府決定利用這個機會提升中等強國的信譽。

至於撒哈拉以南的非洲地區，盧武鉉是南韓歷史上第一位針對此一地區制定多方面戰略的總統。與本地區加強聯繫，可以幫助南韓超越傳統市場、深化融入世界經濟，提高南韓作為中等強國的信譽，並且強化它的自主地位。因此，盧武鉉於二〇〇六年啟動他的非洲戰略。[33] 同年，首爾主辦第一屆非洲領導人論壇，邀請來自非洲大陸的領導人共襄盛舉。一年後南韓又召開部會級會議。[34] 二〇〇六年，南韓舉行第一屆「韓非經濟合作」（Korea-

Africa Economic Cooperation, KOAFEC）部長級會議，以促進經濟關係，自此「韓非經濟合作」成為永久性的資助機制。[35] 資源外交也納入盧武鉉的非洲戰略。二〇〇六年，韓國石油公社與奈及利亞簽署一項石油生產協議，不過協議在三年後作廢。[36] 二〇〇七年，韓國燃氣公社簽署一項協議，在莫三比克探勘天然氣。[37] 南韓的援助機構也增加對非洲的援助。[38] 撇開經濟不談，南韓繼續為賴比瑞亞的維和努力做出貢獻。

李明博時期（二〇〇八年—二〇一三年）

李明博上任後提出「創意務實主義」（실용외교）政策。總而言之，他對全球治理和世界其他地區的對策，建立在歷任總統的政策基礎上。潘基文繼續擔任聯合國秘書長。南韓參與在海地、亞丁灣和南蘇丹的新維和作業，以及持續參與在阿富汗、黎巴嫩和賴比瑞亞的維和行動，因此更積極參與聯合國的活動。[39] 南韓也從二〇一三年開始，即李明博卸任前不久，第二次擔任聯合國安理會非常任理事國。[40] 另外，南韓於二〇〇九年至二〇一一

年第二次擔任聯合國人權委員會委員。[41]但是，當仁川在二〇一〇年成為新成立的「聯合國綠色氣候基金」（Green Climate Fund, GCF），又於二〇一一年成為「聯合國永續發展辦公室」（United Nations Office for Sustainable Development, UNOSD）這兩個機構的所在地時，李明博將南韓對聯合國的參與提升到更高的水平。綠色氣候基金的宗旨是資助各國對付氣候變遷；聯合國永續發展辦公室的宗旨，則是支持會員國達成聯合國的永續發展目標。[42]一年後，李明博政府於二〇一〇年發起的首爾「全球綠色成長研究所」（Global Green Growth Institute, GGGI）在通稱里約加二十（Rio+20）的「聯合國永續發展會議」（UN Conference on Sustainable Development）召開之後，轉型成為國際組織。[43]對南韓來說，積極參與聯合國及其活動，仍然是它運用外交和軍事能力來展示中等強國地位的一種方式。把兩個跟永續發展有關的聯合國機構設置在南韓，使得南韓透過外交官團隊和經濟實力，展現出中等強國領導者的姿態。

就經濟組織而言，全球金融危機過後，南韓受邀加入各種新舊組織。對李明博政府來說，這是運用南韓的貿易和投資實力及其外交官團隊，達到經濟和中等強國地位的一種方式。二〇〇八年，二十國集團升級為政府首腦層級的集會。南韓繼續參與其中，並於二〇一〇年成為第一個主辦年度高峰會的亞洲國家。二〇〇八年和二〇〇九年，南韓受邀，以「有限嘉賓」身分參加八國集團會議，討論全球金融危機造成的經濟影響。(44) 二〇〇九年，南韓成為「金融穩定委員會」（Financial Stability Board, FSB）的創始成員之一。二十國集團成立金融穩定委員會作為常設機構，透過制定規則、監控和預警來協助各國預防未來的金融危機。(45) 南韓也於二〇〇九年加入巴塞爾銀行監理委員會，(46) 該委員會的宗旨是加強對銀行業的監理，預防銀行爆發危機。南韓也繼續積極參與國際清算銀行、經濟合作暨發展組織和世界貿易組織。但是李明博政府也推動南韓參與專注發展的全球機構。二〇〇九年，南韓成為第一個加入經濟合作暨發展組織旗下發展援助委員會的昔日受援國家，委員會是捐助人討論和協調如何提供援助的機構。後來，釜山主辦經濟合作暨發展組織援助有效性系列高階層論壇的第四次、也是最後一次會議。(47) 二〇一一年，首爾和世界銀行發起「韓國綠色成長信託基金」（Korea Green Growth Trust Fund）。(48) 這是南韓為開發中國家的綠色成長計畫提供財務資助的融資機制。

就南韓對美洲的大戰略來看，李明博以歷任政府實施的支柱為基礎，繼續推動經濟整合、中等強國和自主地位。以加拿大來說，李明博著重於資源外交，二〇〇九年，韓國石油公社簽署協議，蒐購一家從事石油和天然氣行業的加拿大公司；[49]二〇一〇年，韓國燃氣公社簽署協議，加入優米亞克計畫（Umiak SDL project）。〔譯註1〕兩年後，它又簽署另一份霍恩河開發案（Horn River Development Project）的協議。[50]在美洲其他地方，南韓於二〇〇九年啟動與秘魯的自由貿易協定談判，在兩年後簽署了協定。[51]同樣在二〇〇九年，李明博政府開始與哥倫比亞談判自由貿易協定。[52]同時，南韓繼續提供援助給拉丁美洲，[53]包括透過美洲開發銀行提供援助。[54]甚且，南韓繼續透過亞太經濟合作會議組織與美洲加強經濟聯繫。此外，首爾也大力在拉丁美洲展現軟實力，分別於二〇一二年和二〇一三年在墨西哥和巴西開設韓國文化院；[55]二〇一二年，智利成為第一個舉辦韓國放送公社音樂銀行世界巡迴表演的拉丁美洲國家；[56]南韓也開始在美洲各地設立世宗學堂。[57]此外，南韓於二〇〇九年首次派遣維和部隊進入美洲地區，當年，南韓維和部隊參加聯合國在海地的穩定局勢任務。[58]首爾也在二〇一一年發起「韓國－加勒比海夥伴關係論壇」（Korea–Caribbean Partnership Forum），[59]論壇宗旨是促進南韓與該地區國家的經濟和外交關係。儘管地理位置不在美洲，而是位於太平洋，但是身為亞太經濟合作會議組織的成員，首爾與紐西蘭啟動自由貿易協定的談判。[60]

至於非洲，李明博也是以前任政府的大戰略為基礎，特別是盧武鉉發起的一系列廣泛活動為基礎。第二屆、第三屆韓國–非洲論壇分別於二〇〇九年及二〇一二年舉行。(61)「韓非經濟合作」等部長級會議也繼續舉行。(62)南韓也繼續優先將撒哈拉以南非洲作為援助的主要目的地之一。(63)另一方面，南韓開始從奈及利亞大量進口石油，(64)然而，儘管進口量大幅成長，但是南韓從西非國家的石油進口並未占有重要比例。在奈及利亞，南韓文化體育觀光部也首次開始運用公眾外交，二〇一〇年，它在阿布札（Abuja）〔譯註2〕開設韓國文化院。(65)同時，南韓繼續在亞丁灣和賴比瑞亞執行維和任務，並且也在南蘇丹啟動新的維和任務。(66)

〔譯註1〕加拿大在西北特區靠近北極圈的一項天然氣探勘計畫。
〔譯註2〕一九九一年以後取代拉哥斯（Largos）成爲奈及利亞首都。

朴槿惠時期（二〇一三年—二〇一七年）

朴槿惠就任南韓總統之際，南韓在全球治理機構中非常活躍。潘基文繼續擔任聯合國秘書長，直至二〇一六年第二任期結束才卸職。南韓繼續擔任聯合國安理會非常任理事國，直至二〇一四年底。南韓維和部隊繼續在阿富汗、亞丁灣、海地、黎巴嫩、賴比瑞亞、菲律賓和南蘇丹執行任務。南韓也逐漸習慣在國內維持聯合國機構「聯合國永續發展辦公室」的運作。此外，在朴槿惠任期內，首爾在二〇一三年至二〇一五年，以及二〇一六年至二〇一八年期間，兩度出任聯合國人權委員會委員。[67]除此之外，南韓於二〇一六年簽署，並迅速批准了《聯合國氣候變遷綱要公約》推動的《巴黎氣候變遷協定》。[68]換句話說，南韓透過結合外交官團隊和不斷增長的軍事能力，來鞏固中等強國的地位。

同時，南韓也持續參與各項它所加入的貿易、金融和發展機構的活動，包括巴塞爾銀行監理委員會、國際清算銀行、金融穩定委員會、二十國集團和世界貿易組織等等。就這方面而言，首爾運用它的貿易、投資和援助，作為深化融入全球經濟，以及被承認為具有影響力的中等強國的手段。同樣在這一領域，朴槿惠政府於二〇一三年推出新的自由貿易協定路線圖，距離盧武鉉政府最初提出的路線圖已經相隔十年。[69]總而言之，新版本的路線圖建立在相似的開放貿易原則之上，朴槿惠也將貿易事務從外交通商部的職掌中刪除，將外交與貿易做更好的分工。外交通商部因此又恢復為外交部。

朴槿惠的美洲大戰略建立在前幾任總統的政策基礎上。南韓和哥倫比亞於二〇一三年簽署自由貿易協定，然後又於二〇一五年與加拿大簽署自由貿易協定。此外，朴槿惠政府於二〇一五年啟動與中美洲的貿易談判。[70]但是首爾並沒有把它的經濟手段僅限於用在本地區的自由貿易協定上面。朴槿惠增加南韓對美洲開發銀行的財務承諾，並透過成立「韓國基礎設施開發聯合融資基金」（Korea Infrastructure Development Co-Financing Facility）參與基礎設施建設，以及透過「韓國協助經濟開發公共能力建設基金」（Public Capacity Building Korea Fund for Economic Development）參與協助建立在地國能力。[71]二〇一三年，南韓獲得「太平洋聯盟」觀察員地位，[72]這是由智利、哥倫比亞、墨西哥和秘魯發起的一個貿易集團，宗旨是加強它們彼此之間以及與太平洋彼岸國家的聯繫。在同樣的太平洋地區，南韓於二〇一五年與紐西蘭簽署自由貿易協定。[73]同時，南韓繼續參與亞太經濟合作會議組織。此外，它還繼續向拉丁美洲國家提供援助。除了經濟之外，朴槿惠政府繼續運用軟實力來加強與美洲地區的連結，二〇一六年，它在加拿大設立韓國文化院；[74]二〇一四年，巴西和墨西哥主辦了韓國放送公社音樂銀行世界巡迴演出；[75] KCON 於二〇一七年到達墨西哥，距朴槿惠卸任僅一個星期。[76]就墨西哥而言，南韓將墨西哥納入它提倡的中等強國合作體倡議。[77]因此，首爾運用外交官團隊將自己躋身包括拉丁美洲國家在內的中等強國集團。首爾也持續參與在海地的維和行動，直到二〇一四年作業結束為止。

至於撒哈拉以南非洲地區，朴槿惠政府於二〇一六年召開第四屆韓非論壇。[78]它也繼續召開最先由盧武鉉發起的部長級會議。援助繼續流向非洲，南韓繼續從奈及利亞進口石油，只不過占比仍然不大。[79]此外，南韓繼續在亞丁灣、賴比瑞亞和南蘇丹執行維和任務。它的軍事能力已經成為在撒哈拉以南非洲地區大戰略的永久特徵。甚且，南韓也開始在這個地區廣設世宗學堂，[80]首爾開始運用軟實力提升中等強國地位。

文在寅時期（二〇一七年—二〇二二年）

文在寅就任總統時，南韓在聯合國體系內已經穩居具有強大影響力的中等強國地位。文在寅的大戰略建立在這股優勢之上。首爾繼續參與亞丁灣、黎巴嫩、賴比瑞亞和南蘇丹的維和任務。[81]對首爾來說，運用軍事能力為聯合國維和任務貢獻力量，因而展現中等強國的地位，已經是眾所公認的事實。更重要的是，南韓主辦了二〇二一年「聯合國維和任務部長級會議」，[82]這是世界領導人和部長們一年一度的聚會，針對如何改善維持和平行動協調共識。首爾運用外交官團隊來展現它對維持和平的承諾。此外，南韓在二〇一八年之前一直擔任聯合國人權委員會成員，並在二〇二〇年至二〇二二年展開又一屆新任期。[83]同樣在聯合國體系裡，聯合國貿易及發展會議（United Nations Conference on Trade and Development, UNCTAD）於二〇二一年將南韓提升為「已開發經濟體」地位。儘管南韓早在幾十年前已經實質達到此一地位，而今才終於名至實歸，但是南韓仍是聯合國貿易及發展會議上溯到一九六四年有史以來第一個正式獲得升等的國家。[84]這一來更加鞏固南韓的中等強國地位。

南韓也受邀參加二〇二〇年的七國集團峰會，但是峰會因為新冠肺炎疫情猖獗而取消；二〇二一年峰會輪到英國主辦，南韓再度受邀出席。這次南韓以正式「嘉賓」而非「有限嘉賓」的身分參加峰會，標誌首爾首次正式、全權參加這項高峰會議。南韓因此受益於它的外交官團隊和經濟實力，得以展現中等強國的地位。此外，南韓是少數中等強國和開發中國家於二〇一八年號召成立全球綠色目標夥伴峰會的國家之一。首爾負責主辦這項倡議的二〇二一年領袖峰會。[85]這是為永續成長提供資金和其他支援的一個夥伴倡議。南韓運用外交官團隊和援助，在這個全球議題上發揮領導作用。此外，由於美中競爭威脅到世界貿易組織後，南韓於二〇二〇年加入一些國家發起替代性的爭端解決機制，展現它對世界貿易組織的承諾。[86]首爾也繼續參與巴塞爾銀行監理委員會、國際清算銀行、二十國集團和經濟合作暨發展組織。

文在寅任內，南韓與加拿大關係逐漸擴張。最顯著的是，二〇一九年，南韓和加拿大參加與美國和澳洲舉行的聯合海軍演習，以及二〇二二年一月，又與這兩個國家以及印度和日本，在西太平洋舉行聯合海軍演習。[87]因此，南韓的軍事能力加上與加拿大及其他夥伴合作，增強本身的安全。至於拉丁美洲，二〇一八年有人提議南韓與太平洋聯盟簽訂自由貿易協定。這可能是步上真正簽署自由貿易協定的第一步。[88]可以說更重要的一件事是，二〇二一年四月，南韓宣布它將申請加入《跨太平洋全面進步夥伴關係協定》。[89]加拿大、智利、墨西哥、秘魯以及紐西蘭都是簽署國，因此這項自由貿易協定的成員，涵蓋相當廣泛的區域，將大大增進貿易聯繫。首爾也於二〇一八年與中美洲簽署自由貿易協定，並於同年啟動與南方共同市場（Mercosur）的談判。[90]此外，文在寅也大幅增加首爾對美洲開發銀行的承諾，使南韓成為第三大捐助國，僅次於中國和西班牙。[91]亞太經濟合作會議組織也繼續運作，拉丁美洲仍然是南韓援助的首選目的地。[92]文在寅政府也繼續運用軟實力，提升南韓在本地區的中等強國地位。韓國放送公社音樂銀行世界巡迴演唱會，二〇一八年在智利舉辦；文化體育觀光部在美洲各地則開設更多世宗學堂。[93]就墨西哥而言，中等強國合作體繼續扮演促進關係的外交工具。就紐西蘭而言，區域全面經濟夥伴關係協定於二〇二二年生效，為深化雙邊貿易和投資關係創造出新平台。

至於撒哈拉以南非洲地區，文在寅政府持續延續前幾屆政府所奉行的戰略。由於新冠肺炎疫情猖獗，第五屆韓非論壇起先不得不推遲，最後更被迫取消，但首爾打算在時機容許時還是要舉辦該論壇。它後來終於在二〇二二年三月舉行。[94]另外也舉行了其他部長級會議。[95] 同時，二〇一八年南韓在韓非經濟合作會議期間專為非洲國家發起一項能源投資基金。[96] 透過這種方式，首爾尋求運用投資來深化經濟關係。此外，韓國石油公社於二〇二〇年加入塞內加爾的一項石油開發計畫。[97] 南韓也繼續從奈及利亞進口石油。[98] 另一方面，援助繼續流向非洲地區。[99] 文化體育觀光部也於二〇二一年在南非開設韓國文化院，並在不同國家設立世宗學堂。[100] 這顯示首爾重視以軟實力手段增強它的中等強國地位。

尹錫悅時期（二〇二二年）

尹錫悅繼續推動南韓對聯合國的承諾，作為爭取南韓被承認為中等強國的大戰略目標的一部分。在這方面，南韓繼續參與維和任務，並參與聯合國人權委員會。南韓於二〇二二年六月啟動與太平洋聯盟的自由貿易協定談判。[101] 尹錫悅政府也表示願意重新啟動與墨西哥的自由貿易協定談判。[102] 如上所述，尹錫悅政府仍然承諾加入跨太平洋全面進步夥伴關係協定，這涉及到美洲地區國家，這些國家之一就是加拿大。尹錫悅政府優先考慮改善與渥太華的關係，主要是為了在與俄羅斯關係惡化的背景下，必須增加從加拿大進口天然資源，同時也把加拿大當作一個有價值的外交夥伴。尹錫悅政府還任命了一名太平洋島國特使，並計劃於二〇二三年主辦南韓與本地區國家的首次高峰會議。(103) 因此，外交官團隊、貿易和投資，以及軍事能力，仍然是南韓在全球層面追求中等強國地位和經濟整合的目標之主要工具。

除此之外，南韓與北約關係日益密切，也加強了它與世界其他地區兩個國家即加拿大和紐西蘭的關係。南韓與兩國的安全關係得到加強，加拿大也與南韓就採購軍事裝備轉移到烏克蘭展開討論。(104) 就紐西蘭而言，透過與南韓進行的加入跨太平洋全面進步夥伴關係協定，以及數位經濟夥伴協定的談判，雙方也加強了更廣泛的聯繫。除了因區域全面經濟夥伴協定的結果會有所增加之外，這也將增進雙邊貿易和投資聯繫。

＊＊＊

前面三個同心圓以外的世界其他地區，以及全球治理，就是南韓大戰略最後一個運作領域。隨著首爾的目的數量增多，手段範圍也擴大，南韓歷屆政府對南韓傳統利益領域以外的地區，愈來愈重視，也愈來愈活躍。同樣，首爾在一九九一年加入聯合國後，在全球治理機構中也變得更加活躍。

從全球治理機構開始，南韓在不到三十年的時間裡，在聯合國體系相關機構和活動，以及經濟機構中，都變得非常活躍。從盧泰愚政府開始，首爾就致力於成為全球治理的積極參與者。對首爾來說，它的全球治理大戰略有三個關鍵目標：自主、被承認為中等強國，以及深化融入世界經濟。在手段上，南韓歷屆政府都優先運用外交官團隊、貿易投資及援助，以及軍事能力。外交官團隊被用來增強自主權，尤其是爭取被承認為中等強國。貿易投資和援助，以及經濟整合，也被用來實現這兩個目標。軍事能力則有助於南韓改善它身為中等強國的形象。

就美洲而言，南韓也追求自主、深化經濟整合和被承認為中等強國。以第一個目標來說，南韓運用經濟手段來實現它。就深化經濟整合而言，首爾運用貿易投資和援助實現這一目標，就變得更加明顯。特別是，金大中政府奠定以貿易為基礎，作為首爾加強與本地區經濟聯繫的手段。至於中等強國的地位，南韓運用援助和軟實力來達成這個目的。在軟實力方面，南韓從盧武鉉政府以來就極為重視它的運用。

最後，南韓將深化經濟整合和爭取被承認為中等強國，作為它對撒哈拉以南非洲大戰略的兩個關鍵目標。這從盧武鉉上任後尤其如此。就第一個目標而言，首爾主要運用援助，同時配合對能源部門進行投資。至於第二個目標，自從李明博政府以來，歷屆總統都將軟實力視為南韓與撒哈拉以南非洲地區建立更堅強關係的一種方式。

結論

南韓大戰略的過去、現在與未來

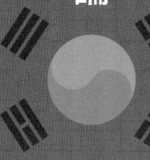

결론적으로

南韓有相當明確的大戰略。追溯到一九八八年第六共和成立以來，至少直到二〇二二年尹錫悅政府上任的頭六個月，南韓一直在追求一系列清晰的目標，並且運用許多具體手段來達成它們。考慮到南韓菁英有一個單一的、首要的最終目標：自主，這是合乎邏輯的。他們希望南韓能夠決定自己的命運，能夠透過實現他們為自己設定的目標，獨立決定最適合國家利益的政策。這個終極目標並不令人意外。可以說，這也是所有國家的最終目標。但是對於中等強國和弱國而言，它尤其重要，因為它們面臨著限制其行動獨立性的結構性約束。作為一個有過被殖民統治（當時仍是統一的朝鮮）歷史，並隨後受到保護，但又在韓戰後受到美國提供的安全保護傘約束的中等強國，南韓確實渴望自主。

南韓菁英在追求自主的總體目標下，包含四個關鍵目標。首先，他們想要安全，這意味南韓能夠保護自己免受外來軍事威脅。對所有國家來說，這都很常見，但對南韓來說可能更是如此，因為它面臨北韓的直接威脅——嚴格來說，南韓與北韓仍處於交戰狀態，北韓也聲稱對整個朝鮮半島擁有主權。甚且，南韓菁英希望透過達成兩韓和解與統一來獲得安全和地位。只有統一——或至少雙方修睦和解——才能消除來自北韓的安全威脅，也只有統一才能創造一個單一的、更強大的韓國。此外，首爾也希望透過深化融入世界經濟來尋求繁榮。南韓並不是主要依賴國內市場就能實現繁榮的世界「三大」經濟體之一。截至二〇二二年，它是世界第十大經濟體，但需要與世界其他地區建立經濟聯繫才能繁榮。最後，南韓希望透過被承認為具有影響力的中等強國來獲得地位。南韓確實是一個中等強國，但它希望發揮影響力，換句話說，希望對塑造國際關係能夠做出貢獻。

中等強國有許許多多手段可用來達成目標。南韓也不例外。因此，南韓決策者使用不同的工具來實現目標。依照對達成南韓目標的重要性排序，它們包括：軍事手段，即自主成長的軍事能力、網路工具和韓美同盟；外交手段，即涵括整個國家的外交官團隊；經濟手段，包括貿易、投資和援助；以公眾外交表現出來的資訊手段；軟性手段，即軟實力。（然而，南韓最近才開始運用網路手段來實現其目標。）這些手段一直是南韓在整個第六共和時期的工具箱中的法寶。

考慮到這一切，就出現一個關鍵問題：南韓的大戰略是否有助於國家實現這些目標。雖然本書的主要目的，是描述和分析南韓界定和實施其大戰略的過程，但也應該簡要探討南韓在實現上述大戰略方面是否成功。這樣我們就可以了解南韓的大戰略是否符合其國家利益。

南韓大戰略的目標

最高目標：自主

後民主化的南韓，發展出一套涵蓋全世界的全球大戰略。在這個脈絡下，它在全球範圍內追求實現自主的總體目標。這包括南韓大戰略的三角核心、東亞、大歐亞和印度洋，以及世界其他地區和全球治理。對南韓來說，自主是一個只有透過在它的大戰略的三個核心層面，以及全球範圍內，積極活躍才能實現的目標。從時間範圍來看，數十年來南韓一直在追求這一目標，並且今後還將繼續努力下去。換句話說，南韓將自主視為它終極的長期目標。

可以說，所有能解釋南韓總體大戰略的因素，也都可以用來特別解釋追求自主的大目標。也就是說，其他任何因素都沒有它更重要。以韓美同盟、經濟發展、民主或中等強國身分為例。它們都為南韓追求自主提供一些能量，賦予南韓某些手段去追求它，也影響南韓追求自主的強烈認知。或者以中國的崛起或亞洲金融危機為例，這些因素使得自主成為可能，因為它們被視為是自主可以對付得來的威脅。就中國的崛起而言，它們與區域整合和全球化一起發揮作用，作為南韓其他潛在合作夥伴的另一種選擇。朝鮮半島的分裂也推動南韓追求自主，因為它有助於南韓發展一些手段，藉由南北兩韓之間的競爭和敵對來追求這一目標。

就南韓用來試圖追求自主的手段而言，它們包括所有可資運用的類型，只有網路手段還不普及。從軍事手段說起，南韓運用自己的能力來保護國家，以及支援其他地方的安全。此外，與美國的同盟也幫助南韓保護自己，同時也幫助南韓將力量投射到朝鮮半島之外。在外交手段上，南韓外交官團隊透過與其他國家以及全球治理的交往接觸，來幫助執行南韓的大戰略。首爾的經濟手段包括貿易、投資和援助，身為世界最大經濟體之一和日益重要的捐助者，它可以運用這些工具來追求其目標。至於資訊手段，南韓公眾外交工具，有助於以對其有利的特殊方式展現國家實力。同時，隨著它的軟實力走向全球，軟性手段在南韓的大戰略中變得更加普遍。至於網路手段，南韓近幾年才開始真正運用，還沒有像其他手段一樣很巧妙地融入其大戰略中。

截至二〇二三年，南韓已經部分達成自主的目標。南韓在大戰略上已經比起建國以來的任何時候都更加自主。首爾已經可以為自己設定想要實現的目標，而不必去管包括其盟友美國和鄰國中國在內的大國，有何種觀點和立場。這與一九八八年南韓剛成為民主國家時相比，南韓決策者也擁有更廣泛的手段可資運用，且他們有高度自主性運用這些手段。話雖如此，南韓並不能完全自主，行動仍然受到限制。當然，只要是國際體系的一部分，包括大國在內的所有國家，行動多少都會受到限制，但也有一些行動，例如入侵第三國、對第三方實施嚴厲制裁，或領導建立新多邊機構，那是南韓無法自主追求的。因此，可以說，南韓的自主權是部分的，即使它在一九八八年至二〇二二年期間已經急劇增長。

安全：爭取保護以免遭受外來軍事威脅

任何國家最基本的目標都是生存。因此，所有國家都爭取獲得保護以免遭受外來軍事威脅。事實上，直到在二十一世紀的第三個十年裡，外國勢力的軍事打擊，甚至入侵，在現實上仍然有可能。就南韓而言，北韓仍然是很明顯的危險。然而，近年來，首爾不斷受到中國和俄羅斯侵門踏戶和網路攻擊，南韓決策者也認為，中國在南海對它們構成威脅。

日本對獨島的威脅陰影也揮之不去，儘管爆發威脅的可能性很小。因此，南韓保護自身免受軍事威脅的大戰略的地理範圍，涵蓋了前面三層。至於時間範圍，它是長期的，因為對南韓生存的威脅已經存在了幾十年，往後也將持續到未來。

四個主要因素驅使南韓注重防禦來自外部的軍事威脅。首先，也是最為明顯的是，朝鮮半島南北分治繼續對南韓構成威脅。北韓不僅聲稱對整個朝鮮半島擁有主權，而且還擁有包括核武器在內的強大軍事力量。這是對南韓的終極威脅。中國的崛起是南韓注重這項目標的另一個因素。中國是和北韓簽訂條約的安全盟友，它在韓戰期間為北韓助戰，如今也繼續支撐北韓。此外，隨著時間的推移，中國變得更加蠻橫，因此在南韓的認知裡，中國本身也是個威脅。亞洲金融危機是南韓注重防範外來軍事威脅的另一個關鍵因素，這次危機在南韓菁英中，造成一種尚未完全消失的脆弱感。最後是韓美同盟，這也可以解釋首爾何以注重此一目標。同盟有助於保護南韓，維持同盟有助於提醒首爾要提防來自平壤的威脅。

南韓使用三種主要手段來尋求保護自己免受第三方的軍事威脅。關鍵的兩項是南韓本身的軍事力量和與美國的同盟關係，這都是南韓用來嚇阻北韓以及其他任何潛在威脅的軍事手段。隨著時間的推移，首爾既增強本身的軍事資產，也深化與美國的同盟關係。此外，南韓也運用它的外交官團隊。外交官團隊幫助首爾維持與美國的同盟，以及與其他夥伴的合作，他們還有助於對付來自中國、俄羅斯，有時甚至是北韓的潛在威脅，以降低軍事風險。近年來，南韓也開始運用網路手段防範和保障來自中國、北韓和俄羅斯的網路攻擊。

截至二〇二三年，南韓已經部分實現不受外來軍事威脅的目標。最重要的是，擁有核武器的北韓仍然存在，因此仍然對南韓構成直接威脅。這個情勢自從一九八八年以來就沒有改變過，而且可以說，在北韓發展核武計畫成功後，變得更加糟糕。此外，中國和俄羅斯也對南韓構成威脅。由於它們使用網路攻擊，到了二〇二三年，它們構成的威脅比起一九八八年更大。與這兩個國家爆發全面戰爭的可能性很小，但是鑒於俄羅斯展現出入侵其他國家的意願，以及中國在東亞地區的軍事姿態日益強悍，這一威脅不能完全忽視。多年來，中俄兩國一直對南韓發動網路攻擊，北韓也有樣學樣。與往年相比，南韓在二〇二三年可以說更安全，但是它的這項目標尚未完全實現。

安全和地位：兩韓修睦和解與統一

如果說南韓有一個很明確的目標，那就是南北韓的修睦和解與統一。韓國仍然是一個分裂的國家，而南韓憲法規定，南韓的領土也包括今天的北韓。這項目標的地理範圍主要集中到南韓與北韓、美國、中國的三角核心。除了南韓自身，如果首爾想要實現和解與統一，這三個國家——尤其是前兩個國家——才是關鍵之所在。南韓當然要與其他層次的國家接觸以支持這一目標，但相對於核心國家，其他國家是次要的。這個目標的時間範圍當然是長期的：可以追溯到南北兩韓實質上的分裂，以及南北兩韓法理上的分治，而且只有到統一時才能實現目標。

以四個關鍵因素來說明這個目標。第一個，也是最明顯的因素是，朝鮮半島一分為二。只要分治依然存在，南韓就會繼續尋求和解與統一。第二個重要因素是韓美同盟。自從韓戰爆發之後，包括自從一九五三年透過雙邊條約依法正式分治以來，韓美同盟就一直在協助保護南韓。韓美同盟有助於首爾居於強勢地位以處理與北韓的關係，包括潛在的兩韓統一。中國的崛起也支撐南韓關注此一目標。首爾必須和一個強大的中國打交道，中國既是北韓的盟友，又必須把它視為和美國對抗時的緩衝國。同時，南韓的中等強國身分是支撐這一目標的另一個因素。南韓是一個中等強國，但許多決策者認為，只有統一才能使韓國變得完整，並在全球事務中變得更加強大。

南韓菁英一致認為，有四種主要手段有助於達成和解與統一。南韓的外交官團隊以及貿易、投資和援助，被運用來促進接觸交往。自從民主化以來，歷任南韓總統都尋求與北韓接觸，外交官團隊支持這種接觸，因此扮演著希望能實現這項目標的角色。同時，南韓在一九七〇年代變得比北韓更加富裕，在接下來的幾十年裡，差距更是持續擴大。任何的和解與統一進程，都將涉及經濟力量從南韓轉移到北韓，過去已經有幾次試圖這麼做。與此同時，南韓決策者將南韓本身的軍事能力以及與美國的同盟，視為實現兩韓和解與統一的一部分工具。他們另外又添加了網路工具，這也算是首爾軍事能力的一部分。這些手段保證北韓無法在戰爭中擊敗南韓，從而支撐與平壤進行外交和經濟接觸。

顯然，截至二〇二三年，南韓尚未實現這一目標。朝鮮半島繼續分裂，即使兩韓之間的和解也難以捉摸。當然，到二〇二三年，南北韓的關係比盧泰愚推出「北方政策」時已有改善——北方政策是南韓歷屆總統為統一奠定基礎的一份藍圖。但即使是真正的和解，最快似乎也需要再等上好幾年時間。北韓的行為當然對大局無益，它努力發展核武計畫、對南韓施加威脅和進行網路攻擊，以及對其自身人民普遍高壓迫害，又不時破壞和解的努力。不過，大國的行動也無助大局，數十年來，中國和美國都沒有一貫支持和解。這是南韓無法克服結構性障礙以實現關鍵目標的典型案例。

繁榮：深化融入世界經濟

所有國家都希望繁榮。任何想要權位的領導人，或是希望福庇國民的領導人，無不以發展為全力以赴的最終目標。建國以來，歷任南韓總統都推行讓國家擺脫貧困的政策。自一九八〇年代至一九九〇年代以來，南韓菁英一直致力於維持和增進國家的繁榮，他們認為，深化融入世界經濟是達成這一目標的關鍵。這是由於南韓為貿易導向的經濟，而且市場（相對）較小。這可以解釋為什麼這一目標的地理範圍是全球性的。南韓決策者認為，南韓必須盡可能與許多國家深化經濟融合，才能維持繁榮。而這一目標的範圍是長期的，南韓在繁榮之前就設法尋求更深化融入全球經濟，而在晉身已開發國家之列後也保留住這一目標。

有五個主要因素可以說明南韓為什麼尋求更加大融入全球經濟。首先是南韓國家本身的經濟發展。拜經濟整合之助，這個目標達成了，而且南韓決策者依然相當關注它。第二個因素是中國的經濟崛起。首爾認為這是一個機會，但也是一個風險，因為已經開發起來的中國，出口南韓一向聞名的商品，特別是服務，將對南韓經濟造成打擊。此外，民主是影響這一目標的另一個因素。更開放的政治體系和更開放的社會，通常會與更開放的經濟聯繫在一起，反之亦然。不過，情況並非總是如此，但對於南韓來說，自從民主化以來就一直是如此。亞洲金融危機也推動南韓朝這個目標邁進。韓國決策者認為，多元化可以防止新的危機，而最好透過整合來達成它。最後，至少自從一九七〇年代以來一直進行的全球化進程，以及至少自從一九九〇年代以來更深化的區域整合，也影響著這個目標。南韓菁英認為，首爾必須將國家的繁榮與這兩個目標聯繫起來，即使自從全球金融危機，以及中美貿易和科技戰以來，全球化的一些指標已經出現逆轉。

貿易、投資和援助是南韓試圖達成這一目標所使用的主要手段。南韓是世界上最大的貿易國家之一，二〇二一年為全球第七大貨物出口國和第九大貨物進口國。(1) 這是由南韓企業推動的現象，而且它們也是南韓成為二〇二〇年第十大外人直接投資來源國的幕後推手。[2]南韓已經成為愈來愈重要的援助國。所有這些經濟流動確保了它與已開發國家和開發中國家更緊密的經濟聯繫。但是南韓也運用它的外交官團隊作為達到此一目標的手段，尤其是那些包括參與經濟治理機構和自由貿易協定的談判。

南韓已經達成深化融入世界經濟的目標。從貿易占國內生產毛額的比例來看，截至二〇二〇年，它在全球十五大經濟體中排名第二位。[3]二〇二三年的南韓已全面發展，前一年已位居全球第十大經濟體，並且經常被評比為全世界最具創新力的國家之一。換句話說，它是一個繁榮的國家，部分要歸功於它與「三大」主要貿易夥伴以及區域層面所簽署的自由貿易協定。

地位：被承認爲具有影響力的中等強國

被承認為具有影響力的中等強國是南韓的一個關鍵目標。即使不是所有的國家，但大多數國家，包括中等強國，都希望獲得國際承認。但是在八十年前，南韓還是根本不存在的國家，更早以之前，它是遭受殖民統治的朝鮮王國的一部分。另外，南韓曾經是一個非常貧窮的國家，如果說一九七〇年代已經不是，至少在一九六〇年代可算是窮困的國家。因此，被承認為具有影響力的中等強國，對於南韓來說，是一個十分強大的目標。這一目標是全球性的，因為南韓已經尋求，並將繼續尋求，在世界不同地區以及全球機構受到認可。這是盧泰愚一九八八年就任南韓總統時立下的長期願望。

有三個主要因素，維持住南韓菁英渴望國家被視為具有影響力的中等強國。第一個因素是發展。南韓決策者認為，首爾採取的行動，應該吻合被視為與南韓經濟規模及其已開發國家地位相稱的中等強國。第二個因素是民主。南韓是成功過渡，並且鞏固成為強大民主國家的一個典範。南韓菁英認為，這是值得其他未來民主國家效法的榜樣，南韓也應該被視為如此。第三個、也是最後一個因素是中等強國身分。南韓歷屆總統和決策者認為自己的國家就是中等強國，但這還需要外部的承認。

南韓幾乎竭盡一切力量來爭取被承認為具有影響力的中等強國這個目標。首先，南韓運用它的軍事能力保護其他國家，以及轉移武器。這樣一來，它可以被看待為一個有實力的軍事強國。首爾也運用外交官團隊，成為區域和全球政治的一部分。南韓決策者也將貿易、投資和援助，視為投射經濟實力的工具，其他國家因此可以將它視為南韓具有中等強國實力的體現。南韓也運用公眾外交和軟實力，以一種特殊的方式，向世界其他國家展現自己，它的確以中等強國自許。

到二〇二三年，南韓已經達成被承認是個具有影響力的中等強國的目標。南韓是二十國集團、經濟合作發展組織、巴塞爾銀行監理委員會、國際清算銀行或金融穩定委員會等專屬俱樂部的成員。它被邀請參加七國集團和北約組織高峰會議，是聯合國機構落腳設置的所在地，並且定期舉辦著名的國際會議。南韓的軟實力排名世界第十二名。它已成為從其傳統盟友美國，到歐盟等近來才加入印太地區成為新成員們，不可或缺的經濟、政治和安全夥伴。更廣泛的來說，二十一世紀全球政治變得更加多極化、更少以西方為中心，而南韓已成為代表亞洲的主要聲音之一。簡而言之，南韓已經能夠「擴大視野」。(4)

中等強國的大戰略

在第一章中，我提出一個中等強國大戰略模式，列出地理規模、時間範圍、目的類型和力量類型（即手段），它們應該指引我們對任何中等強國大戰略的分析。南韓第六共和時期的大戰略案例，凸顯出這個模式的有效性。如果中等強國想要推動成功的大戰略，它需要盡可能具有全球地理範圍，至少必須是區域性的；它需要以數十年為單位的長期時間範圍；它需要明確、最高階的政治目標以及自主性；並採取各種手段來實現這些目標。

先從中等強國大戰略的全球範圍講起，南韓的案例顯示這種方式的優勢。南韓追求自主、深化融入世界經濟，以及在全球被承認為具有影響力的中等強國，因為這符合它的利益。中等強國或許可以透過只專注於它所處的區域來實現自主，但若是放眼全球，可以找到更多潛在的合作夥伴，有助於處理更多問題，部署更廣泛的工具，同時也更普遍地被視為國際社會中更積極活躍的成員。至於深化融入世界經濟這一點，與採取區域方法相比，有助於降低只對少數經濟夥伴的依賴。經濟聯繫的類型也會因區域或合作夥伴而異，使中等強國有機會部署可在其他地方使用的工具。至於被承認為具有影響力的中等強國這一點，中等強國長久以來一直努力試圖影響在它所處區域以外的事件。有些中等強國可能只尋求在其鄰近地區發揮影響力，但這意味著它所得到的承認並不是全球性的，如果一個國家只關注它所在區域，它的中等強國地位將會減弱不少。

然而，有時候中等強國也會追求區域性目標。就南韓而言，這些目標包括不受外來軍事威脅，以及南北韓和解與統一。從前者開始，首爾確實愈來愈看到它的安全與全球發展，或甚至與另一個區域的發展聯繫在一起。但多年下來，「區域」的定義不斷擴大。事實上，中等強國常常看到自己的安全，與大國在世界其他地區的行為連結在一起。這是由於某些中等強國的目標具有全球性質。至於兩韓的和解與統一，這是其他中等強國不會兼顧的目標。同樣，與其他特定國家存在領土糾紛或政治問題，或是與第三方產生經濟爭端等的中等強國，也會有區域規模的目標。在這種情況下，南韓試圖限制攸關這一目標的參與者的數量，以便讓它的大戰略不要太過複雜。同樣的情況也適用於其他中等強國，他們的某些目標，無法透過全球治理機構或大量參與者介入的方式找到解決之道。

現在來談中等強國目標的時間範圍，大戰略要適度定型，必須有一段長時期醞釀。事實上，任何大戰略都需要以此為基礎，大國的大戰略也必須有長時期的時間範圍。南韓的五個關鍵目標也莫不如此。事實上，如果南韓決策者不斷改變最終目標，結果將是不穩定的外交政策，而不是連貫一致的大戰略。同樣，為了達到特定的目標，可能在不同的時間運用不同的手段。當新的手段可派上用場，或其他手段變得過時時，尤其是如此。但不斷改變手段去達成特定目標，也會阻礙中等強國制定連貫的大戰略。因此，不僅是目標，手段也應該保持長期性質。當然，有時候關鍵時刻可能會影響到目標，或使某些目標變成累贅，或是引入更新的目標，或是影響到用來實現目標的手段。以南韓為例，亞洲金融危機並沒有帶來任何新的目標，而是借重比以往更多的手段，加速推動深化與世界經濟的融合。但是大戰略的大多數要素，應該能夠渡過關鍵時刻的考驗並取得成功。

中等強國沒有能力像大國一樣追求許許多多目標，畢竟，中等強國的實力比起大國受到更多限制。中等強國也不像大國那樣面臨相同壓力，必須參與許多全球和區域的議題，這也算是「塞翁失馬」，因為它讓中等強國可以只專注於本身的核心利益。就南韓而言，它的關鍵目標「僅只」包括自主（就所有的中等強國而言，這應該是常態現象），加上與高層政治相關的其他四個目標。即使談到自主，這個目標本質上也應該理解為只是片面自主，因為沒有一個中等強國能夠聲稱在相互關聯的全球社會中，擁有完全的自主權，而不受大國行為的影響。因此，可以說，中等強國的目標應該包括部分自主——或者在現有結構性限制內盡可能多一點影響力——再加上少數其他地位。

就這些其他目標而言，它們應該被理解為彼此相互關聯。這麼說是合乎邏輯的，因為安全、繁榮和地位，要麼相得益彰，要麼相互拖累。但它們應該以易於理解、廣泛認同，並與其他目標可以區別的方式界定清楚。就南韓而言，獲得保護以免遭受外來軍事威脅，主要指的是保全國家的領土完整。這是所有中等強國的共同目標。至於兩韓的和解與統一，一般的共識是，南北兩韓結束敵對、重新統一成為一個國家。事實上，這個目標的起源及其意義可以追溯到朝鮮半島一分為二的時期。同時，南韓菁英也很清楚深化融入世界經濟的意義，其根源可以追溯到南韓仍是一個貧窮國家時期。這意味南韓要成為區域和全球貿易和投資流動的重要組成部分。被承認為具有影響力的中等強國，可能不如其他目標的含義那麼清晰，因為「影響力」很難衡量。但南韓決策者一致認為，他們希望南韓能夠有助於塑造其他地方的發展，並被視為的確付諸實際行動。因此，南韓的例子顯示，對中等強國想要追求的目標達成廣泛共識，是制定連貫一致的大戰略的關鍵。

當談到達成目標的手段時，中等強國應該有一份清單可供選擇。每個目標都需要一組不同的工具來實現它們，而且所使用的工具組合，會根據可否取得，以及外部環境隨著時間的推移而演變。以南韓為例，它善於運用傳統的軍事、外交和經濟手段，但也熱中於運用資訊和軟性手段。相較之下，直到最近幾年它才開始使用其他手段。但大體來說，南韓會使用多種手段來實現其目標，並不是只依賴一兩種手段。例如，軍事能力較弱的其他中等強國，可能會優先考慮外交或援助。或者，擁有更強網路能力的中等強國，比起首爾，可能會更少運用公眾外交和軟實力。但中等強國有必要不只依賴一種或兩種手段，它們應該盡可能地開發和運用各種手段，因為這使得它們更有可能實現目標。

南韓大戰略的未來

南韓有一個清晰的大戰略，在未來幾年內也將保持相當高程度的辨識性。（名義上）不同政治組織的南韓菁英，有時候可能會為南韓外交政策的走向發生爭吵。然而，他們對想要實現的目標以及實現這些目標的手段，卻有一致的看法。此外，他們的大戰略選擇受到一系列因素的影響，而多年來這些因素變動不大。公開的政治爭吵在任何充滿活力的民主國家都是正常的，這解釋了為什麼南韓也不能免於爭辯。但是在分歧的背後，存在著對於怎樣才最符合南韓利益的目標和手段的共識。在撰寫本文時，保守派的現任總統尹錫悅也同意這些觀點。

南韓需要出現什麼樣的狀況，才能推翻可以追溯到一九八八年就奠下基礎的大戰略？或許中美之間的大國競爭會更加劇烈，以至於世界再次分裂為兩個全面對抗的集團。或者北韓會做出難以想像的舉動，例如對南韓發動飛彈或核武打擊。然而，這樣的事態發展，將分別徹底顛覆數十年來的中美關係和南北韓動態。它們可能會發生，不過可能性很小。因此，南韓決策菁英可以假設，三十多年來他們制定大戰略的國際環境，仍將暫時保持相對穩定。

因此，南韓在未來仍將繼續以追求自主為終極目標。這是南韓大戰略的一個重要組成部分，因為如果沒有自主權，南韓就會將自己視為「鯨魚群中的一隻蝦」，就像過去的朝鮮以及南韓本身對自己的感受一樣。南韓可能不會成為像美國或中國那樣的「巨鯨」，但它不想像過去的朝鮮那樣做隻小蝦米，任人欺凌。不過，自主並不必被理解為南韓我行我素。南韓是一個民主國家，一個已開發的（市場）經濟體，也是美國的強大盟友。因此，南韓菁英認為他們的自主地位是奠立在與西方國家，尤其是美國的密切關係之上。他們認為與美國、歐洲、澳洲、加拿大或日本的合作和共同價值觀是南韓自主的動力。因此，我們可以預期，首爾將繼續追求自主，但以與主要夥伴維繫緊密關係為基礎。

南韓也應該比過去更不會受到外來軍事威脅。當然，威脅不會消失——尤其是北韓所構成的生存威脅，以及目前中國在強悍的外交政策下崛起，日益構成的威脅。但是未來的南韓將不像過去那麼荏弱，由於它擁有更先進的軍事能力、與美國的同盟關係（這也使得首爾與其他夥伴的安全關係更加牢固）、又能純熟地運用外交手段，並且居於已開發經濟體的地位，南韓將不會比以前更荏弱。新的威脅肯定會出現，包括在網路領域冒出來，但是南韓已經有更多手段可以應對這些威脅。

兩韓之間是否會實現和解——更不用說統一——對南韓來說是最根本的問題。簡而言之，預測在不久的將來是否會出現和解或統一是白費力氣的事。然而，過去幾十年來，兩韓關係的軌跡顯示，（部分）和解是有可能的。當然，今天的兩韓關係比起冷戰時期好得多。因此，在撰寫本文時，人們認為可以部分和解，但暫時不會統一，是一種可能的情況。當然，這最終取決於北韓的國內政局演變。

未來幾年，南韓也應該在世界經濟中扮演更為重要的角色。歷任南韓總統透過不斷擴大的雙邊和區域自由貿易協定網絡，已經為實現這項目標創造了條件，而且許多家南韓企業已經成為全球經濟運作的關鍵角色。南韓企業一直在增加海外投資，同時政府也一直在增加對開發中國家的援助。最終，南韓已有一套完善的經濟工具，也希望在全球貿易和投資的流動中實現多元化。即使全球化因為全球金融危機而放緩，中美貿易和科技戰也顯示保護主義日益抬頭，但南韓已經站穩腳步，可以提升它的經濟地位。

毫無疑問，如今承認南韓是個中等強國的國家和組織，比起南韓歷史上的任何時候都來得多。它是一個跨出朝鮮半島的、活躍的軍事行動者，參與愈來愈多的外交論壇，是一個經濟強國，也是一個擁有強大公眾外交和軟實力工具的國家。因此，南韓很有可能在未來，保持它是個具有影響力的中等強國的地位，特別是在「西降東升」的相對局勢下，西方國家相對衰落，亞洲崛起，勢必吸引更多的注意力投注到南韓等國家身上。某些分析家和決策者可能認為，多極的、不是那麼以西方為中心的世界，會更加不穩定。但它顯然將賦予來自世界其他地區的國家，在全球事務中具有更大的發言權。像南韓這樣的亞洲中等強國，將是因為這樣的轉變而受惠的中等強國之一。

總而言之，南韓及其大戰略前途似錦。我已經說明，南韓的全球性和長期性大戰略具有明確的目標和手段，對國家來說是正面的，增加了它的影響力。南韓比起以往任何時候都更加主動、更有能力、更願意表達自己的觀點。截至二〇二三年，南韓比起它歷史上任何時點，都更有能力決定自己的命運。

註釋

導論

1. Nina Silove, "Beyond the Buzzword: The Three Meanings of 'Grand Strategy'," *Security Studies* 27, no. 1 (2018): 31–32.
2. Hal Brands, *What Good Is Grand Strategy? Power and Purpose in American Statecraft from Harry S. Truman to George W. Bush* (Ithaca, NY: Cornell University Press, 2004), 3.
3. International Monetary Fund, *World Economic Outlook Database*, 2021, https://www.imf.org/en/Publications/WEO/weo-database/2021/October; Military Factory, *2022 Military Strength Ranking*, 2022, https://www.globalfirepower.com/countries-listing.php; Brand Finance, *Global Soft Power Index 2022* (London: Brand Finance, 2022).
4. Thierry Balzacq, Peter Dombrowski, and Simon Reich, eds., *Comparative Grand Strategy: A Framework and Cases* (Oxford: Oxford University Press, 2019).
5. 然而，近年來有愈來愈多有關南韓大戰略的政治文獻，例如：Seong Whun Cheon, *Managing a Nuclear-Armed North Korea: A Grand Strategy for a Denuclearized and Peacefully Unified Korea* (Seoul: Asan Institute for Policy Studies, 2017); Stephan Haggard, *Grand Strategies on the Korean Peninsula* (La Jolla, CA: UC San Diego Study of Innovation and Technology in China); Han Sung-Joo, *Grand Strategy for South Korea? An Overview*, August 13, 2015, http://www.theasanforum.org/grand-strategy-for-south-korea-an-overview/; Chung Min Lee, *South Korea's Grand Strategy in Transition: Coping with Existential Threats and New Political Forces*, November 1, 2017, https://carnegieendowment.org/2017/11/01/south-korea-s-grand-strategy-in-transition-coping-with-existential-threats-and-new-political-forces-pub-77007.
6. David C. Kang, *American Grand Strategy and East Asian Security in the Twenty-First Century* (Cambridge: Cambridge University Press, 2017).
7. Uk Heo and Terence Roehrig, *South Korea's Rise: Economic Development, Power, and Foreign Relations* (Cambridge: Cambridge University Press, 2014).
8. Jeffrey Robertson, *Diplomacy Style and Foreign Policy: A Case Study of South Korea* (London: Routledge, 2019).
9. Wonjae Hwang, *South Korea's Changing Foreign Policy: The Impact of Democratization and Globalization* (Lanham, MD: Rowman & Littlefield, 2017).
10. Patrick Flamm, *South Korean Identity and Global Foreign Policy: Dream of Autonomy* (London: Routledge, 2019).
11. Sung-Wook Nam, Sang-Woo Rhee, Myongsob Kim, Young-Ho Kim, Yong-Sub Han, Young-Soon Chung, and Sung-Ok Yoo, *South Korea's 70-Year Endeavor for Foreign Policy, National Defense, and Unification* (London: Palgrave Macmillan, 2019).
12. Gabriel Jonsson, *South Korea in the United Nations: Global Governance, Inter-Korean Relations and Peace Building* (Singapore: World Scientific, 2017).
13. Scott A. Snyder, South Korea at the *Crossroads: Autonomy and Alliance in the Era of Rival Powers* (New York: Columbia University Press, 2018).
14. Uk Heo and Terence Roehrig, *The Evolution of the South Korea–United States Alliance* (Cambridge: Cambridge University Press, 2018).
15. Terence Roehrig, *Japan, South Korea, and the United States Nuclear Umbrella: Deterrence After the Cold War* (New York: Columbia University Press, 2017).
16. Min Ye, *China-South Korea Relations in the New Era: Challenges and Opportunities* (Lanham, MD: Rowman & Littlefield, 2017).

17. Brad Glosserman and Scott A. Snyder, *The Japan-South Korea Identity Clash: East Asian Security and the United States* (New York: Columbia University Press, 2015).
18. 這些部會組織的名稱有時候會變動，目前所列是它們在二〇二三年二月的名稱。
19. Giovanni Capoccia, "Critical Junctures," in *The Oxford Handbook of Historical Institutionalism*, ed. Orfeo Fioretos, Tulia G. Falleti, and Adam Sheingate (Oxford: Oxford University Press, 2016), 89.
20. 關鍵時刻對大戰略的重要性已經在既有文獻中隱隱若現。某些作者明白地討論關鍵時刻如何影響新的大戰略—或是缺乏關鍵時刻，又是如何允許大戰略持續下去。例如，參見Melvyn P. Leffler, "9/11 and American Foreign Policy," *Diplomatic History* 29, no. 3 (2005): 395–413; Carlos R. S. Milani and Tiago Nery, "Brazil," in Balzacq, Dombrowski, and Reich, *Comparative Grand Strategy*, 149–70; Brad Williams, *Japanese Foreign Intelligence and Grand Strategy* (Washington, DC: Georgetown University Press, 2021).

第一章　中等強國的大戰略

1. Carl von Clausewitz, *On War*, ed. and trans. Michael Howard and Peter Paret (Princeton, NJ: Princeton University Press, 1976), 87, 605.
2. Nina Silove, "Beyond the Buzzword: The Three Meanings of 'Grand Strategy'," *Security Studies* 27, no. 1 (2018): 31–32.
3. Basil Henry Liddell Hart, *Strategy: The Indirect Approach*, 2nd rev. ed. (New York: Praeger, 1974), 357.
4. Liddell Hart, *Strategy*, 321–22.
5. William C. Martel, *Grand Strategy in Theory and Practice: The Need for an Effective America Foreign Policy* (Cambridge: Cambridge University Press, 2015), 24–25.
6. Thierry Balzacq, Peter Dombrowski, and Simon Reich, "Introduction: Comparing Grand Strategies in the Modern World," in *Comparative Grand Strategy: A Framework and Cases*, ed. Thierry Balzacq, Peter Dombrowski, and Simon Reich (Oxford: Oxford University Press, 2019), 6–7.
7. Paul Kennedy, *The Rise and Fall of the Great Powers: Economic Change and Military Conflict from 1500 to 2000* (New York: Random House, 1987).
8. Paul Kennedy, "Grand Strategy in War and Peace: Toward a Broader Definition," in *Grand Strategies in War and Peace*, ed. Paul Kennedy (New Haven, CT: Yale University Press, 1991), 4.
9. Kennedy, "Grand Strategy in War and Peace," 7–8.
10. 例如，參見Hans J. Morgenthau, *Politics Among Nations: The Struggle for Power and Peace* (New York: Knopf, 1948); Kenneth Waltz, *Theory of International Politics* (New York: McGraw-Hill, 1979).
11. 見最明顯的，Alexander Wendt, *Social Theory of International Politics* (Cambridge: Cambridge University Press, 1999).
12. Alexander Wendt, "Anarchy Is What States Make of It: The Social Construction of Power Politics," *International Organization* 46, no. 2 (1992): 391.
13. Wendt, *Social Theory of International Politics*.
14. Liddell Hart, *Strategy*, 321–22.

15. Liddell Hart, *Strategy*, 321–22.
16. Kennedy, "Grand Strategy in War and Peace," 4.
17. Kennedy, "Grand Strategy in War and Peace," 4.
18. Barry Posen, *The Sources of Military Doctrine: France, Britain, and Germany Between the World Wars* (Ithaca, NY: Cornell University Press, 1984), 13.
19. Hal Brands, *What Good Is Grand Strategy? Power and Purpose in American Statecraft from Harry S. Truman to George W. Bush* (Ithaca, NY: Cornell University Press, 2004), 3.
20. Brands, *What Good Is Grand Strategy?*, 3–4.
21. Martel, *Grand Strategy in Theory and Practice*, 32–33.
22. Colin Dueck, *Reluctant Crusaders: Power, Culture, and Change in American Grand Strategy* (Princeton, NJ: Princeton University Press, 2006), 9–10; Silove, "Beyond the Buzzword," 28.
23. Silove, "Beyond the Buzzword," 34–45.
24. Silove, "Beyond the Buzzword," 31–32.
25. Arthur F. Lykke Jr., "Defining Military Strategy = E + W + M," *Military Review* 69, no. 5 (1989): 3.
26. Lykke, "Defining Military Strategy," 3.
27. Jeffrey W. Meiser, "Ends + Ways + Means = (Bad) Strategy," *Parameters*, 46, no. 4 (2016–2017): 82–83.
28. Richard E. Berkebile, "Military Strategy Revisited: A Critique of the Lykke Formulation," *Military Review Online Exclusive* (2018): 1.
29. Berkebile, "Military Strategy Revisited," 3.
30. Lawrence Freedman, *Strategy: A History* (Oxford: Oxford University Press, 2013), 4.
31. Freedman, *Strategy*, 4.
32. Meiser, "Ends + Ways + Means," 81.
33. Silove, "Beyond the Buzzword," 45.
34. Silove, "Beyond the Buzzword," 45.
35. Brands, *What Good Is Grand Strategy?*; Kennedy, "Grand Strategy in War and Peace"; Liddell Hart, *Strategy*; Martel, *Grand Strategy in Theory and Practice*; Posen, *The Sources of Military Doctrine*.
36. Martel, *Grand Strategy in Theory and Practice*, 30.
37. Balzacq, Dombrowski, and Reich, "Introduction," 1.
38. Balzacq, Dombrowski, and Reich, "Introduction," 2.
39. Silove, "Beyond the Buzzword," 51.
40. Williamson Murray, "Thoughts on Grand Strategy," in *The Shaping of Grand Strategy: Policy, Diplomacy, and War*, ed. Williamson Murray, Richard Hart Sinnreich, and James Lacey (Cambridge: Cambridge University Press, 2011), 1.
41. Kennedy, *Grand Strategies in War and Peace*.
42. Athanasios G. Platias and Konstantinos Koliopoulos, *Thucydides on Strategy: Grand Strategies in the Peloponnesian War and Their Relevance Today* (New York: Columbia University Press, 2010).
43. Edward N. Luttwak, *The Grand Strategy of the Roman Empire: From the First Century A.D. to the Third* (Baltimore, MD: Johns Hopkins University Press, 1976).
44. Edward N. Luttwak, *The Grand Strategy of the Byzantine Empire* (Cambridge, MA: Harvard University Press, 2009).
45. Steven E. Lobell, *The Challenge of Hegemony: Grand Strategy, Trade, and Domestic Politics*

(Ann Arbor: University of Michigan Press, 2003).
46. Mark R. Brawley, *Political Economy and Grand Strategy: A Neoclassical Realist View* (London: Routledge, 2010).
47. Richard Rosecrance and Arthur A. Stein, eds., *The Domestic Bases of Grand Strategy* (Ithaca, NY: Cornell University Press, 1993).
48. Posen, *The Sources of Military Doctrine*.
49. Jeffrey W. Taliaferro, Norrin M. Ripsman, and Steven E. Lobell, eds., *The Challenge of Grand Strategy: The Great Powers and the Broken Balance Between the World Wars* (Cambridge: Cambridge University Press, 2012).
50. Brands, *What Good Is Grand Strategy?*
51. Dueck, *Reluctant Crusaders*.
52. Christopher Hemmer, *American Pendulum: Recurring Debates in U.S. Grand Strategy* (Ithaca, NY: Cornell University Press, 2015).
53. Martel, *Grand Strategy in Theory and Practice*.
54. Robert J. Art, *A Grand Strategy for America* (Ithaca, NY: Cornell University Press, 2003).
55. Hal Brands, *American Grand Strategy in the Age of Trump* (Washington, DC: Brookings Institution Press, 2018).
56. A. Trevor Thrall and Benjamin H. Friedman, eds., *US Grand Strategy in the 21st Century: The Case for Restraint* (London: Routledge, 2018).
57. Lukas K. Danner, *China's Grand Strategy: Contradictory Foreign Policy?* (London: Palgrave Macmillan, 2018).
58. Avery Goldstein, *Rising to the Challenge: China's Grand Strategy and International Security* (Stanford, CA: Stanford University Press, 2005).
59. Sulmaan Wasif Khan, *Haunted by Chaos: China's Grand Strategy from Mao Zedong to Xi Jinping* (Cambridge, MA: Harvard University Press, 2018).
60. Hongua Men, *China's Grand Strategy: A Framework of Analysis* (Singapore: Springer, 2020).
61. Ye Zhicheng, *Inside China's Grand Strategy: The Perspective from the People's Republic*, ed. and trans. Steven I. Levine and Guoli Liu (Lexington: University Press of Kentucky, 2011).
62. Rush Doshi, *The Long Game: China's Grand Strategy to Displace American Order* (Oxford: Oxford University Press, 2021).
63. Andrew F. Cooper, Richard A. Higgott, and Kim R. Nossal, *Relocating Middle Powers: Australia and Canada in a Changing World Order* (Vancouver: University of British Columbia Press, 1993).
64. Andrew Carr, "Is Australia a Middle Power? A Systemic Impact Approach," *Australian Journal of International Affairs* 68, no. 1 (2014): 73–76.
65. Eduard Jordaan, "The Concept of a Middle Power in International Relations: Distinguishing between Emerging and Traditional Middle Powers," Politikon 30, no. 1 (2003): 165.
66. Balzacq, Dombrowski, and Reich, "Introduction," 11.
67. Silove, "Beyond the Buzzword," 51.
68. Richard J. Samuels, *Securing Japan: Tokyo's Grand Strategy and the Future of East Asia* (Ithaca, NY: Cornell University Press, 2007).
69. Brad Williams, *Japanese Foreign Intelligence and Grand Strategy* (Washington, DC: Georgetown University Press, 2021).
70. Michael Green, *Line of Advantage: Japan's Grand Strategy in the Era of Abe Shinzo* (New York: Columbia University Press, 2022).
71. Etel Solingen, *Regional Orders at Century's Dawn: Global and Domestic Influences on Grand*

Strategy (Princeton, NJ: Princeton University Press, 1998).
72. Michael Wesley, "Australia's Grand Strategy and the 2016 Defence White Paper," *Security Challenges* 12, no. 1 (2016): 19–30.
73. William I. Hitchcock, Melvyn P. Leffler, and Jeffrey W. Legro, *Shaper Nations: Strategies for a Changing World* (Cambridge, MA: Harvard University Press, 2016).
74. Cooper, Higgott, and Nossal, *Relocating Middle Powers*, 20.
75. Charalampos Efstathopoulos, "Middle Powers and the Behavioural Model," *Global Society* 31, no. 1 (2018): 57; Jordaan, "The Concept of a Middle Power," 167–169.
76. Gareth J. Evans and Bruce Grant, *Australia's Foreign Relations in the World of the 1990s (Melbourne: Melbourne University Press*, 1995), 397; Cooper, Higgott, and Nossal, Relocating Middle Powers, 20.
77.例如，參見Brands, *What Good Is Grand Strategy?*
78.例如，參見Ian Manners, "Normative Power Europe: A Contradiction in Terms?" *Journal of Common Market Studies* 40, no. 2 (2002): 235–58.
79. Efstathopoulos, "Middle Powers and the Behavioural Model," 56; Jordaan, "The Concept of a Middle Power," 177.
80. Efstathopoulos, "Middle Powers and the Behavioural Model," 56–57.
81. F. H. Soward, "On Becoming a Middle Power: The Canadian Experience," *Pacific Historical Review* 32, no. 2 (1963): 134.
82. Jordaan, "The Concept of a Middle Power," 172.
83. Richard A. Higgott and Andrew Fenton Cooper, "Middle Power Leadership and Coalition Building: Australia, the Cairns Group, and the Uruguay Round of Trade Negotiations," *International Organization* 44, no. 4 (1990): 592; Rory Miller and Sarah Cardaun, "Multinational Security Coalitions and the Limits of Middle Power Activism in the Middle East," *International Affairs* 96, no. 6 (2020): 1510.
84. Cooper, Higgott, and Nosall, *Relocating Middle Powers*, 24–25.
85. Andrew F. Cooper, "Niche Diplomacy: A Conceptual Overview," in *Niche Diplomacy: Middle Powers after the Cold War*, ed. Andrew F. Cooper (London: Macmillan Press, 1997), 4; Alan K. Henrikson, "Niche Diplomacy in the World Public Arena," in *The New Public Diplomacy: Soft Power in International Relations*, ed. Jan Melissen (London: Palgrave Macmillan, 2005), 71.
86. Heather Smith, "Unwilling Internationalism or Strategic Internationalism: Canadian Climate Policy Under the Conservative Government," in *Readings in Canadian Foreign Policy: Classic Debates and New Ideas*, ed. Duanne Bratt and Christopher J. Kurucha (Oxford: Oxford University Press, 2007), 59.
87. Manners, "Normative Power Europe."
88. Anu Bradford, *Brussels Effect: How the European Union Rules the World* (Oxford: Oxford University Press, 2020).
89. Efstathopoulos, "Middle Powers and the Behavioural Model," 68; Jordaan, "The Concept of a Middle Power," 172.
90. Ralf Emmers and Sarah Teo, "Regional Security Strategies of Middle Powers in the Asia-Pacific," *International Relations of the Asia-Pacific* 15, no. 2 (2015): 192; Jordaan, "The Concept of a Middle Power," 177.
91. Efstathopoulos, "Middle Powers and the Behavioural Model," 53.
92. Ziya Onis and Mustafa Kutlay, "The Dynamics of Emerging Middle-power Influence in Regional and Global Governance," *Australian Journal of International Relations* 71, no. 2

(2017): 165.
93. Kennedy, "Grand Strategy in War and Peace"; Kennedy, *The Rise and Fall of Great Powers.*
94. Jordaan, "The Concept of a Middle Power," 168.
95. Dongmin Shin, "The Concept of Middle Power and the Case of the ROK: A Review," in *Korea 2012: Politics, Economy and Society*, ed. Rudiger Frank, Jim Hoare, Patrick Kollner, and Susan Pares (Leiden: Brill, 2012), 148.
96. Soon-ok Shin, "South Korea's Elusive Middlepowermanship: Regional or Global Player?" *Pacific Review* 29, no. 2 (2016): 188.
97. Jordaan, "The Concept of a Middle Power," 171; Hakan Edstrom and Jacob Westberg, "The Defense Strategies of Middle Powers: Competing for Security, Influence and Status in an Era of Unipolar Demise," *Comparative Strategy* 39, no. 2 (2020): 171.
98. Edstrom and Westberg, "The Defense Strategies of Middle Powers," 172, 182.
99. Martel, *Grand Strategy in Theory and Practice*, 30.
100. Martel, *Grand Strategy in Theory and Practice*, 30.
101. Brands, *What Good Is Grand Strategy?*; Hemmer, American Pendulum.
102. Brawley, *Political Economy and Grand Strategy*, ch. 7.
103. Doshi, *The Long Game; Men, China's Grand Strategy.*
104. Meunier, Sophie, *Trading Voices: The European Union in International Commercial Negotiations* (Princeton, NJ: Princeton University Press, 2007).
105. Martel, *Grand Strategy in Theory and Practice*, 30, 34.
106. Martel, *Grand Strategy in Theory and Practice*, 30, 33.
107. Brands, *What Good Is Grand Strategy?; Hemmer, American Pendulum.*
108. Martel, *Grand Strategy in Theory and Practice*, 30, 50.
109. Martel, *Grand Strategy in Theory and Practice*, 50.

第二章 歷史背景：一九四八年至一九八七年

1. UN General Assembly, Resolution 112 (II), "The Problem of the Independence of Korea," 14 November 1947, https://documents-dds-ny.un.org/doc/RESOLUTION/GEN/NR0/038/19/PDF/NR003819.pdf?OpenElement.
2. Charles Kraus, "Kim Gu on Reunification and War, 1948," NKIDP e-Dossier 19, June 2015, https://www.wilsoncenter.org/publication/kim-gu-reunification-and-war-1948.
3. Young Ick Lew, *The Making of the First Korean President: Syngman Rhee's Quest for Independence*, 1875–1948 (Honolulu: University of Hawai'i Press, 2014), 278.
4. Ministry of National Defense of the Republic of Korea, *2000 Defense White Paper* (Seoul: Ministry of the National Defense of the Republic of Korea, 2000), 372.
5. Ministry of National Defense, *2000 Defense White Paper*, 372.
6. Ministry of National Defense, *2000 Defense White Paper*, 372.
7. Office of the Historian of the Department of State of the United States of America, "Report of the National Security Council to the President," *Foreign Relations of the United States, 1949, the Far East and Australasia*, vol. 7, pt. 2, https://history.state.gov/historicaldocuments/frus1949v07p2/d209.
8. William Stueck, *The Korean War: An International History* (Princeton, NJ: Princeton University Press, 1995), 18–19.

9. Department of State of the United States of America, "Review of the Position as of 1950: Address by the Secretary of State, January 12, 1950," *American Foreign Policy 1950–1955: Basic Documents* (Washington, DC: U.S. Government Printing Office, 1957), 2:2310–28.
10. Clayton Knowles, "2 Votes Block Korea Aid Bill; House Test a Blow to Truman," *New York Times*, 20 January 1950.
11. UN Security Council, Resolution 82 (1950), 25 June 1950, https://digitallibrary .un.org/record/112025?ln=en.
12. UN Security Council, Resolution 83 (1950), 27 June 1950, https://digitallibrary.un.org/record/112026?ln=en.
13. United Nations Command, Under One Flag, 2022, https://www.unc.mil/About/About-Us/.
14. Stueck, *The Korean War*, 65.
15. Stueck, *The Korean War*, 168–69.
16. United Nations Command, Armistice Negotiations, 2022, https://www .unc.mil/History/1951-1953-Armistice-Negotiations/.
17. Edward C. Keefer, ed., "The President of the Republic of Korea (Rhee) to President Eisenhower," *American Foreign Policy 1952–1954, Korea* (Washington, DC: US Government Printing Office: 1984), 15:1224–26.
18. United Nations Command, *Armistice Negotiations*.
19. Syngman Rhee, "Memorandum, President Syngman Rhee to All Diplomatic Officials," 14 August 1953, https://digitalarchive.wilsoncenter.org/document/119394.
20. UN General Assembly, Resolution 195 (III), "The Problem of the Independence of Korea," 12 December 1948, https://digitallibrary.un.org/record/210026?ln=en.
21. Chi Young Pak, *Korea and the United Nations* (The Hague: Kluwer Law International, 2000), 66–67.
22. Ministry of Foreign Affairs of the Republic of Korea, "외교관계수립현황" (Status of Establishment of Diplomatic Relations), December 2021, https://www.mofa.go.kr/www/wpge/m_4181/contents.do.
23. 截至二〇二二年，聯合國數位圖書館保管涵蓋一九四七年至二〇一七年期間、一千一百多件有關「朝鮮問題」的紀錄，其中包括這數十年期間最緊張的時刻，即1950–1954，1961–1963，1971–1976，1979–1981，1986–1992或1995–2000。見https://digitallibrary.un.org/search ?ln=en&as=0&p=subjectheading:[KOREAN+QUESTION].
24. Ministry of Foreign Affairs of the Republic of Korea. "Presidential Proclamation of Sovereignty over Adjacent Seas," trans. T. T. Yynn, 28 September 1953.
25. Ministry of Foreign Affairs, "외교관계수립현황."
26. Mutual Defense Treaty Between the Republic of Korea and the United States of America, 1 October 1953.
27. Office of the Historian of the Department of State of the United States of America, "Memorandum by the Executive Officer of the Operations Coordinating Boards (Staats) to the Executive Secretary of the National Security Council (Lay)," *Foreign Relations of the United States, 1952–1954, Korea*, https://history.state.gov/historicaldocuments/frus1952-54v15p2/d980.
28. Ramon Pacheco Pardo, *Shrimp to Whale: South Korea from the Forgotten War to K-Pop* (London: Hurst, 2022), 41.
29. Victor Cha, "Powerplay: Origins of the U.S. Alliance System in Asia," *International Security* 34, no. 3 (2009–2010): 158–59.
30. Office of the Historian of the Department of State of the United States of America, "The

Truman Doctrine, 1947," *Milestones in the History of U.S. Foreign Relations*, https://history.state.gov/milestones/1945-1952/truman-doctrine.
31. Office of the Historian of the Department of State of the United States of America, "Southeast Asia Treaty Organization (SEATO), 1954," *Milestones in the History of U.S. Foreign Relations*, https://history.state.gov/milestones /1945-1952/truman-doctrine.
32. Hans M. Kristensen and Robert S. Norris, "A History of US Nuclear Weapons in South Korea," *Bulletin of the Atomic Scientists* 73, no. 6 (2017): 349–50.
33. Ministry of Foreign Affairs of the Republic of Korea, "변영태 외무장관의 한 국 통일 방안 제시" (Foreign Minister's Byeon Yeong Tae Proposal for Korean Unification), 22 May 1954, 대한민국 외교부 60년 (60 Years of the Ministry of Foreign Affairs of the Republic of Korea) (Seoul: Ministry of Foreign Affairs of the Rebuplic of Korea, 2009).
34. Pacheco Pardo, *Shrimp to Whale*, 39.
35. Pacheco Pardo, *Shrimp to Whale*, 31.
36. Ministry of Foreign Affairs of the Republic of Korea, "외교관계수립현황."
37. See https://digitallibrary.un.org/search?ln=en&as=0&p=subjectheading:[KOREAN+QUESTION].
38. Pacheco Pardo, *Shrimp to Whale*, 57.
39. Peter Banseok Kwon, "Building Bombs, Building a Nation: The State, *Chaebol*, and the Militarized Industrialization of South Korea, 1973–1979," *Journal of Asian Studies* 79, no. 1 (2020): 52–54.
40. SIPRI, "Military Expenditure by Country, in Constant (2019) US$m. 1949–2020," 2021, https://sipri.org/sites/default/files/SIPRI-Milex-data-1949-2020_0.xlsx.
41. Hannah Fischer, *North Korea Provocative Actions*, 1950–2007 (Washington, DC: Congressional Research Service, 2007), 4–5.
42. Tim Kane, *Global U.S. Troop Deployment, 1950–2005* (Washington, DC: The Heritage Foundation, 2006), 9.
43. Kristensen and Norris, "A History of US Nuclear Weapons in South Korea," 349.
44. Ministry of National Defense of the Republic of Korea, *2000 Defense White Paper*, 375.
45. Korea Herald, "98 Peace Corps Volunteers Arrive Here for Assignments," *Korea Herald*, 17 September 1966.
46. Min Yong Lee, "The Vietnam War: South Korea's Search for National Security," *in The Park Chung Hee Era: The Transformation of South Korea*, ed. Byung-Kook Kim and Ezra F. Vogel (Cambridge, MA: Harvard University Press, 2011), 403–29.
47. Craig R. Whitney, "Korean Troops End Vietnam Combat Role," *New York Times*, 9 November 1972.
48. Ministry of Unification of the Republic of Korea, *White Paper on Korean Unification 1996* (Seoul: Ministry of Unification of the Republic of Korea, 1996), 42–44.
49. World Bank, "Population, Total—Korea, Dem. People's Rep," 2022, https://data.worldbank.org/indicator/SP.POP.TOTL?locations=KP; World Bank, "Population, total—Korea, Rep," 2022, https://data.worldbank.org/indicator/SP.POP.TOTL?locations=KR.
50. Treaty of Friendship, Co-operation and Mutual Assistance Between the Union of Soviet Socialist Republics and the Democratic People's Republic of Korea, 6 July 1961; Treaty of Friendship, Co-operation and Mutual Assistance Between the People's Republic of China and the Democratic People's Republic of Korea, 11 July 1961.
51. Ministry of National Defense, *2000 Defense White Paper*, 375.
52. B. C. Koh, "Dilemmas of Korean Unification," *Asian Survey* 11, no. 5 (1971): 485.

53. Park Chung-hee, "평화통일 구상 선언" (Peaceful Unification Initiative Declaration), 15 August 1970.
54. Treaty on Basic Relations Between the Republic of Korea and Japan, 22 June 1965.
55. Pacheco Pardo, *Shrimp to Whale*, 53–54.
56. Chae-Jin Lee, "South Korea: Political Competition and Government Adaptation," *Asian Survey* 12, no. 1 (1972): 45; Sungjoo Han, "South Korea: The Political Economy of Dependency," *Asian Survey* 14, no. 1 (1974): 46; John K. C. Oh, "South Korea 1975: A Permanent Emergency," *Asian Survey* 16, no. 1 (1976): 79; Cong-Sik Lee, "South Korea 1979: Confrontation, Assassination, and Transition," *Asian Survey* 20, no. 1 (1980): 74.
57. Richard Nixon, "Address to the Nation on the War in Vietnam," 3 November 1969.
58. Kane, *Global U.S. Troop Deployment*, 9.
59. USAID, "U.S. Foreign Assistance Trends," 2022, https://foreignassistance.gov/aid-trends.
60. Seung-Young Kim, "Security, Nationalism, and the Pursuit of Nuclear Weapons and Missiles: The South Korean Case, 1970–82," *Diplomacy and Statecraft* 12, no. 4 (2001): 53–80
61. Joint Communiqué of the United States of America and the People's Republic of China, 27 February 1972.
62. Sungjoo Han, "South Korea in 1974: The "Korean Democracy" on Trial," Asian Survey 15, no. 1 (1975): 40.
63. Ministry of National Defense, *2000 Defense White Paper*, 376.
64. Bae Young-kyung, "北의지따라 반복된 연락채널 차단·복원 . . . 국면전환 '신호 탄' " (Blocking and Restoring Contact Channels Repeatedly at North Korea's Will: Change of Phase 'A Signal' "), Yonhap News, 27 July 2021.
65. The July 4 South-North Joint Communiqué, 4 July 1972.
66. Park Chung-hee, "평화통일 외교정책에 관한 특별성명" (Special Statement on Foreign Policy for Peaceful Unification), 23 June 1973.
67. Letter to the Congress of the United States of America from the Supreme People's Assembly of the Democratic People's Republic of Korea, 6 April 1973.
68. Letter to the Congress of the United States of the United States of America from the Supreme People's Assembly of the Democratic People's Republic of Korea, 13 May 1974.
69. Ministry of National Defense, 2000 Defense White Paper, 376.
70. Bae, "北의지따라 반복된 연락채널 차단·복원 . . . 국면전환 '신호탄.' "
71. Jutta Bolt, Robert Inklaar, Herman de Jong, and Jan Luiten van Zanden, "Maddison Project Database 2020," 7 December 2021, https://www.rug.nl /ggdc/historicaldevelopment / maddison /releases/maddison-project -database-2020.
72. Tae Dong Chung, "Korea's Nordpolitik: Achievements & Prospects," *Asian Perspective* 15, no. 2 (1991): 151–52.
73. Ministry of National Defense, *2000 Defense White Paper*, 377.
74. UN General Assembly, Resolution 3390, "Question of Korea," 18 November 1975, https://digitallibrary.un.org/record/639969.
75. Select Committee on Ethics of the United States Senate, *Korean Influence Enquiry* (Washington, DC: U.S. Government Printing Office, 1978); Lewis M. Simons, "SEATO's Flags Are Coming Down for the Last Time," *Washington Post*, 29 June 1977; J. Bruce Jacobs, "Taiwan 1979: The "'Normalcy' after 'Normalization,'" *Asian Survey* 20, no. 1 (1980): 86.
76. Chong-Sik Lee, "South Korea 1979: Confrontation, *Assassination, and Transition," Asian Survey* 20, no. 1 (1980): 76.
77. Ministry of National Defense, *2000 Defense White Paper*, 377.

78. Brian Kim, "US Lifts Restrictions on South Korea, Ending Range and Warhead Limits" *Defense News*, 25 May 2021.
79. Kristensen and Norris, "A History of Nuclear Weapons in South Korea," 353.
80. Ministry of Foreign Affairs of the Republic of Korea, "외교관계수립현황."
81. Glenn D. Paige, "1966: Korea Creates the Future," *Asian Survey* 7, no. 1 (1967): 27.
82. Soon Sung Cho, "North Korea and South Korea: Stepped-Up Aggression and the Search for New Security," *Asian Survey* 9, no. 1 (1969): 31–32.
83. Joungwon Alexander Kim, "Divided Korea 1969: Consolidating for Transition," *Asian Survey* 10, no. 1 (1970): 33.
84. Park Chung-hee, "평화통일 외교정책에 관한 특별성명."
85. See https://digitallibrary.un.org/search?ln=en&as=0&p=subjectheading:[KOREAN+QUESTION].
86. KOICA, *Annual Report* 1993 (Seoul: KOICA, 1993), 9–10.
87. KOCIS, "History," 2022, https://www.kocis.go.kr/eng/openHistory.do.
88. Pacheco Pardo, *Shrimp to Whale*, 89–90.
89. Joint Statement Following Meetings with President Chun Doo Hwan of the Republic of Korea, 14 November 1983.
90. Kim, "Security, Nationalism, and the Pursuit of Nuclear Weapons and Missiles."
91. Kane, *Global U.S. Troop Deployment*, 9.
92. Kristensen and Norris, "A History of Nuclear Weapons in South Korea," 359.
93. Pacheco Pardo, *Shrimp to Whale*, 87.
94. Pacheco Pardo, *Shrimp to Whale*, 106.
95. Dae-Sook Suh, "South Korea in 1982: The First Year of the Fifth Republic," *Asian Survey* 22, no. 1 (1982): 111.
96. Chun Doo-hwan, "민족화합 민주평화통일 제의" (Formula for National Reconciliation, Democratic Peace and Unification), 22 January 1982.
97. William Chapman, "North Korean Leader's Son Blamed for Rangoon Bombing," *Washington Post*, 3 December 1983.
98. Clyde Haberman, "Korean Families Visit After Border Is Opened," *New York Times*, 21 September 1985.
99. Clyde Haberman, "5 Dead, 36 Hurt in an Explosion at Seoul Airport," *New York Times*, 15 September 1986.
100. Associated Press, "Woman Says She Put Bomb on a Korean Jet, Killing 115," *New York Times*, 15 January 1988.
101. Chae-Jin Lee, "South Korea in 1984: Seeking Peace and Prosperity," *Asian Survey* 25, no. 1 (1985): 86–87.
102. Chae-Jin Lee, "South Korea in 1983: Crisis Management and Political Legitimacy," *Asian Survey* 24, no. 1 (1984): 113–14.
103. Chae, "South Korea in 1984," 85.
104. Chung, "Korea's Nordpolitik," 151.
105. Chae, "South Korea in 1984," 85.
106. Han Sung-Joo, "South Korea in 1987: The Politics of Democratization," *Asian Survey* 28, no. 1 (1988): 59–60.
107. Han Sung-Joo, "South Korea in 1987."
108. KOICA, "Annual Report 1993," 9–10.
109. Pacheco Pardo, *Shrimp to Whale*, 99.

110. Victor Cha, *Beyond the Final Score: The Politics of Sport in Asia* (New York: Columbia University Press, 2009), 56.
111. Alon Levkowitz, "Korea and the Middle East Turmoil: A Reassessment of South Korea–Middle East Relations," *The Korean Journal of Defense Analyses* 24, no. 2 (2012): 228–29.
112. See https://digitallibrary.un.org/search?ln=en&as=0&p=subjectheading: [KOREAN+QUESTION].

第三章　南韓的大戰略

1. Thierry Balzacq, Peter Dombrowski, and Simon Reich, eds., *Comparative Grand Strategy: A Framework and Cases* (Oxford: Oxford University Press, 2019), 8.
2. Roh Tae-woo, "남북이 함께 번영하는 민족공동체: 민족자존과 통일번영을 위한 특별 선언" (A National Community Where the Two Koreas Prosper Together: Special Declaration for National Self-Esteem, Unification, and Prosperity), 7 July 1988.
3. Constitution of the Republic of Korea, 29 October 1987.
4. Socialist Constitution of the Democratic People's Republic of Korea, 29 August 2019.
5. 南韓國防部自從一九八八年發布第一份國防白皮書以來，截至本書撰稿時發布的二〇二二年版，總共發表二十四本國防白皮書。它們全都視北韓可能進犯南韓。
6. Interview with ROK Ministry of Foreign Affairs (MOFA) official, phone, September 29, 2020; interview with ROK MOFA official, Seoul, 6 August 2021; interview with ROK government advisor, Seoul, 11 August 2021.
7. Interview with MOFA official, phone, 20 July 2020; interview with ROK Army official, phone, 5 August 2020; interview with ROK MOFA official 1, online, 17 November 2020.
8. 美韓兩國在一九五三年簽署共同防禦條約以來，南韓就受到美國核子傘的保護，這個政策至二〇二二年仍維持不變。
9. International Institute for Strategic Studies, *The Military Balance 2022* (London: Routledge, 2022), 9.
10. Interview with ROK Army official 2, phone, 5 August 2020; interview with ROK MOFA official, online, 16 September 2020; interview with ROK MOFA official, Seoul, 11 August 2021.
11. 例如，參見the Joint Statement Between the United States and the Republic of Korea, 20 October 2003 (under Roh Moo-hyun); Joint Vision for the Alliance of the United States of America and the Republic of Korea, 16 June 2009 (under Lee Myung-bak); Joint Statement by President Barack Obama of the United States and President Park Geun-hye of South Korea, 7 May 2013 (under Park Geun-hye); U.S.-ROK Leaders' Joint Statement, 21 May 2021 (under Moon-Jae-in); and United States-Republic of Korea Leaders' Joint Statement, 21 May 2022 (under Yoon Suk-yeol).
12. 例如，參見the white papers issued by the ROK MOFA between 1990 and 2021.
13. Interview with ROK government advisor, online, 1 November 2020; interview with ROK MND official, Seoul, 13 August 2021; interview with ROK MOFA official, Seoul, 16 August 2021.
14. Interview with U.S. Department of State official, phone, 20 July 2020; interview with U.S. Department of State official, phone, 22 July 2020.
15. 例如，參見the white papers issued by the ROK MOFA between 1990 and 2021.

16. Interview with ROK Army official 1, phone, 5 August 2020; with ROK MOFA official, Seoul, 24 July 2021; interview with ROK government advisor, Seoul, 21 August 2021.
17. Treaty of Friendship, Co-operation and Mutual Assistance between the People's Republic of China and the Democratic People's Republic of Korea.
18. Interview with ROK government advisor, phone, 18 August 2020; interview with ROK MOFA official, online, 16 September 2020; interview with ROK MOFA official, Seoul, 16 August 2021.
19. International Institute for Strategic Studies, *The Military Balance* 2022, 9.
20. Jessica Chen Weiss, "What China's Assertiveness in the South China Sea Means—and What Comes Next," *Washington Post*, 30 May 2019.
21. Joe Biden, "Remarks by President Biden on America's Place in the World," 4 February 2021.
22. World Bank, "GDP per Capita (Current US$)—Korea, Rep," 2022, https://data.worldbank.org/indicator/NY.GDP.PCAP.CD?locations=KR.
23. Interview with ROK MOFA official, phone, 29 September 2020; interview with ROK MOFA official, Seoul, 15 August 2021.
24. OECD, "List of OECD Members," 2022, https://www.oecd.org/about/document/ratification-oecd-convention.htm.
25. Bank of Korea, "Overview," 2022, https://www.bok.or.kr/eng/main/contents.do?menuNo=400198.
26. G20, "About the G20," 2022, https://g20.org/about-the-g20/; OECD, "Development Assistance Committee (DAC)," 2022, https://www.oecd.org/dac/development-assistance-committee/; G7 UK 2021, "Members & Guests," 2021, https://www.g7uk.org/members-guests/; IMF, "World Economic Outlook Database: October 2021 Edition," 2022, https://www.imf.org/en/Publications/WEO/weo-database/2021/October.
27. Kiseon Chung and Hyun Choe, "South Korean National Pride: Determinants, Changes, and Suggestions," *Asian Perspective* 32, no. 1 (2008): 99–127; Hanwool Jeong, "South Korean National Pride Beyond 'Patriotism Highs' and 'Hell Chosun,'" *East Asia Institute Issue Briefing* (2020).
28. Interview with ROK MOFA official, Seoul, 24 August 2021; interview with ROK MOFA official, Seoul, 26 April 2022.
29. Samuel Huntington, *The Third Wave: Democratization in the Late Twentieth Century* (Norman: University of Oklahoma Press, 1991).
30. 例如，參見the V-Dem Dataset available at https://www.v-dem.net/vdemds.html.
31. Chung and Choe, "South Korean National Pride"; Jeong, "South Korean National Pride."
32. Chung and Choe, "South Korean National Pride"; Jeong, "South Korean National Pride."
33. Interview with ROK government advisor, Seoul, 12 August 2021; interview with ROK MOFA official, Seoul, 15 August 2021; interview with ROK MOFA official, Seoul, 27 April 2022.
34. 本書撰寫期間最近的例子是，南韓和美國、歐洲，以及包含亞洲的其他民主國家站在同一陣線，譴責俄羅斯入侵烏克蘭，要求對莫斯科施加制裁。
35. G7 UK 2021, "Members & Guests."
36. Department of State of the United States of America, "Official Interventions," 2021, https://www.state.gov/official-interventions-the-summit-for -democracy/.
37. Alexander Wendt, *Social Theory of International Politics* (Cambridge: Cambridge University Press, 1999).
38. 一般在政府官方文件、政策演說和決策官員接受訪談時，都以中等強國來指涉南韓這個外交政策行爲者。

39. Interview with ROK MOFA official, online, 21 December 2020; with ROK MOFA official, Seoul, 24 July 2021; interview with ROK MOFA official, Seoul, 15 August 2021.
40. Kim Young-sam, "세계화 구상에 대한 대통령 말씀(옛껍질을 깨고 새로 태어납 시다)" (President's Message on the Globalization Initiative [Let's Break the Old Shell and Be Reborn]), 26 January 1995.
41. APEC, "History," March 2022, https://www.apec.org/about-us/about-apec/history.
42. World Bank, "Trade (% of GDP)," 2022, https://data.worldbank.org/indicator /NE.TRD.GNFS.ZS?most_recent_value_desc=true.
43. Interview with ROK MOFA official, Seoul, 30 July 2021; interview with ROK government advisor, Seoul, 12 August 2021; interview with ROK MOFA official, Seoul, 26 August 2021.
44. Interview with ROK MOFA official, phone, 20 July 2020; interview with ROK MOFA official, Seoul, 26 August 2021; interview with ROK government advisor, Seoul, 9 August 2021.
45. Interview with ROK MOFA official, phone, 20 July 2020; interview with ROK MOFA official, Seoul, 26 August 2021; interview with ROK government advisor, Seoul, 11 August 2021.
46. 例如，參見Carmen M. Reinhart and Kenneth S. Rogoff, *This Time Is Different: Eight Centuries of Financial Folly* (Princeton, NJ: Princeton University Press, 2011).
47. World Bank, "GDP Growth (Annual %)—Korea, Rep," 2022, https://data.worldbank.org/indicator/NY.GDP.MKTP.KD.ZG?locations=KR.
48. International Monetary Fund, "Republic of Korea—IMF Stand-By Arrangement—Summary of the Economic Program," 5 December 1997.
49. 南韓受訪人士被問到這一點時都認爲，自從亞洲金融危機以來這是南韓大戰略背後的驅動力量。
50. ASEAN Plus Three, "History," 2022, https://aseanplusthree.asean.org/about-apt/history/.
51. G20, "About the G20."
52. Bank of Korea, "Basel Committee on Banking Supervision (BCBS)," 2022, https://www.bok.or.kr/eng/main/contents.do?menuNo=400103.
53. Paul Kennedy, *The Rise and Fall of the Great Powers: Economic Change and Military Conflict from 1500 to 2000* (New York: Random House, 1987).
54. David C. Kang, "Hierarchy and Legitimacy in International Systems: The Tribute System in Early Modern East Asia," *Security Studies* 19, no. 4 (2010): 591–622.
55. John Sudworth, "How South Korean Ship Was Sunk," *BBC*, May 20, 2010; BBC "North Korean Artillery Hits South Korean Island," *BBC*, November 23, 2010.
56. 自從二〇一〇年以來，不論哪一政黨執政或是兩韓關係狀況如何，這是南韓所有的國防白皮書裡一再出現的主題。
57. Oh Seok-min, "Russian Aircraft Violates S. Korea's Airspace Above East Sea Twice," *Yonhap News*, 23 July 2019.
58. Yonhap, "S. Korea To Resume Seizure of Illegal Chinese Fishing Boats," *Yonhap News*, 23 October 2020.
59. 俄羅斯在一九九五年將一九六一年簽訂的《蘇聯-北韓條約》廢止，允許它在一九九六年效期屆滿。https://www.tandfonline.com/doi/abs/10.1080/014950301753428018.莫斯科和平壤另行簽訂一份《友好睦鄰合作條約》，但是新約並沒有要求一旦爆發戰爭時，俄羅斯要保護北韓。https://www.tandfonline.com/doi/abs/10.1080/014959301753428018.
60. 例如，參見大韓民國國防部在一九八八年至二〇二二年發布的國防白皮書。

61. Ministry of National Defense of the Republic of Korea, *2018 Defense White Paper* (Seoul: Ministry of National Defense of the Republic of Korea, 2018), 15, 22.
62. Interview with ROK MOFA official, phone, 29 September 2020; interview with ROK MOU official, Seoul, 9 August 2021; interview with ROK government advisor, Seoul, 11 August 2021.
63. Interview with ROK MOFA official, phone, 20 July 2020; interview with ROK MOFA official, phone, 29 September 2020; interview with ROK government advisor, Seoul, 11 August 2021.
64. Interview with ROK government advisor, phone, 18 August 2020; ROK MOFA official, phone, 29 September 2020; interview with ROK MOU official, Seoul, 9 August 2021.
65. Elizabeth Thurbon, *Developmental Mindset: The Revival of Financial Activism in South Korea* (Ithaca, NY: Cornell University Press, 2016).
66. 例如參見韓國企劃財政部和韓國產業通商資源部自從一九九〇年代以來所發表的白皮書。
67. Interview with ROK MOFA official, phone, 20 July 2020; interview with ROK Army official 2, phone, 5 August 2020; interview with ROK MOFA official, Seoul, 11 August 2021.
68. Interview with ROK government advisor, phone, 8 January 2021; interview with ROK MOFA official, Seoul, 11 August 2021; interview with ROK MOFA official, Seoul, 15 August 2021.
69. Interview with ROK MOFA official, phone, 20 July 2020; interview with ROK MOFA official, online, 16 September 2020; interview with ROK government advisor, 8 January 2021.
70. Interview with ROK government advisor, phone, 18 August 2020; interview with ROK MOFA official, Seoul, 16 August 2021; interview with ROK MOFA official, Seoul, 24 August 2021.
71. SIPRI, "Military Expenditure by Country as Percentage of Gross Domestic Product 1949–2020," 2021, https://sipri.org/sites/default/files/SIPRI-Milex -data-1949-2020_0.xlsx.
72. Military Factory, "2022 Military Strength Ranking."
73. SIPRI, "Military Expenditure by Country, in Constant (2019) US$m. 1949– 2020," 2021, https://sipri.org/sites/default/files/SIPRI-Milex-data-1949-2020_0.xlsx.
74. SIPRI, "Military Expenditure by Country as Percentage of Gross Domestic Product."
75. International Institute for Strategic Studies, *The Military Balance 2022*, ch. 6.
76. Kim, "US Lifts Restrictions on South Korea."
77. 直到二〇一九年四月，南韓沒有妥當的網路安全戰略。此時，國家安保室啟動國家網路安全戰略。戰略全文可參見: https://www.itu.int/en/ITU-D/Cybersecurity/Documents/National_Strategies_Repository/National%20Cybersecurity%20Strategy_South%20Korea.pdf.
78. SIPRI, "SIPRI Arms Transfers Database," 2022, https://www.sipri.org/databases/armstransfers.
79. Pieter D. Wezeman, Alexandra Kuimova and Siemon T. Wezeman, "Trends in International Arms Transfers, 2021," *SIPRI Fact Sheet* (2022): 2.
80. SIPRI, "SIPRI Arms Transfers Database."
81. Lowy Institute, "Global Diplomacy Index: 2019 Country Ranking," 2022, available at https://globaldiplomacyindex.lowyinstitute.org/country_rank .html.
82. Ministry of Foreign Affairs of the Republic of Korea, 2022년도 외교부 예산 개요 (Outline of the 2022 Ministry of Foreign Affairs Budget) (Seoul: Ministry of Foreign Affairs of the Republic of Korea, 2022), 42, 44.

83. United Nations, "Former Secretaries-General," 2022, https://www.un.org/sg/en/content/former-secretaries-general.
84. Ramon Pacheco Pardo, Tongfi Kim, Linde Desmaele, Maximilian Ernst, Paula Cantero Dieguez, and Riccardo Villa, *Moon Jae-in's Policy Towards Multilateral Institutions: Continuity and Change in South Korea's Global Strategy* (Brussels: KFVUB Korea Chair, 2019).
85. Eun Mee Kim and Nancy Y. Kim, "The South Korean Development Model," in JeongHun Han, Ramon Pacheco Pardo, and Youngho Cho, eds., *The Oxford Handbook of South Korean Politics (Oxford: Oxford University Press*, 2023), ch. 35.
86. Sohyun Zoe Lee, "Foreign Economic Policy," in Han, Pacheco Pardo, and Cho, *Oxford Handbook of South Korean Politics*, ch. 34.
87. Institute for International Trade, "한국 FTA 추진 10년의 발자취" (Ten Years of Korea FTA Promotion), *Trade Focus* 13, no. 18 (2014): 1–7.
88. Lee, "Foreign Economic Policy."
89. Kim and Kim, "The South Korean Development Model."
90. KOICA, *Annual Report 1993* (Seoul: KOICA, 1993), 10.
91. OECD, "Total Net ODA Disbursements from All Donors to Developing Countries," 2022, https://www.oecd.org/dac/financing-sustainable-development/development-finance-data/idsonline.htm.
92. OECD, "Development Co-operation Profiles—Korea," 2022, https://www.oecd-ilibrary.org/sites/d919ff1a-en/index.html?itemId=/content/component/d919ff1a-en.
93. OECD, *China's Belt and Road Initiative in the Global Trade, Investment and Finance Landscape* (Paris: OECD, 2018), 3–4; OECD, "Development Co-operation Profiles—Japan," 2022, https://www.oecd-ilibrary.org/sites/b8cf3944-en/index.html?itemId=/content/component/d919ff1a-en&_csp_=5da8b1c38c602446d658c9ebe2b44c25&itemIGO=oecd&itemContentType=chapter.
94. Carnes Lord, "The Past and Future of Public Diplomacy," *Orbis* 42, no.1 (1998): 51–54.
95. The Academy of Korean Studies, 'Timeline,' 2021, http://intl.aks.ac.kr/english/usr/wap/detail.do?app=21&seq=10328&lang=eng.
96. Yonhap News Agency, "History," 2022, https://en.yna.co.kr/aboutus/history.
97. Korea Foundation, "Who We Are," 2022 https://www.kf.or.kr/kfEng/cm/cntnts/cntntsView2.do?mi=2126.
98. Arirang, "About Arirang," 13 November 2018, https://www.arirang.com/prroom/About_ArirangN1.asp.
99. Ministry of Foreign Affairs of the Republic of Korea, "Introduction of Public Diplomacy," 2013, https://www.mofa.go.kr/eng/wpge/m_22841/contents.do.
100. Terry Flew, *Understanding Global Media*, 2nd ed. (London: Palgrave Macmillan, 2018), 110–16; Times Higher Education, "World University Rankings 2022," 2022, https://www.timeshighereducation.com/world-university-rankings/2022/world-ranking#!/page/0/length/25/sort_by/rank/sort _order/asc/cols/stats.
101. Joseph Nye, "Soft Power: The Origins and Political Progress of a Concept," *Palgrave Communications* 3 (2017): 2.
102. Ramon Pacheco Pardo, *Shrimp to Whale: South Korea from the Forgotten War to K-Pop* (London: Hurst, 2022), 162–63.
103. Framework on the Promotion of Cultural Industries, 8 February 1999.
104. Ministry of Culture, Sports and Tourism, "History," 2022, http://www.mcst.go.kr/english/about/history.jsp.

105. King Sejong Institute, “Communicating with the World Through the King Sejong Institute,” 2022, https://www.ksif.or.kr/ste/ksf/hkd/lochkd.do?menuNo=31101100.
106. KOCIS, “History,” 2022, https://www.kocis.go.kr/eng/openHistory.do.
107. Interview with ROK MND official, Seoul, 13 August 2021; interview with ROK MOFA official, Seoul, 24 August 2021; interview with ROK MOFA official, Seoul, 26 August 2021
108. Interview with ROK Army official 1, phone, 5 August 2020; interview with ROK government advisor, phone, 28 August 2020; interview with ROK MOFA official, Seoul, 4 August 2021.
109. Interview with ROK Army official 1, phone, 5 August 2020; with ROK MOFA official, Seoul, 24 July 2021; interview with ROK government advisor, Seoul, 11 August 2021.
110. Interview with ROK MOU official, Seoul, 9 August 2021; interview with ROK MOFA official, 15 August 2021; interview with ROK MOFA official, 24 August 2021.
111. World Bank, World Integrated Trade Solution Database, 2022, https://wits.worldbank.org/Default.aspx?lang=en.
112. IMF, Direction of Trade Statistics, 25 March 2022, https://data.imf.org/?sk=9d6028d4-f14a-464c-a2f2-59b2cd424b85.
113. ADB, *Asian Economic Integration Report 2021: Making Digital Platforms Work for Asia and the Pacific* (Manila: ADB, 2021), 17.
114. Interview with ROK MOFA official, online, 17 November 2020; interview with ROK MOFA official, Seou, 30 July 2021; interview with ROK government advisor, Seoul, 11 August 2021.
115. Kaewkamol Pitakdumrongkit, *Negotiating Financial Agreement in East Asia: Surviving the Turbulence* (London: Routledge, 2015), ch. 5.
116. 參見一九八八年及一九九〇年以後之大韓民國國防部國防白皮書，以及大韓民國外交部外交白皮書。
117. Interview with Japan MOFA official, online, 16 September 2008; interview with Japan MOFA official, London, 10 January 2014.
118. Interview with ROK MOFA official, Seoul, 6 August 2021; interview with ROK MOU official, Seoul, 9 August 2021; interview with ROK government advisor, Seoul, 12 August 2021.
119. Ministry of Foreign Affairs of the Republic of Korea, “외교관계수립현황” (Status of Establishment of Diplomatic Relations), December 2021, https://www.mofa.go.kr/www/wpge/m_4181/contents.do.
120. U.S. Energy Information Administration, “South Korea,” 6 November 2020, https://www.eia.gov/international/analysis/country/KOR.
121. Presidential Committee on New Southern Policy, *New Southern Policy Plus* (Seoul: Government of the Republic of Korea, 2021), 8.
122. Interview with Russia government advisor, Washington, DC, 25 March 2008; interview with U.S. Department of State official, Washington, DC, 25 March 2008; interview with ROK MOFA official, phone, 29 September 2020.
123. Presidential Committee on Northern Economic Cooperation, *9-BRIDGE Strategy*, 2017, https://www.bukbang.go.kr/bukbang_en/vision_policy/9 -bridge/
124. Australian Government Department of Foreign Affairs and Trade, *2017 Foreign Policy White Paper* (Canberra: Australian Government Department of Foreign Affairs and Trade, 2017), ch. 3.
125. Ministry of Foreign Affairs of the Republic of Korea, “재외동포 정의 및 현 황” (Total

Number of Overseas Koreans), 2022, https://www.mofa.go.kr/www/wpge/m_21509/contents.do.

126. Interview with EU official, Seoul, 5 August 2021; interview with ROK MOFA official, Seoul, 21 August 2021; interview with ROK MOFA official, Seoul, 24 August 2021.
127. ADB, "Republic of Korea-Chile Free Trade Agreement," 2015, https://aric.adb.org/fta/korea-chile-free-trade-agreement.
128. Carolina Urrego-Sandoval and Ramon Pacheco Pardo, eds., *Exploring Trade Cooperation Between the Pacific Alliance and South Korea* (Bogota: Universidad de los Andes, 2021).
129. Interview with ROK Ministry of Economy and Finance official, phone, 14 June 2017; interview with ROK government advisor, phone, 18 August 2020; interview with ROK MOFA official, Seoul, 15 August 2021.
130. Interview with ROK MOFA official, phone, 20 July 2020; interview with ROK government advisor, phone, 18 August 2020; interview with ROK MOFA official, Seoul, 16 August 2021.
131. Urrego-Sandoval and Pacheco Pardo, *Exploring Trade Cooperation*.

第四章　三角核心

1. Roh Tae-woo, "남북이 함께 번영하는 민족공동체: 민족자존과 통일번영을 위한 특별 선언" (A National Community Where the Two Koreas Prosper Together: Special Declaration for National Self-Esteem, Unification, and Prosperity), 7 July 1988.
2. Interview with ROK Ministry of Foreign Affairs (MOFA) official, phone, 29 September 2020; interview with ROK MOFA official, Seoul, 28 July 2021.
3. Roh, "남북이 함께 번영하는 민족공동체."
4. Ministry of Unification of the Republic of Korea, 남북대화 50년 (50 Years of Inter-Korean Dialogue) (Seoul: Ministry of Unification of the Republic of Korea, 2021), 44–45.
5. Roh, "남북이 함께 번영하는 민족공동체."
6. United Nations, "Member States," 2022, https://www.un.org/en/about-us/member-states.
7. Agreement on Reconciliation, Non-aggression and Exchanges and Cooperation Between the South and the North, 13 December 1991.
8. Hans M. Kristensen and Robert S. Norris, "A History of US Nuclear Weapons in South Korea," *Bulletin of the Atomic Scientists* 73, no. 6 (2017): 349–50.
9. Joint Declaration on the Denuclearization of the Korean Peninsula, 20 January 1992.
10. International Atomic Energy Agency, Agreement of 30 January 1992 between the Government of the Democratic People's Republic of Korea and the International Atomic Energy Agency for the Application of Safeguards in Connection with the Treaty on the Non-Proliferation of Nuclear Weapons, 30 January 1992.
11. IAEA, "Fact Sheet on DPRK Nuclear Safeguards," 2022, https://www.iaea.org/newscenter/focus/dprk/fact-sheet-on-dprk-nuclear-safeguards.
12. CSIS, "Missiles of South Korea," 10 August 2021, https://missilethreat.csis.org/country/south-korea/.
13. Korea Aerospace Research Institute, "History," 2022, https://www.kari.re.kr/eng/sub01_04.do.
14. Alexander A. Sergounin and Sergey V. Subbotin, *Russian Arms Transfers to East Asia in the 1990s* (Oxford: Oxford University Press, 1999), 112.

15. Ministry of National Defense of the Republic of Korea, *1988 국방백서*1988 (1988 Defense White Paper) (Seoul: Ministry of National Defense of the Republic of Korea, 1988), ch. 2.
16. Roh Tae-woo, "새로운 세계질서(世界秩序)와 한(韓)·미(美) 동반관계" (A New World Order and Korea–U.S. Partnership), 23 September 1992.
17. Kristensen and Norris, "History of Nuclear Weapons in South Korea."
18. 一九八八年八月提出的「八一八計畫」目的是將大韓民國軍事現代化，詳細內容可參見 Ministry of National Defense of the Republic of Korea, 1989 국방백 (1989 Defense White Paper) (Seoul: Ministry of National Defense of the Republic of Korea, 1989).
19. Andrea Matles Savada and William Shaw, eds., *South Korea: A Country Study* (Washington, DC: Federal Research Division, Library of Congress, 1992), 295–96.
20. Savada and Shaw, *South Korea*, 295–96.
21. Ministry of National Defense of the Republic of Korea, *1992–1993국방백서* (1992–1993 Defense White Paper) (Seoul: Ministry of National Defense of the Republic of Korea, 1993), 191–4.
22. Ministry of National Defense of the Republic of Korea, *1988 국방백서*.
23. Kang Young-jin, "사우디가 공습의 6% 수행/다국적군 참가국 역할분담(걸프 전)" (Saudi Arabia Conducted 6% of Strikes/Role Sharing among the Participating Countries in the Multinational Forces [Gulf War]), *JoongAng Ilbo*, 6 February 1991.
24. "S. Korea To Join U.S.-Led Maritime Drills Next Month: Officials," *Yonhap News*, 17 May 2022.
25. See the GATT documents available via the World Trade Organization, https://www.wto.org/english/docs_e/gattdocs_e.htm.
26. Roh, "남북이 함께 번영하는 민족공동체."
27. Interview with ROK MOFA official, phone, September 29, 2020.
28. KBS, "중국, 서울올림픽 참가 공식통보" (China Officially Announces Its Participation in the Seoul Olympics), *KBS News*, 14 January 1988.
29. KBS, "개막식" (Opening Ceremony), *KBS News*, 22 September 1990.
30. Interview with ROK MOFA official, phone, 29 September 2020.
31. ADB, "Integration Indicators," 2022, https://aric.adb.org/database/integration.
32. ADB, "Integration Indicators."
33. ADB, "Integration Indicators."
34. China's Statistic Yearbook, published by the National Bureau of Statistics of China, started recording data on South Korean FDI into China from 1992.
35. "대상: '중국은행서울사무소' " (Target: People's Bank of China Seoul Office), *Hankyung News*, 2 April 2006.
36. Interview with ROK MOFA official, phone, 29 September 2020.
37. Qian Qichen, *Ten Episodes in China's Diplomacy* (New York: HarperCollins, 2005), 114–16.
38. Qichen, *Ten Episodes*, ch. 5.
39. 한중수교 공동성명 (Joint Statement on the Establishment of Republic of Korea– China Diplomatic Relations), 24 August 1992.
40. KBS, "중국 방문 노태우 대통령 북경공항 환영식" (President Roh Tae-woo's Visit to China Welcome Ceremony at Beijing Airport," KBS News, 27 September 1992.
41. Kim Young-sam, "제49주년 광복절 경축사 (위대한 한민족의 시대를위한 매진)" (49th Liberation Day Congratulatory Speech: Striving for a Great Korean Era), 15 August 1994.
42. Interview with ROK MOU official, Seoul, 26 August 2008; with ROK MOFA official, Seoul,

19 September 2008.

43. Interview with ROK MOU official, Seoul, 26 August 2008; with ROK MOFA official, Seoul, 19 September 2008.
44. Kim, "제49주년 광복절 경축사."
45. IAEA, "Fact Sheet on DPRK Nuclear Safeguards."
46. IAEA, "Fact Sheet on DPRK Nuclear Safeguards."
47. Interview with ROK MOFA official, Seoul, 18 September 2008.
48. Marion Creekmore, *A Moment of Crisis: Jimmy Carter, the Power of a Peacemaker, and North Korea* (New York, NY: PublicAffairs, 2006).
49. Interview with ROK MOFA official, Seoul, 18 September 2008.
50. Agreed Framework between the United States of America and the Democratic People's Republic of Korea, 21 October 1994.
51. KEDO, "About Us: Our History," 1999–2022, http://www.kedo.org/au_history.asp.
52. Department of State of the United States of America, "Readout on August 1997 Four-Party Talks re. Korean Peninsula," 8 August 1997.
53. Ministry of Unification of the Republic of Korea, *통일백서 1994* (White Paper on Korean Unification 1994) (Seoul: Ministry of Unification of the Republic of Korea, 1994), 24, 26.
54. James Kim, "N. Korea's Kim Il-sung, 82, Dies," UPI, 9 July 1994.
55. Minn Chung, "Seoul Will Become a Sea of Fire . . .," *Bulletin of Concerned Asian Scholars* 26, no. 1–2 (1994): 132.
56. Bae, "北의지따라 반복된 연락채널 차단·복원 . . . 국면전환 '신호탄.' "
57. Kim, "US Lifts Restrictions on South Korea."
58. Oh Dongryong, "金泳三 대통령, 1994년 한국형 핵추진 잠수함 제작 지시" (President Kim Young-sam Gave Orders to Build a Korean Nuclear-Powered Submarine in 1994), *Monthly Chosun*, July 2009.
59. Kim Jihoon, "러시아에 빌려준 돈, 탱크로 대신 받았다 . . .'불곰 사업'이란" (Money Lent to Russia, Received in Exchange for Tanks . . . What Is the 'Brown Bear Project'), *Moneytoday*, 17 November 2021.
60. Joint Ministries, *제3차 우주개발 진흥 기본계획—2021년도 우주개발 진흥 시행 계획* (The Third Space Development Promotion Basic Plan [2018–2040]—2021 Space Development Promotion Implementation Plan) (Sejong City: Ministry of Science and ICT, 2021).
61. Korea Aerospace Research Institute, "History."
62. Kim Young-sam, "한·미 정상 공동기자회견 서두말씀(미래지향적 동맹관계로 향 한 발걸음)" (Introductory Remarks at the Joint Press Conference between the ROK and the United States [Toward a Future-Oriented Alliance]), 27 July 1995.
63. Interview with ROK MOFA official, Seoul, 18 September 2008; interview with U.S. Department of State official, phone, 20 July 2020.
64. Kim Young-sam, "한·미 정상 공동기자회견 서두말씀(미래지향적 동맹관계로 향한 발걸음)."
65. Interview with ROK MOFA official, Seoul, 18 September 2008; interview with U.S. Department of State official, phone, 20 July 2020.
66. Interview with ROK MOFA official, Seoul, 18 September 2008.
67. Kristensen and Norris, "A History of Nuclear Weapons in South Korea," 353–54.
68. Interview with ROK MOFA official, Seoul, 18 September 2008.
69. See ROK MND Defense white papers from 1988 to 2020.
70. SIPRI, "SIPRI Arms Transfers Database," 2022, https://www.sipri.org/databases/arm-

stransfers.
71. Interview with ROK MOU official, Seoul, 26 August 2008.
72. See the GATT documents available via the World Trade Organization, https://www.wto.org/english/docs_e/gattdocs_e.htm.
73. UNFCC, *Parties—Republic of Korea*, 7 August 2018, https://unfccc.int/node/61147.
74. 2021 Seoul UN Peacekeeping Ministerial Preparatory Secretariat, "ROK Contribution to UN Peacekeeping," 2021, https://www.unpko2021.kr/EN/PKO/korea.
75. KOCIS, "History," 2022, https://www.kocis.go.kr/eng/openHistory.do.
76. ADB, "Integration Indicators."
77. National Bureau of Statistics of China, "Statistical Database," 2012, http://www.stats.gov.cn/english/Statisticaldata/AnnualData/ (see annual "Actually Used Foreign Direct and Other Investment by Country or Territory" data).
78. KBS, "김영삼 대통령, 일본.중국 순방 6박7일" (President Kim Young-sam Tours Japan and China for 7 Days and 6 Nights," *KBS News*, 30 March 1994.
79. Teresa Watanabe, "China's President *Begins M*ilestone Visit to South Korea," *Los Angeles Times*, 14 November 1995.
80. KOCIS, "History."
81. Interview with ROK MOU official, Seoul, 26 August 2008.
82. James Risen, "U.S. Warns China on Taiwan, Sends Warship to Area," Los Angeles Times, 11 March 1996.
83. Interview with ROK MOFA official, Seoul, 18 September 2008.
84. Interview with ROK MOFA official, Seoul, 18 September 2008.
85. Interview with ROK MOFA official, Seoul, 18 September 2008.
86. Kim Dae-jung, "제15 대 대통령 취임사" (15th President's Inaugural Address), 25 February 1998.
87. Kim Dae-jung, "2001년도 예산안 제출에 즈음한 국회 시정연설(평화와 번영의 한반도 시대를 열기 위하여)" (Speech to the National Assembly on the Occasion of the Submission of the Budget for 2001 to Open an Era of Peace and Prosperity on the Korean Peninsula), 8 November 2000.
88. Kim Dae-jung, *Kim Dae-jung' s "Three-Stage" Approach to Korean Unification. Focusing on the South-North Confederal Stage* (Los Angeles: Center for Multiethnic and Transnational Studies, University of Southern California, 1997), 1–36.
89. Kim Dae-jung, "Korean Reunification: A Rejoinder," *Security Dialogue* 24, no. 4 (1993): 410–11.
90. South-North Joint Declaration, Pyongyang, 15 June 2000.
91. Ministry of Unification of the Republic of Korea, 남북대화 50년, 69.
92. Statistics Korea, "남북 이산가족 상봉 추이" (South–North Korean Family Reunions), 2022, http://www.index.go.kr/potal/main/EachDtlPageDetail.do?idx_cd=1696.
93. Ministry of Unification of the Republic of Korea, "Inter-Korean Dialogue," 2022, https://www.unikorea.go.kr/eng_unikorea/relations/statistics/dialogue/.
94. Interview with Cheong Wa Dae official, Seoul, 30 July 2020; interview with ROK MOU official, Seoul, 26 August 2008.
95. Sheryl WuDunn, "North Korea Fires Missile Over Japanese Territory," *New York Times*, 1 September 1998.
96. Nicholas Macfie, "Factbox: The Battles of the Korean West Sea," Reuters, 29 November 2010.

97. Macfie, "Factbox."
98. Kim, "US Lifts Restrictions on South Korea."
99. Kim Dae-jung, "한·미 정상회담 공동기자회견 서두말씀(21세기를 향한 한차원 높은 동반자 관계)" (Preface to the Joint Press Conference of the Korea-U.S. Summit [A Higher-Level Partnership for the 21st Century]), 9 June 1998.
100. Interview with Cheong Wa Dae official, Seoul, 1 August 2008.
101. Interview with Cheong Wa Dae official, Seoul, 1 August 2008.
102. Kim Dae-Jung, Conscience in Action: *The Autobiography of Kim Dae-jung*, trans. Jeon Seung-hee (London: Palgrave Macmillan, 2019), 501.
103. White House, *A New National Security Strategy for a New Century* (Washington, DC: White House, 1998), 42.
104. Interview with U.S. Department of State official, Washington, DC, 9 April 2008.
105. IAEA, "Fact Sheet on DPRK Nuclear Safeguards."
106. George W. Bush, "State of the Union Address," 29 January 2002.
107. Kim, *Conscience in Action*, 733–37, 772–76.
108. Interview with U.S. White House official, Washington, DC, 9 April 2008; interview with Cheong Wa Dae official, Seoul, 30 July 2008.
109. See Korea Foundation, "Annual Reports," 2022, https://www.kf.or.kr/kfEng/cm/cntnts/cntntsView.do?mi=2129&cntntsId=1630.
110. Interview with ROK MOFA official, London, 30 October 2008.
111. See WTO, "Disputes by Member," 2022, https://www.wto.org/english/tratop_e/dispu_e/dispu_by_country_e.htm.
112. Kim Dae-jung, "중국 베이징 대학교 연설(동북아지역의 평화와 안정을 위한 한· 중 협력)" (Speech at Peking University, China [Korea-China Cooperation for Peace and Stability in Northeast Asia]), 12 November 1998.
113. Kim, 중국 베이징 대학교 연설(동북아지역의 평화와 안정을 위한 한·중 협력).
114. Kim, 중국 베이징 대학교 연설(동북아지역의 평화와 안정을 위한 한·중 협력).
115. Interview with Cheong Wa Dae official, Seoul, 30 July 2008.
116. ADB, "Integration Indicators."
117. World Bank, World Integrated Trade Solution Database, 2022, https://wits.worldbank.org/Default.aspx?lang=en.
118. National Bureau of Statistics of China, "Statistical Database."
119. Interview with Cheong Wa Dae official, Seoul, 30 July 2008.
120. Interview with Cheong Wa Dae official, Seoul, 30 July 2008.
121. Ramon Pacheco Pardo, *Shrimp to Whale: South Korea from the Forgotten War to K-Pop* (London: Hurst, 2022), 162–63.
122. Interview with ROK MOFA official, London, 30 October 2008.
123. KBS, "2014 KBS한중가요제 26일 개최. . . 엑소·블락비 등 참가" (14th KBS Korea-China Music Festival Held on the 26th . . . Participation of EXO, Block B, etc), *KBS News*, 20 November 2014.
124. Pacheco Pardo, *Shimp to Whale*, 160.
125. "Chronology of Key Events Since Establishment of S. Korea-China Diplomatic Ties," *Yonhap News*, 18 August 2017.
126. Ministry of National Defense of the Republic of Korea, *2004 Defense White Paper* (Seoul: Ministry of National Defense of the Republic of Korea, 2004).
127. Interview with ROK MOFA official, Seoul, 4 August 2008; interview with ROK Army offi-

cial 1, phone, 5 August 2020.

128. Ministry of National Defense of the Republic of Korea, *2006 Defense White Paper* (Seoul: Ministry of National Defense of the Republic of Korea, 2006).

129. Interview with ROK MOU official, Seoul, 11 September 2008.

130. IAEA, "Fact Sheet on DPRK Nuclear Safeguards"; Roh Moo-hyun, "제16 대 대통령 취임사" (16th President's Inaugural Address), 25 February 2003.

131. Korea Herald, "Koreas Celebrate First Joint Venture Production," *Korea Herald*, 16 December 2014.

132. Ministry of Unification of the Republic of Korea, "Humanitarian Cooperation," 2022, https://www.unikorea.go.kr/eng_unikorea/relations/statistics/humanitarian/.

133. Ministry of Unification of the Republic of Korea, "Inter-Korean Exchanges & Cooperation," 2022, https://www.unikorea.go.kr/eng_unikorea/relations/statistics/exchanges/.

134. Bae, "北의지따라 반복된 연락채널 차단·복원 . . . 국면전환 '신호탄.' "

135. Presidential Committee on Northeast Asian Cooperation, *Toward a Peaceful and Prosperous Northeast Asia* (Seoul: Government of the Republic of Korea, 2004).

136. Joint Statement of the Fourth Round of the Six-Party Talks, Beijing, 19 September 2005.

137. Initial Actions to Implement Six-Party Talks Joint Statement, Beijing, 13 February 2007.

138. The Opening of the 2nd Working Group Meeting on Northeast Asia Peace and Security Mechanism, Moscow, 20 August 2007.

139. UN Security Council, *Security Council Committee Established Pursuant to Resolution 1718 (2006)*, 2022, https://www.un.org/securitycouncil/sanctions/1718

140. Declaration on the Advancement of South-North Korean Relations, Peace and Prosperity, Pyongyang, 4 October 2007.

141. Oh, "金泳三 대통령, 1994년 한국형 핵추진 잠수함 제작 지시." (President Kim Youngsam Gave Orders to Build a Korean Nuclear-Powered Submarine in 1994).

142. Ministry of National Defense of the Republic of Korea, *국방개혁 2020—이 렇게 추진합니다* (Defense Reform Plan 2020—We Wil Proceed as Follows) (Seoul: Ministry of National Defense of the Republic of Korea, 2005).

143. Ministry of National Defense of the Republic of Korea, 2006 *Defense White Paper*, 40.

144. Interview with ROK MOFA official, Seoul, 4 August 2008.

145. Ministry of National Defense of the Republic of Korea, *국방개혁 2020*, 4.

146. Roh Moo-hyun, "한 . 미 동맹의 미래지향적 조정" (Forward-looking Coordination of the Korea–U.S. Alliance), February 2009.

147. Interview with ROK MOFA official, Seoul, 4 August 2008.

148. Mark Bromley, Paul Holton, Pieter D. Wezeman, and Siemon T. Wezeman, "SIPRI Arms Transfers Data, 2008," *SIPRI Fact Sheet* (2009): 2.

149. Reuters Staff, "South Korea Launches $1 bln Advanced Destroyer," *Reuters*, 25 May 2007.

150. Voice of America, "S. Korea, US Fail to Reach Agreement on Troop Withdrawal," *Voice of America*, 20 August 2004.

151. Department of State of the United States of America, "U.S., South Korea to Transfer Wartime Force Command in 2012," 23 February 2007.

152. Interview with U.S. White House official, Washington, DC, 3 April 2008; interview with ROK MOFA official, London, 30 October 2008.

153. Interview with ROK MOU official, 11 September 2008.

154. Interview with ROK MOFA official, 4 August 2008.

155. Interview with ROK MOFA official, 4 August 2008.

156. 2021 Peacekeeping Secretariat, "ROK Contribution to UN Peacekeeping."
157. Roh Moo-hyun, "[미국 방문]귀국보고" ([Visit to the United States] Report on Return), 17 May 2003; Roh Moo-hyun, "2004년 신년기자회견 모두연설" (2004 New Year's Press Conference Full Transcript), 14 January 2004.
158. Reuters Staff, "All South Korea Troops to Leave Iraq by End of '08," *Reuters*, 19 September 2008.
159. ADB, "Republic of Korea-United States Free Trade Agreement," 2015, https://aric.adb.org/fta/korea-united-states-free-trade-agreement.
160. Interview with U.S. White House official, Washington, DC, 9 April 2008; interview with ROK MOFA official, online, 12 November 2020.
161. ADB, "Republic of Korea-United States Free Trade Agreement."
162. ADB, "Integration Indicators."
163. KNOC, "Operations—USA," 21 January 2022, https://www.knoc.co.kr/ENG/sub03/sub03_1_2_3.jsp.
164. WTO, "Disputes by Member."
165. Korea Foundation, "Who We Are," 2022 https://www.kf.or.kr/kfEng/cm/cntnts/cntntsView2.do?mi=2126; King Sejong Institute, "Communicating with the World Through the King Sejong Institute," 2022, https://www.ksif.or.kr/ste/ksf/hkd/lochkd.do?menuNo=31101100.
166. The Korea Times Music Festival, "About," 2022, http://ktmf.koreatimes.com/?page_id=36.
167. Roh Moo-hyun, "[중국 국빈방문]청화대학 초청 연설" ([China Visit] Speech at Tsinghua University), 9 July 2003.
168. World Bank, World Integrated Trade Solution Database.
169. ADB, "Integration Indicators."
170. ADB, "People's Republic of China-Republic of Korea Free Trade Agreement," 2015, https://aric.adb.org/fta/peoples-republic-of-china-korea-free -trade-agreement.
171. Interview with U.S. White House official, Washington, DC, 3 April 2008; interview with Japan MOFA official, London, 14 May 2009; interview with ROK MOFA official, London, 30 October 2008.
172. Interview with ROK MOFA official, London, 30 October 2008.
173. "Chronology of Key Events."
174. KOCIS, "History."
175. King Sejong Institute, "Communicating with the World."
176. KBS, "2014 KBS한중가요제 26일 개최. . . 엑소·블락비 등 참가" (14th KBS Korea-China Music Festival Held on the 26th . . . Participation of EXO, Block B, etc).
177. Korea Foundation, "Who We Are."
178. Ministry of Foreign Affairs of the Republic of Korea, "Goguryeo," 2013, https://www.mofa.go.kr/eng/wpge/m_5436/contents.do.
179. Ministry of National Defense of the Republic of Korea, *국방개혁 2020.*
180. Interview with ROK MOFA official, online, 15 July 2020.
181. Kim Eun-jung, "Lee Aide Says Two Koreas Discussed Schedule, Venue of Possible Summit in 2009," *Yonhap News*, 29 June 2012.
182. Interviews with ROK MOU official, phone, 24 July 2020.
183. Ministry of National Defense of the Republic of Korea, *2008 Defense White Paper* (Seoul: Ministry of National Defense of the Republic of Korea, 2008).
184. Ministry of Unification of the Republic of Korea, 남북대화 50년, 69.

185. Bae, "北의지따라 반복된 연락채널 차단·복원 . . . 국면전환 '신호탄.' "
186. "Chronology of N. Korea's Nuclear Tests Before Inter-Korean Summit Agreement on Nuke Program," *Yonhap News*, 27 April 2018.
187. CSIS, "Missiles of North Korea," 24 March 2022, https://missilethreat.csis .org/country/dprk/.
188. Ramon Pacheco Pardo, Tongfi Kim, Maximilian Ernst, Sung Kyoo Ahn, and Riccardo Villa, *Beyond Traditional Security: South Korea's Positioning Towards the Cyber, Energy, Maritime and Trade Security Domains* (Brussels: KF-VUB Korea Chair, 2020), 9.
189. Macfie, "Factbox: The Battles of the Korean West Sea."
190. Macfie, "Factbox."
191. Lee Myung-bak, "대국민 담화문" (Public Statement), 24 May 2010.
192. Bae, "北의지따라 반복된 연락채널 차단·복원 . . . 국면전환 '신호탄.' "
193. Macfie, "Factbox."
194. Mark MacDonald, "Crisis Status in South Korea After North Shells Island," *New York Times*, 23 November 2010.
195. Ministry of National Defense of the Republic of Korea, *2010 Defense White Paper* (Seoul: Ministry of National Defense of the Republic of Korea, 2010), 25–27.
196. Pacheco Pardo et al., *Beyond Traditional Security*, 10.
197. Interview with ROK MOFA official, phone, 20 July 2020.
198. Ministry of Unification of the Republic of Korea, "Humanitarian Aid."
199. Bae, "北의지따라 반복된 연락채널 차단·복원 . . . 국면전환 '신호탄.' "
200. Interview with ROK MOFA official, 20 July 2020.
201. Ministry of National Defense of the Republic of Korea, *국방개혁 307계획* (Defense Reform Plan 307) (Seoul: Ministry of National Defense of the Republic of Korea, 2011).
202. Ministry of National Defense of the Republic of Korea, *2014 Defense White Paper* (Seoul: Ministry of National Defense of the Republic of Korea), 60–61.
203. Ministry of National Defense, *2014 Defense White Paper*, 60–62.
204. Kim, "US Lifts Restrictions on South Korea."
205. Kim Min-seok and Ser Myo-ja, "South Korean Navy Dominating," *Korea JoongAng Daily*, 12 May 2008.
206. Digital News Team, "이명박 정부, '한국형 핵추진 잠수함' 건조 추진" (Lee Myung-bak Pushes Ahead to Build "Korean Nuclear-Powered Submarine"), *Kyunghyang Shinmun*, 23 September 2010.
207. Korea Aerospace Research Institute, "History."
208. Ministry of National Defense of the Republic of Korea, 국방개혁 307 .
209. Lee Myung-bak, "제17 대 대통령 취임사" (17th President's Inaugural Address), 25 February 2008.
210. Joint Vision for the Alliance of the United States of America and the Republic of Korea, Washington, DC, 16 June 2009.
211. Joint Vision, 16 June 2009.
212. Ministry of National Defense of the Republic of Korea, *2010 Defense White Paper* (Seoul: Ministry of National Defense of the Republic of Korea, 2010), 79.
213. BBC, "Submarine Focus for US-South Korea Military Drill," *BBC*, 26 July 2010.
214. John D. Banusiewicz, "Clinton, Gates Reaffirm U.S. Commitment to South Korea," American Forces Press Service, 22 July 2010.
215. Trilateral Statement Japan, Republic of Korea, and the United States, Washington, DC, 6

December 2010.

216. Remarks by President Obama and President Lee Myung-bak of the Republic of Korea After Bilateral Meeting, 26 June 2010.
217. Interview with Cheong Wa Dae official, phone, 23 July 2020.
218. Lee Myung-bak, *The Uncharted Path: An Autobiography* (Naperville: Sourcebooks, 2011).
219. ADB, "Republic of Korea-United States Free Trade Agreement."
220. Bank of Korea, *2008 Annual Report* (Seoul: Bank of Korea, 2009), 25.
221. ADB, "Integration Indicators."
222. KNOC, "Operations—USA."
223. WTO, "Disputes by Member."
224. Pacheco Pardo, *Shrimp to Whale*, 174.
225. The G20 Seoul Summit Leaders' Declaration, Seoul, 12 November 2010.
226. Seoul Nuclear Security Summit Communiqué, Seoul, 27 March 2012.
227. Ministry of National Defense of the Republic of Korea, "소말리아 해역 청해부대 ('09. 3. ~ 현재)" (Cheonghae Unit in the Waters of Somalia (March 2009– Present)), 2022, https://www.mnd.go.kr/user/boardList.action?command=view&page=1&boardId=O_46599&boardSeq=O_50274&titleId=mnd_010700000000&id=mnd_010702000000.
228. Combined Maritime Forces, "CTF 151: Counter-Piracy," 2022, https://combinedmaritimeforces.com/ctf-151-counter-piracy/.
229. 2021 Peacekeeping Secretariat, "ROK Contribution to UN Peacekeeping."
230. Embassy of the Republic of Korea in Afghanistan, "Ambassador's Greetings," 2022, https://overseas.mofa.go.kr/af-en/wpge/m_2593/contents.do.
231. 2021 Peacekeeping Secretariat, "ROK Contribution to UN Peacekeeping."
232. KOCIS, "History."
233. Korea Foundation, "Who We Are."
234. KCON USA, "About Us," 2021, https://www.kconusa.com/about-us/.
235. James Minor, "K-Pop Night Out's 5-Year Anniversary at SXSW," 23 January 2017, https://www.sxsw.com/music/2017/k-pop-night-5-year-anniversary/.
236. Ministry of National Defense of the Republic of Korea, *2010 Defense White Paper*, 93
237. ADB, "People's Republic of China-Republic of Korea Free Trade Agreement."
238. Interview with ROK MOFA official, online, 16 September 2020.
239. Interview with ROK MOFA official, 16 September 2020.
240. Bank of Korea, *2008 Annual Report*, 25.
241. ADB, "Integration Indicators."
242. Interview with ROK MOFA official, online, 16 September 2020.
243. "Chronology of Key Events."
244. Interview with ROK MOFA official, phone, 20 July 2020.
245. Joint Statement for Tripartite Partnership, Fukuoka, 13 December 2008.
246. Trilateral Cooperation Secretariat, "What Is TCS," 2022, https://www.tcs-asia.org/en/about/overview.php.
247. Sarah Kim, "Korea, China to Establish a New Defense Phone Line," *Korea JoongAng Daily*, 24 July 2014.
248. Interview with ROK MOFA official, online, 16 September 2020.
249. KBS, "2014 KBS한중가요제 26일 개최. . . 엑소·블락비 등 참가" (14th KBS Korea-China Music Festival Held on the 26th . . . Participation of EXO, Block B, etc).

250. Interview ROK MOFA official, Seoul, 26 August 2021; interview with U.S. Department of State official, phone, 22 July 2020.
251. "Wen Calls for Defusing Tensions over ROK Warship Sinking," *Xinhua*, May 30, 2010; Lee Myung-bak, "대국민 담화문."
252. Interview with China MFA official, London, 26 July 2011.
253. Interview with ROK MOFA official, phone, 4 September 2020.
254. Ministry of Unification of the Republic of Korea, *Trust-Building Process on the Korean Peninsula*, September 2013.
255. See ROK MND Defense white papers of 2014 and 2016.
256. BBC, "Koreas Restart Operations in Kaesong Industrial Zone," BBC, 16 September 2013.
257. Ministry of Unification of the Republic of Korea, "Humanitarian Cooperation."
258. Chang Jae-soon, "Park Willing to Meet N. Korean Leader Anytime," *Yonhap News*, 3 November 2013.
259. Ministry of Foreign Affairs of the Republic of Korea, *2016 Diplomatic White Paper* (Seoul: Ministry of Foreign Affairs of the Republic of Korea, 2016), 50–51.
260. Ministry of Foreign Affairs of the Republic of Korea, "Northeast Asia Peace and Cooperation Initiative: Moving beyond the Asian Paradox Towards Peace and Cooperation in Northeast Asia," 2013.
261. "Chronology of N. Korea's Nuclear Tests."
262. Pacheco Pardo et al., *Beyond Traditional Security*, 9.
263. CSIS, "Missiles of North Korea."
264. "Chronology of N. Korea's Nuclear Tests."
265. Pacheco Pardo et al., *Beyond Traditional Security*, 10.
266. Trilateral Information Sharing Arrangement Concerning the Nuclear and Missile Threats Posed by North Korea Among the Ministry of National Defense of the Republic of Korea, the Ministry of Defense of Japan and the Department of State of the United States of America, December 2014.
267. BBC, "South Korea Halts Joint Venture after North's Test," BBC, 10 February 2016.
268. Bae, "北의지따라 반복된 연락채널 차단·복원 . . . 국면전환 '신호탄.' "
269. North Korea Human Rights Act, 3 March 2016.
270. Ministry of National Defense of the Republic of Korea, *2016 Defense White Paper* (Seoul: Ministry of National Defense of the Republic of Korea, 2016), 52, 107.
271. Ministry of National Defense of the Republic of Korea, *2016 Defense White Paper*, 72–73.
272. Ministry of National Defense, *2016 Defense White Paper*, 71–72.
273. Agreement Between the Government of Japan and the Government of the Republic of Korea on the Protection of Classified Military Information, Seoul, 23 November 2016.
274. Interview with ROK MOFA official, Seoul, 16 August 2021.
275. Joint Declaration in Commemoration of the 60th Anniversary of the Alliance between the Republic of Korea and the United States of America, 7 May 2013.
276. Joint Statement Following the U.S.-Japan-ROK Trilateral Meeting in New York, 18 September 2016.
277. UN Security Council, *Security Council Committee Established Pursuant to Resolution 1718 (2006)*.
278. North Korean Human Rights Act of 2004, 18 October 2004.
279. The 46th ROK–U.S. Security Consultative Meeting Joint Communiqué, Washington, DC, 23 October 2014.

280. Ministry of National Defense, *2014 Defense White Paper.*
281. Embassy of the Republic of Korea in Afghanistan, "Ambassador's Greetings."
282. 2021 Peacekeeping Secretariat, "ROK Contribution to UN Peacekeeping."
283. ADB, "Integration Indicators."
284. ADB, "Integration Indicators."
285. Interview with ROK MOFA official, online, 16 September 2020.
286. WTO, "Disputes by Member."
287. Park Geun-hye, "칭화대학교 연설" (Tsinghua University Speech), 28 June 2013.
288. Ministry of Foreign Affairs of the People's Republic of China, "State Councilor Dai Bingguo Meets with ROK President-Elect's Special Envoy Kim Moon-sung," 22 January 2013, https://www.fmprc.gov.cn/mfa_eng/wjb_663304/zzjg_663340/yzs_663350/gjlb_663354/2767_663538/2769_663542/201301/t20130125_522191.html.
289. "Chronology of Key Events."
290. Park Geun-hye, "한중 비즈니스포럼 연설" (Speech at the Korea-China Business Forum), 27 June 2013.
291. Yonhap, "Chronology of Key Events."
292. Interview with ROK MOFA official, Seoul, 16 August 2021.
293. Kim, "Korea, China To Establish a New Defense Phone Line."
294. Guo Yuandan, "China Notifies South Korea of Its Flight Information in KADIZ, Reflecting Friendly Relationship," *China Military Online*, 30 October 2019.
295. Kim Kwang-tae, "Park Attends Military Parade in China," *Yonhap News*, 3 September 2015.
296. Joint Declaration for Peace and Cooperation in Northeast Asia, Seoul, 1 November 2015.
297. ADB, "People's Republic of China-Republic of Korea Free Trade Agreement."
298. ADB, "Japan-Republic of Korea-People's Republic of China Free Trade Agreement," 2015, https://aric.adb.org/fta/peoples-republic-of-china-japan-korea-free-trade-agreement.
299. AIIB, "Members and Prospective Members of the Bank," 2022, https://www.aiib.org/en/about-aiib/governance/members-of-bank/index.html.
300. ADB, "Integration Indicators."
301. KBS, "2014 KBS한중가요제 26일 개최. . . 엑소·블락비 등 참가" (14th KBS Korea-China Music Festival Held on the 26th . . . Participation of EXO, Block B, etc).
302. Choe Sang-Hun, "South Korea Announces Expansion of Its Air Defense Zone," *New York Times*, 8 December 2013.
303. Interview with China MFA official, London, 22 October 2014.
304. Pacheco Pardo et al., *Beyond Traditional Security*, 10.
305. Chang Jae-soon, "China FM: THAAD Could Jeopardize, Threaten China's Security Interests," *Yonhap News*, 26 February 2016.
306. Ethan Meick and Nargina Salidjanova, *China's Response to U.S.-South Korean Missile Defense System Deployment and Its Implications* (Washington, DC: U.S.-China Economic and Security Review Commission, 2017).
307. Guo, "China Notifies South Korea of Its Flight Information."
308. Pacheco Pardo et al., *Beyond Traditional Security*, 10
309. 2018 Inter-Korean Summit Preparation Committee, *2018 Inter-Korean Summit*, 27 April 2018.
310. 2018 Inter-Korean Summit Preparation Committee, *2018 Inter-Korean Summit.*
311. Ministry of National Defense of the Republic of Korea, *2018 Defense White Paper* (Seoul: Ministry of National Defense of the Republic of Korea, 2018), 12.

312. "Chronology of N. Korea's Nuclear Tests"; CSIS, "Missiles of North Korea."

313. Pacheco Pardo et al., *Beyond Traditional Security*, 9.

314. Mira Rapp-Hooper, "Saving America's Alliances: The United States Still Needs the System That Put It on Top," *Foreign Affairs* 99:2 (2020): 127–40.

315. Ministry of National Defense, *2018 Defense White Paper*, 48–51.

316. Ministry of National Defense, *2018 Defense White Paper*, 366.

317. Kim, "US Lifts Restrictions on South Korea."

318. Pacheco Pardo et al., *Beyond Traditional Security*, 10–2.

319. Ministry of National Defense, *2018 Defense White Paper*, 42.

320. Moon Jae-in, "Speech at the Korber Foundation," 7 July 2017.

321. Ramon Pacheco Pardo, *North Korea–US Relations from Kim Jong Il to Kim Jong Un* (London: Routledge, 2019), 158–80.

322. Bae, "北의지따라 반복된 연락채널 차단·복원 . . . 국면전환 '신호탄.' "

323. Moon Jae-in, "Speech at the Korber Foundation."

324. Ministry of National Defense of the Republic of Korea, *2020 Defense White Paper*.

325. "S. Korea Renames 'Three Axis' Defense System Amid Peace Efforts," *Yonhap News*, 10 January 2019.

326. Ministry of Unification of the Republic of Korea, "Humanitarian Cooperation."

327. Ministry of Unification of the Republic of Korea, "Inter-Korean Dialogue."

328. Ministry of Foreign Affairs of the Republic of Korea, *Northeast Asia Peace and Cooperation Platform* (Seoul: Ministry of Foreign Affairs of the Republic of Korea, 2018).

329. Ministry of Foreign Affairs, *Northeast Asia Peace and Cooperation Platform*.

330. Ministry of Foreign Affairs, *Northeast Asia Peace and Cooperation Platform*.

331. Interview with ROK MND official, Seoul, 13 August 2021.

332. Kim Min-san, "문재인 "핵잠수함 우리에게도 필요한 시대. . . 미국과 원자력 협정 개정 하겠다" (Moon Jae-in: "We Need Nuclear Submarines . . . Will Revise Our Nuclear Agreement with the United States"), *JoongAng Ilbo*, 27 April 2017.

333. Ankit Panda, " 'Five Eyes' Countries Eye Expanded Cooperation Amid North Korea Challenges," *The Diplomat*, 28 January 2020.

334. Moon Jae-in, "Address by President Moon Jae-in on 73rd Armed Forces Day," 1 October 2021

335. Moon Jae-in, "Address by President Moon Jae-in at 76th Session of United Nations General Assembly," 21 September 2021.

336. Bae, "北의지따라 반복된 연락채널 차단·복원 . . . 국면전환 '신호탄.' "

337. DAPA, "산학연 중심의 미래첨단기술 개발 추진" (Promotion of Future Advanced Technology Development Centered on Industry-University Research), 22 March 2021, https://www.dapa.go.kr/dapa/na/ntt/selectNttInfo.do?bbsId=326&nttSn=36392&menuId=678.

338. Moon Jae-in, "Remarks by President Moon Jae-in at Meeting with Ruling and Opposition Party Leaders to Discuss Recent ROK-U.S. Summit," 26 May 2021.

339. Moon Jae-in, "Remarks by President Moon Jae-in at Rollout Ceremony for KF-X Prototype," 9 April 2021; "S. Korea to Develop Indigenous Marine Corps Chopper by 2031," *Yonhap News*, 26 April 2021; Daehan Lee, "South Korea Conducts Submarine-launched Ballistic Missile Test," *Naval News*, 4 July 2021; "Navy Receives First 3,000-Ton-Class SLBM Submarine," *Yonhap News*, 13 August 2021; Choi Soo-hyang, "S. Korea Develops Supersonic Cruise Missile Amid Tensions with N. Korea," *Yonhap News*, 15 September 2021.

340. Korea Aerospace Research Institute, "History."

341. Song Sang-ho and Kang Yoon-seung, "Seoul, Washington React Sternly to Provocative North Korean ICBM Firing," *Yonhap News*, 24 March 2022.
342. Moon Jae-in, "Korea–US Business Summit," 28 June 2017.
343. Interview with Cheong Wa Dae official, Seoul, 26 April 2022.
344. Interview with Cheong Wa Dae official, 26 April 2022.
345. White House, "Remarks by Republic of Korea National Security Advisor Chung Eui-Yong," 8 March 2018.
346. U.S. Department of State, "U.S.-ROK Working Group," 20 November 2018.
347. Interview with ROK MOFA official, phone, 4 September 2020.
348. Interview with Cheong Wa Dae official, Seoul, 28 July 2021.
349. Song Sang-ho, "Allies' Push to Update War Plans Likely to Boost Deterrence against N.K. Threats," *Yonhap News*, 2 December 2021.
350. Yeo Jun-suk, "Will OPCON Transfer Take Place Earlier Than Expected?" *The Korea Herald*, 3 July 2017.
351. Michael Lee, "Assessment for OPCON Transfer to Be Held in the Summer," *Korea JoongAng Daily*, 14 December 2021.
352. Kim Seung-yeon, "391 Afghan Evacuees to Be Airlifted to S. Korea Thursday: Foreign Ministry," *Yonhap News*, 25 August 2021.
353. National Security Council of the United States of America, *U.S. Strategic Framework for the Indo-Pacific*, February 2018.
354. U.S.–ROK Leaders' Joint Statement.
355. U.S. Indo-Pacific Command, "U.S., Allied Forces Conduct Exercise Pacific Vanguard 2021 off Coast of Australia," 9 July 2021, https://www .pacom.mil/Media/News/News-Article-View/Article/2689702/us-allied -forces-conduct-exercise-pacific-vanguard-2021-off-coast-of-australia/.
356. Park Si-soo, "US, South Korea Agree to Enhance Security Cooperation in Outer Space," *SpaceNews*, 30 August 2021.
357. The draft letter is available in Bood Woodward, *Fear: Trump in the White House* (New York: Simon & Schuster, 2019).
358. ADB, "Republic of Korea-United States Free Trade Agreement."
359. WTO, "Disputes by Member."
360. Bank of Korea, *2020 Annual Report* (Seoul: Bank of Korea, 2021), 62.
361. ADB, "Integration Indicators."
362. White House, "Chair's Statements on Principles Supply Chain Resilience," 31 October 2021.
363. Samsung, "Samsung Electronics Announces New Advanced Semiconductor Fab Site in Taylor, Texas," 24 November 2021.
364. Ministry of Culture, Sports and Tourism, "History."
365. Hayden Bagot, "KOCCA Return to SWSW for 7th Annual Showcase," 28 January 2019, https://www.sxsw.com/music/2019/kocca-return-to-sxsw-for-7th-annual-showcase/.
366. Jane Perlez, Mark Landler and Choe Sang-Hun, "China Blinks on South Korea, Making Nice after a Year of Hostilities," *New York Times*, 1 November 2017.
367. Cheong Wa Dae, "Results of State Visit to China by the President," 17 December 2017, https://english1.president.go.kr/BriefingSpeeches/Briefings/155.
368. Joint Declaration of the Seventh Japan-China-ROK Trilateral Summit, Tokyo, 9 May 2018.
369. Interview with Cheong Wa Dae official, Seoul, 28 July 2021.
370. Interview with Cheong Wa Dae official, Seoul, 26 April 2022.

371. Interview with Cheong Wa Dae official, 26 April 2022.
372. Interview with ROK MOFA official, Seoul, 24 July 2021.
373. Cheong Wa Dae, "Results of State Visit to China by the President."
374. Ministry of Foreign Affairs of the People's Republic of China, "Xi Jinping Arrives in Pyongyang for a State Visit to the Democratic People's Republic of Korea (DPRK)," 20 June 2019, https://www.fmprc.gov.cn/mfa_eng/wjb_663304/zzjg_663340/yzs_663350/gjlb_663354/2701_663406/2703_663410/201906/t20190624_511673.html.
375. China Daily, "DPRK Détente Will Not Last if US Insists in All Take, No Give," China Daily, 29 August 2018.
376. Guo, "China Notifies South Korea of Its Flight Information in KADIZ, Reflecting Friendly Relationship."
377. ADB, "People's Republic of China-Republic of Korea Free Trade Agreement."
378. RCEP, "RCEP Agreement Enters into Force," 1 January 2022, https://rcepsec.org/2022/01/14/rcep-agreement-enters-into-force/.
379. Kim Soo-yeon, "S. Korea Launches Process to Join CPTPP: Finance Minister," *Yonhap News*, 13 December 2021.
380. ADB, "Integration Indicators."
381. Interview with ROK *chaebol* manager, Seoul, 13 August 2022.
382. KOCIS, "History."
383. Lee Sang-hyeop, "2021년 한중가요제 성료 . . . 한중문화교류의 장을 열다" (2021 Korea-China Music Festival Held . . . Opening the Door for Cultural Exchanges between China and Korea), *WCE News*, 9 December 2021.
384. Yoon Suk-yeol, "Address by President Yoon Suk Yeol on Korea's 77th Liberation Day," 15 August 2022.
385. "Yoon Says Any Meetings with N.K. Leader Should Be for 'Tangible' Results," *Yonhap News*, 7 May 2022.
386. Interview with ROK Presidential Office official, Seoul, 5 August 2022.
387. Interview with ROK MOFA official, Seoul, 20 August 2022.
388. U.S. Department of State, "United States of America-Republic of Korea Extended Deterrence Strategy and Consultation Group (EDSCG)," 8 September 2022.
389. Ji Da-gyum, "US Aircraft Carrier, South Korea Navy Conduct Drills Off Peninsula to Deter N.Korea," *Korea Herald*, 26 September 2022.
390. Kim Soo-yeon and Chae Yun-hwan, "N. Korea's Missile Flies across NLL for 1st Time; S. Korea Sends Missiles Northward in Its Show of Force," *Yonhap News*, 2 November 2022.
391. "S. Korea Successfully Launches Homegrown Space Rocket in Second Attempt," *Yonhap News*, 21 June 2022.
392. Shin Ji-hye, "Yoon Says 'Preemptive Strike' Is 'to Protect Peace,' " *Korea Herald*, 3 February 2022.
393. Yi Wonju, "S. Korea Co-sponsors U.N. Draft Resolution on N.K. Human Rights: Ministry," *Yonhap News*, 1 November 2022.
394. United States-Republic of Korea Leaders' Joint Statement, 21 May 2022.
395. Ramon Pacheco Pardo, *South Korea: A Pivotal State Under Construction* (Brussels: KF-VUB Korea Chair, 2022).
396. "Yoon Says Will 'Positively Review Joining' Quad if Invited: Report," Yonhap News, 26 April 2022; White House, "Fact Sheet: In Asia, President Biden and Dozen Indo-Pacific Partners Launch the Indo-Pacific Economic Framework for Prosperity," 23 May 2022; Pa-

checo Pardo, *South Korea*.
397. Jung Da-min, "What's Behind Deployment of Largest-ever Navy Fleet to RIMPAC?" *Korea Times*, 8 July 2022
398. SK, "SK Announces $22 Billion in New Investments in the U.S. in Semiconductors, Clean Energy, and Bioscience," 29 July 2022.
399. Interview with ROK MOFA official, Seoul, 20 August 2022.
400. United States Forces Korea, "CFC, USFK and UNC Begin Ulchi Freedom Shield," 23 August 2022.
401. Interview with ROK MOFA official, Seoul, 2 August 2022.
402. "Amid Tensions Over Taiwan, S. Korea Expresses Objection to Changing Status Quo by Force," *Yonhap News*, 6 August 2022.
403. Hyonhee Shin, "South Korea, China Clash over U.S. Missile Shield, Complicating Conciliation," *Reuters*, 11 August 2022.
404. UN Human Rights Council, "Human Rights Council Adopts 21 Texts and Rejects One Draft Decision, Extends Mandates on Older Persons, Right to Development, Arbitrary Detention, Mercenaries, Slavery, Indigenous Peoples, Safe Drinking Water and Sanitation," 6 October 2022, https://www.ohchr.org/en/news/2022/10/human-rights-council-adopts-21-texts-and-rejects-one-draft-decision-extends-mandates.
405. "Yoon Invites Chinese Leader Xi to Visit S. Korea," *Yonhap News*, 16 September 2022.
406. Interview with ROK MOFA official, Seoul, August 2, 2022; interview with ROK *chaebol* manager, Seoul, August 13, 2022.
407. Ji Da-gyum, "S.Korea, China Commit to Revitalizing Military Exchanges, Cooperation on N. Korean Issues," *Korea Herald*, 10 June 2022.
408. Interview with ROK MOFA official, Seoul, 2 August 2022.

第五章　東亞

1. Roh Tae-woo, "참된 역사인식으로 마음의 벽 허물어야—미야자와 일본 총리를 위한 만찬 만찬사" (Breaking Down the Walls in Our Hearts with True Historical Awareness—Dinner Remarks for Prime Minister Miyazawa of Japan), 16 January 1992.
2. Fred Hiatt, "Japan Offers Apology for Colonizing Korea," *Washington Post*, 25 May 1990.
3. Hong Yung Lee, "South Korea in 1991: Unprecedented Opportunity, Increasing Challenge," *Asian Survey* 32, no. 1 (1992): 73.
4. Hong Yung Lee, "South Korea in 1992: A Turning Point in Democratization," *Asian Survey* 33, no. 1 (1993): 49.
5. Ministry of National Defense of the Republic of Korea, *1988년 국방백서* (1988 Defense White Paper) (Seoul: Ministry of National Defense of the Republic of Korea, 1988).
6. CSIS, "Missiles of South Korea," 10 August 2021, https://missilethreat.csis.org/country/south-korea/.
7. Interview with ROK Ministry of Foreign Affairs (MOFA) official, phone, 29 September 2020; interview with ROK government advisor, Seoul, 11 August 2021.
8. Song Sang-ho, "S. Korea Conducted Dokdo Defence Drills Last Week: Source," *Yonhap News*, 29 December 2021.
9. KOCIS, "History," 2022, https://www.kocis.go.kr/eng/openHistory.do.

10. See Korea Foundation, "Annual Reports," 2022, https://www.kf.or.kr/kfEng/cm/cntnts/cntntsView.do?mi=2129&cntntsId=1630.
11. Interview with ROK MOFA official, Seoul, 30 July 2021.
12. ASEAN-Korea Cooperation Fund, "ASEAN-Republic of Korea Cooperation Fund (AKCF)," 9 December 2019, https://www.aseanrokfund.com/lib/upload/files/resources/AKCF_Leaflet.pdf.
13. KOICA, "Total Flows by Region," 2022, https://stat.koica.go.kr/ipm/os/acms/smrizeAreaList.do?lang=en.
14. UNCTAD, "The ASEAN-Republic of Korea Investment Agreement," https://investmentpolicy.unctad.org/international-investment-agreements/treaties/treaties-with-investment-provisions/3257/asean-korea-investment-agreement.
15. Korea Energy Statistical Information System, "Annual LNG Imports by Country of Origin," 2022, http://www.kesis.net/sub/subChartEng.jsp.
16. KNOC, "Operations—Vietnam," 31 December 2021, https://www.knoc.co.kr/ENG/sub03/sub03_1_1_6.jsp.
17. Ministry of Foreign Affairs of the Republic of Korea, "외교관계수립현황."
18. ADB, "Integration Indicators," 2022, https://aric.adb.org/database/integration.
19. APEC, "History," March 2022, https://www.apec.org/about-us/about-apec/history.
20. CSCAP, "About Us," 2008, http://www.cscap.org.
21. Interview with ROK MOFA official, Seoul, 18 September 2008.
22. Paul Shin, "Hosokawa Apologizes for Korean Suffering," Associated Press, 8 November 1993.
23. Interview with ROK MOFA official, phone, 3 September 2020.
24. Bank of Japan, "Bridging Loan Facility for the Bank of Korea," 19 December 1997, https://www.boj.or.jp/en/announcements/release_1997/un9712a.htm/.
25. See the annual editions of KOTRA's 북한의 대외무역동향 (North Korea's Foreign Trade Trends) for data on North Korea's trade relations.
26. Interview with ROK MOFA official, Seoul, 18 September 2008.
27. Interview with ROK Army official 2, phone, 5 August 2020.
28. Maeil Business Newspaper, "한국군함 첫 일본 입항" (First Korean Warship to Enter Japan), *Maeil Business Newspaper*, 20 December 1994
29. Jere Longman, "South Korea and Japan Will Share World Cup," *New York Times*, 1 June 1996.
30. ADB, "Integration Indicators."
31. Korea Energy Statistical Information System, "Annual LNG Imports by Country of Origin," 2022, http://www.kesis.net/sub/subChartEng.jsp.
32. Memorandum of Understanding between the Government of the Republic of Korea and the Government of Malaysia on Energy and Mineral Resources Cooperation, Seoul, 1 December 1995.
33. KOICA, "Geographical Flows by Region," 2022, https://stat.koica.go.kr/ipm/os/acms/smrizeAreaList.do?lang=en.
34. UNCTAD, "The ASEAN-Republic of Korea Investment Agreement."
35. Ministry of Foreign Affairs of the Republic of Korea, "외교관계수립현황" (Status of Establishment of Diplomatic Relations), December 2021, https://www.mofa.go.kr/www/wpge/m_4181/contents.do.
36. KBS, "김영삼대통령 베트남 방문" (President Kim Young-sam Visits Vietnam), *KBS News*,

20 November 1996.
37. Ministry of Foreign Affairs, "외교관계수립현황."
38. Korea Foundation, "Annual Reports."
39. CSCAP, "About Us."
40. ASEAN, "ASEAN Regional Forum," 2022, https://aseanregionalforum .asean.org/about-arf/.
41. Desmond Ball, "CSCAP Foundation and Achievements," in *Assessing Track2 Diplomacy in the Asia-Pacific Region: A CSCAP Reader*, ed. Desmond Ball and Kwa Chong Guan (Singapore: S. Rajaratnam School of International Studies, 2010), 26.
42. ASEAN, "2nd Informal Summit, Kuala Lumpur, 14–16 December 1997," 2020, https://asean.org/speechandstatement/2nd-informal-summit-kuala-lumpur-14-16-december-1997/.
43. Kim Dae-Jung, *Conscience in Action: The Autobiography of Kim Dae-jung*, trans. Jeon Seung-hee (London: Palgrave Macmillan, 2019), 190–91.
44. Republic of Korea–Japan Joint Declaration: A New Republic of Korea– Japan Partnership Toward the 21st Century, Tokyo, 8 October 1998.
45. Washington Post, "Japan Apologizes to Korea for Occupation," *Washington Post*, 8 October 1998.
46. Republic of Korea-Japan Joint Declaration.
47. Ministry of Foreign Affairs of Japan, "The First Japan–ROK High-Level Economic Consultations," 5 March 1999, https://www.mofa.go.jp/announce/announce/1999/3/305-3.html.
48. Republic of Korea–Japan Joint Declaration.
49. Kim, *Conscience in Action*, 795–96.
50. Interview with ROK Army official 2, phone, 5 August 2020.
51. KOCIS, "History."
52. Interview with ROK National Security Council official, Seoul, 1 August 2008.
53. Howard W. French, "Japan's Refusal to Revise Textbooks Angers Its Neighbors," *New York Times*, 10 July 2001.
54. Stephanie Strom, "Japan's Premier Visits War Shrine, Pleasing Few," *New York Times*, 14 August 2001.
55. Ministry of National Defense of the Republic of Korea, *2000 Defense White Paper*, 375.
56. Yonhap, "S. Korea to Participate in Japan's Fleet Review Next Month," *Yonhap News*, 27 October 2022.
57. ADB, "Integration Indicators."
58. Korea Energy Statistical Information System, "Annual LNG Imports by Country of Origin."
59. KNOC, "Operations—Vietnam."
60. KOICA, "Total Flows by Region."
61. 2021 Seoul UN Peacekeeping Ministerial Preparatory Secretariat, "ROK Contribution to UN Peacekeeping."
62. Kim, *Conscience in Action*, 549.
63. The Joint Statement of the 2nd ASEAN+3 Finance Ministers' Meeting, Chiang Mai, 6 May 2000.
64. Kim, *Conscience in Action*, 546–47.
65. East Asia Vision Group, "Towards an East Asian Community: Region of Peace, Prosperity and Progress," *East Asia Vision Group Report* (2001).
66. ADB, "Chiang Mai Initiative (Multilateralisation)," 2015, https://aric.adb.org/initiative/

chiang-mai-initiative.
67. ADB, "ASEAN+3 Asian Bond Markets Initiative (ABMI)," 2015, https://aric.adb.org/initiative/asean3-asian-bond-markets-initiative.
68. Interview with ROK National Security Council official, Seoul, 30 July 2007.
69. Interview with ROK National Security Council official, Seoul, 1 August 2008.
70. Interview with ROK MOFA official, Seoul, 4 August 2008.
71. ADB, "Japan–Republic of Korea Free Trade Agreement," 2015, https://aric.adb.org/fta/japan-republic-of-korea-free-trade-agreement.
72. Interview with ROK National Security Council official, Seoul, 12 August 2008.
73. Bank of Korea, *2005 Annual Report* (Seoul: Bank of Korea, 2006), 18.
74. See WTO, "Disputes by Member," 2022, https://www.wto.org/english/tratop_e/dispu_e/dispu_by_country_e.htm.
75. Interview with ROK MOFA official, London, 30 October 2008; interview with Japan MOFA official, London, 10 January 2014
76. Interview with ROK National Security Council official, Seoul, 12 August 2008; interview with Japan MOFA official, London, 10 January 2014.
77. See ROK MND defense white papers.
78. Korea Herald, "Remembering 'Winter Sonata,' the Start of Hallyu," *Korea Herald*, 30 December 2011.
79. Korea Foundation, "Who We Are," 2022 https://www.kf.or.kr/kfEng/cm/cntnts/cntntsView2.do?mi=2126.
80. King Sejong Institute, "Communicating with the World Through the King Sejong Institute," 2022, https://www.ksif.or.kr/ste/ksf/hkd/lochkd.do?menuNo=31101100.
81. Song Sang-ho, "S. Korea Conducted Dokdo Defence Drills."
82. Ministry of Defense of Japan, *Defense of Japan 2005* (Tokyo: Ministry of Defense of Japan, 2005), 42.
83. Ministry of Defense of Japan, *Defense of Japan 2021* (Tokyo: Ministry of Defense of Japan, 2021), 40.
84. Kyodo, "Government Representative Attends Annual Takeshima Day Event for 10th Year in a Row," *Japan Times*, 22 February 2022.
85. See ROK MND defense white papers.
86. Interview with ROK National Security Council official, Seoul, 12 August 2008.
87. ASEAN–Korea Cooperation Fund, "ASEAN-Republic of Korea Cooperation Fund (AKCF)."
88. ADB, "ASEAN–Republic of Korea Comprehensive Economic Cooperation Agreement," 2015, https://aric.adb.org/fta/asean-korea-comprehensive-economic-cooperation-agreement.
89. ADB, "Republic of Korea–Singapore Free Trade Agreement," 2015, https://aric.adb.org/fta/korea-singapore-free-trade-agreement.
90. ADB, "Integration Indicators."
91. OECD, "Total Flows by Region."
92. Interview with ROK Ministry of Economy and Finance official, phone, 14 June 2017.
93. Korea Foundation, "Who We Are."
94. KOCIS, "History."
95. APEC, "History."
96. Interview with ROK Ministry of Economy and Finance official, phone, 14 June 2017.
97. Lee Myung-bak, "[일본 방문]일본 경제단체 주최 오찬사" ([Visit to Japan] Luncheon

Hosted by Japanese Economic Groups), 21 April 2008.
98. Chisa Fujioka, "S. Korea, Japan Look to Future, Plan to Talk Trade," *Reuters*, 21 April 2008.
99. KBS, "12th Defense Trilateral Talks to be Held Wed.," *KBS World*, 12 May 2020.
100. Yonhap, "S. Korea to Participate in Japan's Fleet Review Next Month."
101. U.S. Department of Defense, "Trilateral Meeting," 2009, https://www.defense .gov/Multimedia/Photos/igphoto/2001997296/.
102. See ROK MND defense white papers.
103. Interview with ROK MOFA official, phone, 21 July 2020.
104. Ser Myo-ja, "Lee Myung-bak Makes Historic Visit to Dokdo," *Korea JoongAng Daily*, 10 August 2002.
105. RCEP, "RCEP Agreement Enters Into Force."
106. KBS, "Music Bank Live from Tokyo," *KBS World*, 20 May 2011.
107. ASEAN–Korea Cooperation Fund, "ASEAN–Republic of Korea Cooperation Fund (AKCF)."
108. SIPRI, "SIPRI Arms Transfers Database," 2022, https://www.sipri.org/databases/armstransfers.
109. ADB, "Indonesia–Republic of Korea Free Trade Agreement," 2015, https://aric.adb.org/fta/korea-indonesia-free-trade-agreement; ADB, "Republic of Korea-Viet Nam Free Trade Agreement," 2015, https://aric.adb.org/fta/korea-viet-nam-free-trade-agreement.
110. ADB, Integration Indicators; KOICA, "Total Flows by Region."
111. KOGAS, "Exploration Projects," 2017, https://www.kogas.or.kr:9450/eng/contents.do?key=1555.
112. KOCIS, "History."
113. KBS, *KBS 2013 Annual Report* (Seoul: KBS, 2013), 8.
114. King Sejong Institute, "Communicating with the World."
115. Ministry of Foreign Affairs of the Republic of Korea, *2009 Diplomatic White Paper* (Seoul: Ministry of Foreign Affairs of the Republic of Korea, 2009), 68–79.
116. AMRO, "Overview of the Chiang Mai Initiative Multilateralization," 2017, https://www.amro-asia.org/wp-content/uploads/2017/02/For-website-updating-Overview-of-CMIM.pdf.
117. ASEAN, "About the ASEAN Defence Ministers," 6 February 2017, https://admm.asean.org/index.php/about-admm/about-admm-plus.html.
118. AMRO "Overview," 2018, https://www.amro-asia.org/about-amro/who-we-are/#overview.
119. The Joint Statement of the 15th ASEAN+3 Finance Ministers and Central Bank Governors' Meeting, Manila, 3 May 2012.
120. Park Geun-hye, "제69주년 광복절 경축사" (69th Liberation Day Congratulatory Address), 15 August 2014.
121. "S. Korea to Participate in Japan's Fleet Review Next Month."
122. Trilateral Information Sharing Arrangement Concerning the Nuclear and Missile Threats Posed by North Korea among the Ministry of National Defense of the Republic of Korea, the Ministry of Defense of Japan, and the Department of Defense of the United States of America, 29 December 2014.
123. Interview with ROK MOFA official, Seoul, 16 August 2021.
124. U.S. Indo-Pacific Command, "Trilateral Pacific Dragon Ballistic Missile Defense Exercise Concludes," 28 June 2016, https://www.pacom.mil/Media/News/News-Article-View/Article/816829/trilateral-pacific-dragon-ballistic-missile-defense-exercise-concludes/.

125. Interview with ROK MOFA official, Seoul, 16 August 2021.
126. See ROK MND defense white papers.
127. Sarah Kim, "Korea Expands ADIZ," *Korea JoongAng Daily*, 8 December 2013.
128. Choi Soo-hyang, "S. Korea Unveils Prototype of First Homegrown Fighter Aircraft KF-21," *Yonhap News*, 9 April 2021.
129. ADB, "Japan–Republic of Korea-People's Republic of China Free Trade Agreement."
130. Interview with ROK MOFA official, online, 17 November 2020.
131. Hyonhee Shin and Tetsushi Kajimoto, "South Korea Says Currency Swap Accord with Japan Desirable," *Reuters*, 27 March 2020.
132. BBC, "South Korea Warns Japan Over Comfort Women Review," *BBC*, 1 March 2014.
133. BBC, "Comfort Women: Japan and South Korea Hail Agreement," *BBC*, 28 December 2015.
134. MWave, "KCON," 2022, https://www.mwave.me/en/kcon.
135. ADB, "Republic of Korea–Viet Nam Free Trade Agreement."
136. World Bank, World Integrated Trade Solution Database, 2022, https://wits.worldbank.org/Default.aspx?lang=en.
137. ADB, "Integration Indicators."
138. KOICA, "Total Flows by Region."
139. Ministry of Foreign Affairs of the Republic of Korea, "Northeast Asia Peace and Cooperation Initiative: Moving beyond the Asian Paradox Towards Peace and Cooperation in Northeast Asia," 2013.
140. MIKTA, "History," 2022, http://mikta.org/about/our-history/.
141. SIPRI, "SIPRI Arms Transfers Database."
142. KOCIS, "History."
143. KBS, *KBS 2015 Annual Report* (Seoul: KBS, 2015).
144. Interview with ROK MOFA official, Seoul, 9 August 2021.
145. Interview with ROK National Security Council official, Seoul, 26 April 2022.
146. U.S. Indo-Pacific Command, "U.S., Allied Forces Launch Inaugural Pacific Vanguard Exercise," 23 May 2019, https://www.pacom.mil/Media/News/News-Article-View/Article/1856643/us-allied-forces-launch-inaugural-pacific-vanguard-exercise/.
147. U.S. Indo-Pacific Command, "U.S., Allied Forces Conduct Exercise Pacific Vanguard 2021 off Coast of Australia," 9 July 2021, https://www.pacom.mil/Media/News/News-Article-View/Article/2689702/us-allied-forces-conduct-exercise-pacific-vanguard-2021-off-coast-of-australia/.
148. U.S. Indo-Pacific Command, "Six Indo-Pacific Nations Begin Exercise Sea Dragon," 6 January 2022, https://www.pacom.mil/Media/News/News-Article-View/Article/2890954/six-indo-pacific-nations-begin-exercise -sea-dragon/.
149. Ministry of Defense of Japan, "Bilateral Anti-Piracy Training with EU Maritime Force and Republic of Korea Navy," October 2018, https://www .mod.go.jp/en/jdf/no128/column.html.
150. Interview with U.S. National Security Council official, phone, 6 December 2018.
151. Interview with ROK National Security Council official, Seoul, 26 April 2022.
152. Yonhap News, "S. Korea Decides to Join CPTPP Trade Agreement," *Yonhap News*, 15 April 2022.
153. Reuters Staff, "South Korea Removes Japan from Fast-track Trade 'White List,' " *Reuters*, 17 September 2019.
154. WTO, "Disputes by Member."

155. MND, *2020 Defense White Paper*, 216.
156. Presidential Committee on New Southern Policy, *New Southern Policy Plus* (Seoul: Presidential Committee on New Southern Policy, 2020).
157. Lee Chi-dong, "Moon Revs Up ASEAN Diplomacy, Breaks Ice with Abe," *Yonhap News*, 5 November 2019.
158. ADB, "Indonesia–Republic of Korea Free Trade Agreement."
159. ADB, "Republic of Korea–Malaysia Free Trade Agreement," 2015, https://aric.adb.org/fta/malaysia-korea-free-trade-agreement; ADB, "Cambodia- [Republic of] Korea Free Trade Agreement," 2015, https://aric.adb.org/fta /cambodia-republic-of-korea-fta.
160. World Bank, World Integrated Trade Solution Database.
161. ADB, "Integration Indicators."
162. KOICA, "Total Flows by Region."
163. Korea Foundation, "Who We Are."
164. KBS, *KBS 2017 Annual Report* (Seoul: KBS, 2017), 29.
165. MWave, "KCON."
166. Korea Foundation, "Who We Are."
167. Presidential Committee on New Southern Policy, *New Southern Policy Plus*.
168. Moon Jae-in, "Remarks by President Moon Jae-in at ASEAN–Republic of Korea Commemorative Summit," 27 November 2019.
169. Ministry of Foreign Affairs of the Republic of Korea, *Northeast Asia Peace and Cooperation Platform*.
170. Yonhap, "S. Korea Holds Talks on Joining DEPA Pact," *Yonhap News*, 27 January 2022.
171. Yonhap, "Yoon Calls for Joint Efforts with Japan for Future-oriented Relationship," *Yonhap News*, 4 July 2022.
172. Yoon, "Address by President Yoon Suk Yeol on Korea's 77th Liberation Day."
173. David Brunnstrom and Hyonhee Shin, "S.Korea, Japan Hold First Bilateral Talks since 2019, Seek Stronger Ties," *Reuters*, 22 September 2022.
174. Yonhap, "S. Korea, U.S., Japan Agree on Strong Response in Case of N. Korea's Nuke Test," *Yonhap News*, 2 September 2022.
175. U.S. Department of Defense, "U.S., Republic of Korea, and Japan Participate in Missile Defense Exercise in Hawaii," 15 August 2022; Song Sang-ho, "S. Korea, U.S., Japan to Hold Trilateral Anti-sub Drills in East Sea," *Yonhap News*, 29 September 2022.
176. Park Hyun-ju and Esther Chung, "Korea, Japan Inching Back to Intelligencesharing Pact," *Korea JoongAng Daily*, 16 June 2022.
177. "S. Korea to Participate in Japan's Fleet Review Next Month," *Korea JoongAng Daily*, 16 June 2022.
178. Ina Choi, "ASEAN-ROK Partnership: What's Next After the New Southern Policy?," August 11, 2022, https://www.kiep.go.kr/galleryDownload.es ?bid=0008&list_no=10269&seq=1.
179. SIPRI, "SIPRI Arms Transfers Database."
180. Priam Nepomuceno, "Japan, SoKor Troops to Act as Observers in 'KAMANDAG' Drills," *Philippine News Agency*, 3 October 2022.
181. Ministry of Trade, Industry and Energy of the Republic of Korea, "Outcomes of ASEAN Ministers' Meetings," 19 September 2022.
182. Interview with ROK Presidential Office official, Seoul, 12 August 2022.

第六章　大歐亞和印度洋

1. Jane Gross, "Gorbachev, Ending U.S. Trip, Meets South Korean Leader, Who Sees a Renewal of Ties," *New York Times*, 5 June 1990.
2. KBS, "노태우 대통령 1990년 12월 소련 방문 확정" (President Roh Tae-woo Confirms His Visit to Russia in December 1990), *KBS News*, 17 November 1990.
3. Sam Jameson, "Yeltsin Ends S. Korea Visit with Treaties," *Los Angeles Times*, 21 November 1992; Treaty on Basic Relations Between the Republic of Korea and Russia, 20 November 1992.
4. Interview with ROK MOFA official, phone, 29 September 2020.
5. Alexander A. Sergounin and Sergey V. Subbotin, *Russian Arms Transfers to East Asia in the 1990s* (Oxford: Oxford University Press, 1999), 111.
6. Jameson, "Yeltsin Ends S. Korea Visit with Treaties."
7. Ministry of Foreign Affairs of the Republic of Korea, "외교관계수립현황" (Status of Establishment of Diplomatic Relations), December 2021, https://www.mofa.go.kr/www/wpge/m_4181/contents.do.
8. KBS, "노태우 대통령 유럽순방, 각국 보도" (President Roh Tae-woo's European Tour, Reports from Around the World," *KBS News*, 6 November 1989.
9. Ministry of Foreign Affairs of the Republic of Korea, "외교관계수립현황."
10. Samsung, *Samsung Electronics Co., Ltd. 2019 Business Report* (Seoul: Samsung, 2020).
11. KF-VUB Korea Chair, "Europe–South Korea Relations," June 2020, https://www.korea-chair.eu/timeline/.
12. ADB, "Integration Indicators," 2022, https://aric.adb.org/database/integration.
13. Korea Energy Statistical Information System, "Annual Imports of Crude Oil by Country," 2022, http://www.kesis.net/sub/subChartEng.jsp.
14. KNOC, "Operations—Libya," 31 December 2021, https://www.knoc.co.kr/ENG/sub03/sub03_1_3_1.jsp.
15. Ministry of Foreign Affairs of the Republic of Korea, "외교관계수립현황."
16. Ministry of Foreign Affairs of the Republic of Korea, "재외동포 정의 및 현 황" (Total Number of Overseas Koreans), 2022, https://www.mofa.go.kr/www/wpge/m_21509/contents.do.
17. Ministry of Foreign Affairs of the Republic of Korea, *1991 외교백서* (1991 Diplomatic White Paper) (Seoul: Ministry of Foreign Affairs of the Republic of Korea, 1991).
18. UN Security Council, *Resolution 678* (1990), 29 November 1950, https://www.securitycouncilreport.org/atf/cf/%7B65BFCF9B-6D27-4E9C-8CD3 -CF6E4FF96FF9%7D/Chap%20VII%20SRES%20678.pdf.
19. Interview with ROK MOFA official, Seoul, 15 August 2021.
20. Interview with ROK MOFA official, Seoul, 18 September 2008.
21. Kim Jihoon, "러시아에 빌려준 돈, 탱크로 대신 받았다 . . .'불곰 사업'이란" (Money Lent to Russia, Received in Exchange for Tanks . . . What Is the 'Brown Bear Project'), *Moneytoday*, 17 November 2021.
22. Chong-sik Lee and Hyuk-Sang Shon, "South Korea in 1994: A Year of Trial," *Asian Survey* 35, no. 1 (1994): 35.
23. Sergounin and Subbotin, *Russian Arms Transfers to East Asia in the 1990s*, 111–15.
24. Interview with ROK MOFA official, phone, 29 September 2020.

25. Korea Energy Statistical Information System, "Annual Imports of Crude Oil by Country."
26. Samsung, *Samsung Electronics Co., Ltd. 2019 Business Report.*
27. Ministry of Foreign Affairs, "재외동포 정의 및 현황."
28. KOCIS, "History," 2022, https://www.kocis.go.kr/eng/openHistory.do.
29. KF-VUB Korea Chair, "Europe–South Korea Relations."
30. Interview with ROK MOFA official, Seoul, 11 August 2021.
31. KOCIS, "History."
32. ASEM InfoBoard, "Overview," 2022, https://www.aseminfoboard.org/about/overview.
33. Korea Energy Statistical Information System, "Annual Imports of Crude Oil."
34. 2021 Seoul UN Peacekeeping Ministerial Preparatory Secretariat, "ROK Contribution to UN Peacekeeping," 2021, https://www.unpko2021.kr/EN/PKO/korea.
35. Korea Energy Statistical Information System, "Annual LNG Imports by Country of Origin," 2022, http://www.kesis.net/sub/subChartEng.jsp.
36. KOICA, "Geographical Flows by Country."
37. 2021 Peacekeeping Secretariat, "ROK Contribution to UN Peacekeeping."
38. Kim Young-sam, "해군사관학교 제49기 졸업 및 임관식 연설(세계평화에 기여 하는 대양해군)" (Speech at the 49th Naval Academy Graduation and Commissioning Ceremony: Blue-Water Navy Contribution to World Peace)," 24 March 1995.
39. Ministry of National Defense of the Republic of Korea, *1995–1996 국방백서* (1995–1996 Defense White Paper) (Seoul: Ministry of National Defense of the Republic of Korea, 1996).
40. SIPRI, "SIPRI Arms Transfers Database," 2022, https://www.sipri.org/databases/armstransfers.
41. Treaty of Friendship, Good Neighborliness, and Cooperation between the Russian Federation and the Democratic People's Republic of Korea, Pyongyang, 9 February 2000.
42. Patrick E. Tyler, "South Korea's New Best Friend?," *New York Times*, 1 March 2001.
43. Kim, "러시아에 빌려준 돈, 탱크로 대신 받았다 . . .'불곰 사업'이란."
44. Agreement Between the Government of the Russian Federation and the Republic of Korea on Cooperation in the Fuel and Energy Sector, Moscow, 10 October 2000.
45. Korea Energy Statistical Information System, "Annual Imports of Crude Oil."
46. Korea Energy Statistical Information System, "Annual Imports of Crude Oil"; Korea Energy Statistical Information System, "Annual LNG Imports by Country of Origin."
47. KOGAS, "LNG Projects."
48. 2021 Peacekeeping Secretariat, "ROK Contribution to UN Peacekeeping."
49. Korea Energy Statistical Information System, "Annual LNG Imports by Country of Origin."
50. Agreement Between the Government of the Republic of Korea and the Government of Mongolia on Cooperation in the Fields of Energy and Natural Resources, Seoul, 8 November 1999.
51. KOICA, "Geographical Flows by Country."
52. KF-VUB Korea Chair, "Europe–South Korea Relations."
53. KF-VUB Korea Chair, "Europe–North Korea Relations," June 2020, https://www.korea-chair.eu/timeline/.
54. Chairman's Statement of the Third Asia–Europe Meeting, Seoul, 21 October 2000.
55. Kim Dae-jung, "Address by President Kim Dae-jung of the Republic of Korea at Free University of Berlin," 9 March 2000.
56. KF-VUB Korea Chair, "Europe–North Korea Relations."

57. Kim Dae-jung, "Speech Before Graduating Midshipmen, Korea Naval Academy, Chinhae," 20 March 2001.
58. Republic of Korea Air Force, "Counterterrorism," 2013, http://go.airforce.mil.kr:8081/user/indexSub.action?codyMenuSeq=56576&siteId=airforce-eng&menuUIType=sub.
59. Roh Moo-hyun, "[러시아 방문]푸틴 러시아 대통령내외 주최 만찬 답사" ([Visit to Russia] Participation in Dinner Hosted by Russian President Putin), 21 September 2004.
60. Interview with ROK MOFA official, phone, 29 September 2020.
61. Agreement Between the Government of the Russian Federation and the Government of the Republic of Korea on Cooperation in the Gas Sector, Seoul, 17 October 2006.
62. Korea Energy Statistical Information System, "Annual Imports of Crude Oil by Country."
63. Korea Foundation, "Who We Are," 2022 https://www.kf.or.kr/kfEng/cm/cntnts/cntnts-View2.do?mi=2126.
64. Interview with US National Security Council official, Washington, DC, 9 April 2008.
65. Interview with ROK National Security Council official, Seoul, 12 August 2008.
66. Interview with ROK MOFA official, Seoul, 11 August 2021.
67. See WTO, "Disputes by Member," 2022, https://www.wto.org/english/tratop_e/dispu_e/dispu_by_country_e.htm.
68. ADB, "Republic of Korea–European Free Trade Association Free Trade Agreement," 2006, https://aric.adb.org/fta/korea-european-free-trade-association-free-trade-agreement.
69. Korea Foundation, "Who We Are."
70. KF-VUB Korea Chair, "Europe–South Korea Relations."
71. NATO, "Relations with the Republic of Korea," 2 September 2021, https://www.nato.int/cps/en/natohq/topics_50098.htm.
72. Korea Energy Statistical Information System, "Annual Imports of Crude Oil by Country"; Korea Energy Statistical Information System, "Annual LNG Imports by Country of Origin."
73. KNOC, "Operations—Yemen," 31 December 2021, https://www.knoc.co.kr/ENG/sub03/sub03_1_5_2.jsp.
74. Interview with ROK MOFA official, 6 August 2021.
75. Esther Schrader and Barbara Demick, "Troops in S. Korea to Go to Iraq," *Los Angeles Times*, 18 May 2004.
76. Emirates News Agency-WAM, "UAE, South Korea Sign Military Cooperation Agreement," *WAM*, 16 November 2006.
77. 2021 Peacekeeping Secretariat, "ROK Contribution to UN Peacekeeping."
78. KNOC, "Operations—Kazakhstan," 31 December 2021, https://www.knoc .co.kr/ENG/sub03/sub03_1_1_2.jsp.
79. KOGAS, "Production Projects," 2017, https://www.kogas.or.kr:9450/eng/contents.do?key=1556.
80. Korea Foundation, "Who We Are."
81. Agreement Between the Government of Australia and the Government of the Republic of Korea on Cooperation in the Fields of Energy and Mineral Resources, Canberra, 30 August 2004.
82. Korea Energy Statistical Information System, "Annual LNG Imports by Country of Origin."
83. Yonhap, "쓰나미 피해지원 해군제중부대 귀항" (Jejung Unit Supporting Tsunami Damage Relief Returns to Port), *Yonhap News*, 9 March 2005.

84. KOICA, "Geographical Flows by Region."
85. Cheong Wa Dae, Global Korea: *The National Security Strategy of the Republic of Korea* (Seoul: Office of the President, 2009), 25.
86. Korea Energy Statistical Information System, "Annual Imports of Crude Oil by Country."
87. Interview with ROK National Security Council official, online, 13 October 2020.
88. ADB, "Republic of Korea–European Union Free Trade Agreement," 2011, https://aric.adb.org/fta/korea-european-union-free-trade-agreement.
89. Interview with ROK MOFA official, Seoul, 4 August 2021.
90. ADB, "Republic of Korea–Turkey Free Trade Agreement," 2015, https://aric.adb.org/fta/korea-turkey-free-trade-agreement.
91. SIPRI, "SIPRI Arms Transfers Database."
92. NATO, "Relations with the Republic of Korea."
93. KF-VUB Korea Chair, "Europe–South Korea Relations."
94. See Korea Foundation, "Annual Reports," 2022, https://www.kf.or.kr/kfEng/cm/cntnts/cntntsView.do?mi=2129&cntntsId=1630.
95. KOCIS, "History."
96. King Sejong Institute, "Communicating with the World Through the King Sejong Institute," 2022, https://www.ksif.or.kr/ste/ksf/hkd/lochkd.do?menuNo=31101100.
97. KBS, *KBS 2012 Annual Report* (Seoul: KBS, 2012); KBS, *KBS 2013 Annual Report* (Seoul: KBS, 2013), 8.
98. Korea Energy Statistical Information System, "Annual Imports of Crude Oil by Country"; Korea Energy Statistical Information System, "Annual LNG Imports by Country of Origin."
99. KNOC, "Operations—Yemen"; KOGAS, "LNG Projects."
100. KOGAS, "Exploration Projects," 2017, https://www.kogas.or.kr:9450/eng/contents.do?key=1555.
101. Embassy of the Republic of Korea in Afghanistan, "Ambassador's Greetings"; Embassy of the Republic of Korea in Libya, "공관장 인사" (Ambassador's Greetings), 2022, https://overseas.mofa.go.kr/ly-ko/wpge/m_10851 /contents.do.
102. ADB, "Republic of Korea-Gulf Cooperation Council Free Trade Agreement," 2015, https://aric.adb.org/fta/korea-gulf-cooperation-council-free-trade-agreement.
103. Interview with ROK MOFA official, Seoul, 6 August 2021.
104. Yonhap, "S. Korean Troops Arrive in UAE," *Yonhap News*, 11 January 2011.
105. Ministry of Foreign Affairs of the Republic of Korea, *2009 Diplomatic White Paper*, 68–79.
106. KNOC, "Operations—Kazakhstan."
107. Korea Energy Statistical Information System, "Annual Imports of Crude Oil by Country."
108. KOCIS, "History."
109. ADB, "India–Republic of Korea Comprehensive Economic Partnership Agreement," 2015, https://aric.adb.org/fta/india-korea-comprehensive-economic-partnership-agreement.
110. India–Republic of Korea Joint Statement: Towards a Strategic Partnership, New Delhi, 25 January 2010.
111. Ministry of Foreign Affairs of the Republic of Korea, *2009 Diplomatic White Paper*, 68–79.
112. Ministry of National Defense of the Republic of Korea, "소말리아 해역 청해 부대('09. 3.~현재)" (Cheonghae Unit in the Waters of Somalia (March 2009– Present)), 2022, https://www.mnd.go.kr/user/boardList.action?command=view &page=1&boardId=O_46599&boardSeq=O_50274&titleId=mnd_01070000 0000&id=mnd_010702000000.

113. ADB, "Australia–Republic of Korea Free Trade Agreement," 2015, https://aric.adb.org/fta/australia-korea-free-trade-agreement; ADB, "Republic of Korea-New Zealand Closer Economic Partnership," 2015, https://aric.adb.org/fta/new-zealand-korea-closer-economic-partnership.
114. Korea Energy Statistical Information System, "Annual LNG Imports by Country of Origin."
115. Joint Statement on Enhanced Global and Security Cooperation Between Australia and the Republic of Korea, Canberra, 5 March 2009.
116. KOCIS, "History."
117. Korea Energy Statistical Information System, "Annual Imports of Crude Oil by Country."
118. Ministry of Foreign Affairs of the Republic of Korea, *Northeast Asia Peace and Cooperation Initiative: Moving beyond the Asian Paradox Towards Peace and Cooperation in Northeast Asia*, 2013.
119. Interview with ROK MOFA official, Seoul, 16 August 2021.
120. Kim, "러시아에 빌려준 돈, 탱크로 대신 받았다 . . .'불곰 사업'이란."
121. Interview with ROK MOFA official, Seoul, 16 August 2021.
122. Sarah Kim, "Korea Expands ADIZ."
123. KF-VUB Korea Chair, East-West Center, Asan Institute for Policy Studies and KIEP, *Korea Matters for Europe/Europe Matters for Korea* (Washington, DC: East-West Center, 2020), 14.
124. ADB, "Republic of Korea–Turkey Free Trade Agreement."
125. KOGAS, "Exploration Projects."
126. KOCIS, "History."
127. KBS, *KBS 2018 Annual Report* (Seoul: KBS, 2018), 27; MWave, "KCON," 2022, https://www.mwave.me/en/kcon.
128. MIKTA, "History," 2022, http://mikta.org/about/our-history/.
129. KF-VUB Korea Chair, "Europe–South Korea Relations."
130. NATO, "Relations with the Republic of Korea."
131. Ministry of Foreign Affairs of the Republic of Korea, *Northeast Asia Peace and Cooperation Initiative*.
132. Korea Energy Statistical Information System, "Annual Imports of Crude Oil by Country"; Korea Energy Statistical Information System, "Annual LNG Imports by Country of Origin."
133. ADB, "Republic of Korea-Israel Free Trade Agreement," 2015, https://aric.adb.org/fta/korea-israel-free-trade-agreement.
134. SIPRI, "SIPRI Arms Transfers Database."
135. KOCIS, "History."
136. MWave, "KCON."
137. 2021 Peacekeeping Secretariat, "ROK Contribution to UN Peacekeeping."
138. Ministry of Foreign Affairs of the Republic of Korea, *Diplomatic White Paper 2014* (Seoul: Ministry of Foreign Affairs of the Republic of Korea, 2014), 117–22.
139. KOCIS, "History."
140. Korea Foundation, "Who We Are."
141. Korea Energy Statistical Information System, "Annual Imports of Crude Oil by Country"; Korea Energy Statistical Information System, "Annual LNG Imports by Country of Origin."

142. Ministry of Foreign Affairs of the Republic of Korea, *Northeast Asia Peace and Cooperation Initiative*.
143. Department of Foreign Affairs and Trade of the Government of Australia, "Republic of Korea (South Korea)," 2022, https://www.dfat.gov.au/geo/republic-of-korea.
144. Vision Statement for a Secure, Peaceful and Prosperous Future between the Republic of Korea and Australia, 8 April 2014.
145. ADB, "Australia-Republic of Korea Free Trade Agreement."
146. KOGAS, "LNG Projects," 2017, https://www.kogas.or.kr:9450/eng/contents.do?key=1557.
147. Korea Energy Statistical Information System, "Annual LNG Imports by Country of Origin."
148. MIKTA, "History."
149. Korea Foundation, "Annual Reports."
150. Ministry of National Defense of the Republic of Korea, "소말리아 해역 청해부대 ('09. 3.~현재)" (Cheonghae Unit in the Waters of Somalia (March 2009–Present)).
151. KOICA, "Total Flows by Region," 2022, https://stat.koica.go.kr/ipm/os/acms/smrizeAreaList.do?lang=en; World Bank, World Integrated Trade Solution Database, 2022, https://wits.worldbank.org/Default.aspx?lang=en.
152. Korea Energy Statistical Information System, "Annual Imports of Crude Oil by Country"; World Bank, World Integrated Trade Solution Database.
153. ADB, "[Republic of] Korea–Eurasian Economic Union Free Trade Agreement," 2015, https://aric.adb.org/fta/[republic-of]korea-eurasian-economicunion-free-trade-agreement.
154. ADB, "Republic of Korea-Russia Bilateral Economic Partnership Agreement," 2015, https://aric.adb.org/fta/korea-russia-bilateral-economic-partnership-agreement.
155. Moon Jae-in, "제3차 동방경제포럼(EEF) 전체회의" (The Third Eastern Economic Forum Plenary Meeting), 7 September 2017.
156. The Presidential Committee on Northern Economic Cooperation, "VisionStrategy," 2017, http://www.bukbang.go.kr/bukbang_en/vision_policy/history/.
157. Yonhap, "S. Korea, Russia to Set Up Military Hotlines: Defense Ministry," *Yonhap News*, 11 November 2021.
158. Oh Seok-min, "Russian Aircraft Violates S. Korea's Airspace Above East Sea Twice," *Yonhap News*, 23 July 2019.
159. Yonhap, "Russia Found Behind Cyber Attacks on PyeongChang Olympics," *Yonhap News*, 20 October 2020.
160. United States Mission to the United Nations, "Joint Statement Following a Vote on a UN Security Council Resolution on Russia's Aggression Towards Ukraine," 25 February 2022, https://usun.usmission.gov/joint-statement -following -a-vote-on-a-un-security-council-resolution-on-russias-aggression-toward-ukraine/; Ministry of Foreign Affairs of the Republic of Korea, "MOFA's Spokesperson Statement on Situation Regarding Ukraine," 25 February 2022, https://www.mofa.go.kr/eng/brd/m_5676/view.do?seq =322002&page=1.
161. KF-VUB Korea Chair, *Korea Matters for Europe/Europe Matters for Korea*, 14; interview with ROK MOFA official, Seoul, 16 August 2021.
162. Ministry of Foreign Affairs of the Republic of Korea, *Northeast Asia Peace and Cooperation Platform*.
163. Yonhap, "Moon Pitches Vision of Regional Railway Bloc at Asia–Europe Summit," *Yonhap News*, 19 October 2018.

164. ADB, "[Republic of] Korea–United Kingdom Free Trade Agreement," 2015, https://aric.adb.org/fta/republic-of-korea-united-kingdom-fta.
165. SIPRI, "SIPRI Arms Transfers Database."
166. Up until 2022, NATO referred to the four countries as "Asia–Pacific partners" or AP4.
167. NATO, "Relations with the Republic of Korea."
168. Yonhap, "S. Korea to Take Part in India-led Joint Naval Exercises: Sources," Yonhap News, 22 February 2022.
169. Korea Energy Statistical Information System, "Annual Imports of Crude Oil by Country"; Korea Energy Statistical Information System, "Annual LNG Imports by Country of Origin."
170. ADB, "Republic of Korea–Israel Free Trade Agreement."
171. Lee Ho-Jeong, "Korea Selected to Participate in Egypt's Nuclear Power Project," *Korea JoongAng Daily*, 2 January 2022.
172. SIPRI, "SIPRI Arms Transfers Database."
173. Ministry of National Defense of the Republic of Korea, "소말리아 해역 청해 부대('09. 3. ~ 현재)" (Cheonghae Unit in the Waters of Somalia (March 2009–Present)).
174. Kim Seung-yon, "378 Afghan Co-workers, Family Members on Way to S. Korea on Aerial Tanker," *Yonhap News*, 26 August 2021
175. Kim Eun-jung, "Seoul Diplomat Meets Negotiators of Iran Nuclear Talks in Vienna," *Yonhap News*, 6 January 2022.
176. Kim Deok-hyun, "S. Korea Signs Deal to Sell M-SAM Missiles to UAE," Yonhap News, 17 January 2022.
177. 2021 Peacekeeping Secretariat, "ROK Contribution to UN Peacekeeping."
178. Korea Energy Statistical Information System, "Annual Imports of Crude Oil by Country."
179. World Bank, World Integrated Trade Solution Database.
180. KOICA, "Total Flows by Region."
181. "S. Korea to Take Part in India-led Joint Naval Exercises: Sources."
182. Roby Thomas, "Military Logistics Agreements: Wind in the Sails for Indian Navy," *IDSA Comment*, 26 November 2019.
183. KOGAS, "LNG Projects"; Department of Industry, Science, Energy and Resources of the Government of Australia, "Australia, Republic of Korea to Work Closer on Critical Minerals," 13 December 2021, https://www.minister.industry.gov.au/ministers/pitt/media-releases/australia-republic-korea-work-closer-critical-minerals.
184. Australia–ROK Comprehensive Strategic Partnership, 13 December 2021.
185. U.S. Indo-Pacific Command, "U.S., Allied Forces Conduct Exercise Pacific Vanguard 2021 off Coast of Australia," 9 July 2021, https://www .pacom.mil/Media/News/News-Article-View/Article/2689702/us-allied-forces-conduct-exercise-pacific-vanguard-2021-off-coast-of-australia/; U.S. Indo-Pacific Command, "Six Indo-Pacific Nations Begin Exercise Sea Dragon," 6 January 2022, https://www.pacom.mil/Media/News/News-Article-View/Article/2890954/six-indo-pacific-nations-begin-exercise-sea-dragon/.
186. MWave, "KCON."
187. Interview with ROK MND official, Seoul, 13 August 2021.
188. NATO, "Bilateral Meeting with the Republic of Korea," 30 June 2022.
189. Ramon Pacheco Pardo, *South Korea: A Pivotal State Under Construction* (Brussels: KF-VUB Korea Chair, 2022).
190. Yonhap, "Yoon Offers to Carry Out Aid Projects as Long as N.K Shows Denuclearization

Commitment," *Yonhap News*, 17 August 2022.
191. Yonhap, "S. Korea Launches Council on Economic Cooperation with Middle East," *Yonhap News*, 2 September 2022.
192. Reuters, "S.Korea Wins S2.25 bln Order to Build Nuclear Power Plants in Egypt," *Reuters*, 25 August 2022.
193. Australia Department of Defence, "Deputy Prime Minister Meeting with ROK Minister for National Defense," 4 August 2022.
194. Interview with ROK Presidential Office official, Seoul, 12 August 2022.

第七章　世界其他地區及全球治理

1. Roh Tae-woo, "미국 Washington Post 지 회견" (Interview with the *Washington Post*), 4 June 1991.
2. United Nations, "Member States," 2022, https://www.un.org/en/about-us/member-states.
3. Ministry of Foreign Affairs of the Republic of Korea (MOFA), "The Antarctic Treaty System," 2022, https://www.mofa.go.kr/eng/wpge/m_5433 /contents.do.
4. KOICA, "Total Flows by Region," 2022, https://stat.koica.go.kr/ipm/os/acms/smrizeAreaList.do?lang=en.
5. KOICA, "Total Flows by Region."
6. UN Security Council, "Republic of Korea," 2022, https://www.un.org/securitycouncil/content/republic-korea.
7. 2021 Seoul UN Peacekeeping Ministerial Preparatory Secretariat, "ROK Contribution to UN Peacekeeping," 2021, https://www.unpko2021.kr/EN/PKO/korea.
8. WTO, "Members and Observers," 2022, https://www.wto.org/english/thewto_e/whatis_e/tif_e/org6_e.htm.
9. OECD, "List of OECD Member Countries—Ratification of the Convention of the OECD," 2022, https://www.oecd.org/about/document/ratification -oecd-convention.htm.
10. BIS, "BIS Invites Nine New Members to Join It," 9 September 1996, https://www.bis.org/press/p960909b.htm.
11. BIS, "About BIS—Overview," 2022, https://www.bis.org/about/index.htm.
12. World Bank Group, *World Bank and Republic of Korea: 60 Years of Partnership* (Incheon: World Bank Group Korea Office, 2015), 9.
13. Ministry of Foreign Affairs, "The Antarctic Treaty System."
14. Interview with ROK MOFA official, Seoul, 18 September 2008.
15. KNOC, "Operations—Peru," 31 December 2021, https://www.knoc.co .kr/ENG/sub03/sub03_1_2_2.jsp.
16. KOICA, "Total Flows by Region."
17. APEC, "History," March 2022, https://www.apec.org/about-us/about-apec/history.
18. KOICA, "Total Flows by Region."
19. UNFCC, *Parties—Republic of Korea*, 7 August 2018, https://unfccc.int/node/61147.
20. International Criminal Court, "Republic of Korea," 11 March 2003, https://asp.icc-cpi.int/states-parties/asian-states/republic-of-korea.
21. 2021 Peacekeeping Secretariat, "ROK Contribution to UN Peacekeeping."
22. G20, "About the G20," 2022, https://g20.org/about-the-g20/.

23. ADB, "Republic of Korea-Chile Free Trade Agreement"; APEC, "History."
24. KOICA, "Total Flows by Region."
25. Interview with ROK Presidential Committee official, phone, 12 September 2020.
26. UN Human Rights Council, "Membership of the Human Rights Council 19 June 2006–18 June 2007 by Regional Groups," 2022, https://www.ohchr.org/en/hr-bodies/hrc/group20062007.
27. 2021 Seoul UN Peacekeeping Ministerial Preparatory Secretariat, "ROK Contribution to UN Peacekeeping," 2021, https://www.unpko2021.kr/EN/PKO/korea.
28. Institute for International Trade, "한국 FTA 추진 10년의 발자취" (Ten Years of Korea FTA Promotion), *Trade Focus* 13, no. 18 (2014): 1–7.
29. ADB, "Republic of Korea–Canada Free Trade Agreement," 2015, https://aric.adb.org/fta/korea-canada-free-trade-agreement.
30. ADB, "Republic of Korea–Mexico Strategic Economic Complementation Agreement," 2015, https://aric.adb.org/fta/korea-mexico-strategic-economic-complementation-agreement.
31. IDB, "The IDB and Korea," 14 February 2005, https://www.iadb.org/en/news/background-papers/2005-02-14/the-idb-and-korea%2C2791.html.
32. KOCIS, "History," 2022, https://www.kocis.go.kr/eng/openHistory.do.
33. Ministry of Foreign Affairs of the Republic of Korea, *2006 Diplomatic White Paper* (Seoul: Ministry of Foreign Affairs of the Republic of Korea, 2006), 138–39.
34. Ministry of Foreign Affairs of the Republic of Korea, "2007 Inter-sessional Meeting of the Korea-Africa Forum to Be Held," 14 November 2007, https://www.mofa.go.kr/eng/brd/m_5676/view.do.
35. African Development Bank Group, "Korea," 2022, https://www.afdb.org/en/countries/non-regional-member-countries/coree.
36. BBC, "Nigeria Scraps S Korea Oil Deal," *BBC*, 29 January 2009.
37. KOGAS, "Exploration Projects," 2017, https://www.kogas.or.kr:9450/eng/contents.do?key=1555.
38. KOICA, "Total Flows by Region."
39. 2021 Peacekeeping Secretariat, "ROK Contribution to UN Peacekeeping."
40. UN Security Council, "Republic of Korea."
41. UN Human Rights Council, "Membership of the Human Rights Council 19 June 2009–18 June 2010 by Regional Groups," 2022, https://www.ohchr.org/en/HRBodies/HRC/Pages/Group20092010.aspx.
42. GCF, "About GCF," 2022, https://www.greenclimate.fund/about; UNOSD, "About UNOSD," 2022, https://unosd.un.org/content/about.
43. GGGI, "About GGGI," 2022, https://gggi.org/about/.
44. G8 Summit 2009, "Other Countries," 2022, https://web.archive.org/web/20090710005133/http://www.g8italia2009.it/G8/Home/Summit/Partecipanti/G8-G8_Layout_locale-1199882116809_AltriPaesi.htm.
45. FSB, "About the FSB," 16 November 2020, https://www.fsb.org/about/.
46. Bank of Korea, "Basel Committee on Banking Supervision (BCBS)," 2022, https://www.bok.or.kr/eng/main/contents.do?menuNo=400103.
47. OECD, "Fourth High Level Forum on Aid Effectiveness," 2022, https://www.oecd.org/dac/effectiveness/fourthhighlevelforumonaideffectiveness.htm.
48. World Bank Group, *World Bank and Republic of Korea*, 11.
49. KNOC, "Operations—Canada," 31 December 2021, https://www.knoc.co.kr/ENG/sub03/

sub03_1_2_1.jsp.
50. KOGAS, "Production Projects," 2017, https://www.kogas.or.kr:9450/eng/contents.do?key=1556.
51. ADB, "Republic of Korea-Peru Free Trade Agreement," 2015, https://aric.adb.org/fta/korea-peru-fta.
52. ADB, "Republic of Korea-Colombia Free Trade Agreement," 2015, https://aric.adb.org/fta/korea-colombia-free-trade-agreement.
53. KOICA, "Total Flows by Region."
54. IDB, "Trust Funds," 2022, https://www.iadb.org/en/about-us/trust-funds.
55. KOCIS, "History."
56. KBS, "Music Bank World Tour Begins 2018 Run in Chile," *KBS News*, 12 January 2018.
57. King Sejong Institute, "Communicating with the World Through the King Sejong Institute," 2022, https://www.ksif.or.kr/ste/ksf/hkd/lochkd.do?menu No=31101100.
58. 2021 Peacekeeping Secretariat, "ROK Contribution to UN Peacekeeping."
59. Ministry of Foreign Affairs of the Republic of Korea, "Korea–Caribbean Forum—Overview," 2022, https://www.mofa.go.kr/eng/wpge/m_20061/contents.do.
60. ADB, "Republic of Korea–New Zealand Closer Economic Partnership."
61. Ministry of Foreign Affairs of the Republic of Korea, "Sub-Saharan Africa— Information on Countries and Other Areas," 2022, https://www.mofa.go.kr/eng/wpge/m_4910/contents.do.
62. African Development Bank Group, "Korea."
63. KOICA, "Total Flows by Region."
64. Korea Energy Statistical Information System, "Annual Imports of Crude Oil by Country," 2022, http://www.kesis.net/sub/subChartEng.jsp.
65. KOCIS, "History."
66. 2021 Peacekeeping Secretariat, "ROK Contribution to UN Peacekeeping.
67. UN Human Rights Council, "Membership of the Human Rights Council 1 January 2013–31 December 2013 by Regional Groups," 2022, https://www.ohchr.org/en/hr-bodies/hrc/group2013; UN Human Rights Council, "Membership of the Human Rights Council 1 January 2016–31 December 2016 by Regional Groups," 2022, https://www.ohchr.org/en/hr-bodies/hrc/group2016.
68. UNFCC, *Parties—Republic of Korea*.
69. Institute for International Trade, "한국 FTA 추진 10년의 발자취," 1–7.
70. ADB, "Republic of Korea-Central America Free Trade Agreement," 2015, https://aric.adb.org/fta/korea-central-america-fta.
71. IDB, "Trust Funds."
72. Ministry of Foreign Affairs of the Republic of Korea "ROK Wins an Observer Status at the Pacific Alliance, a Dynamic and Open Economic Cooperation Bloc in Latin America," 17 July 2013, https://www.mofa.go.kr/eng/brd/m_5676/view.do.
73. ADB, "Republic of Korea-New Zealand Closer Economic Partnership."
74. KOCIS, "History."
75. KBS, *KBS 2014 Annual Report* (Seoul: KBS, 2014).
76. MWave, "KCON," 2022, https://www.mwave.me/en/kcon.
77. MIKTA, "History," 2022, http://mikta.org/about/our-history/.
78. Ministry of Foreign Affairs of the Republic of Korea, "Sub-Saharan Africa—Information on Countries and Other Areas."

79. Korea Energy Statistical Information System, "Annual Imports of Crude Oil by Country."
80. King Sejong Institute, "Communicating with the World Through the King Sejong Institute."
81. 2021 Peacekeeping Secretariat, "ROK Contribution to UN Peacekeeping."
82. 2021 Seoul UN Peacekeeping Ministerial Preparatory Secretariat, "2021 Seoul UN Peacekeeping Ministerial," 2021, https://www.unpko2021.kr/EN.
83. UN Human Rights Council, "Membership of the Human Rights Council 1 January 2016–31 December 2016 by Regional Groups"; UN Human Rights Council, "Membership of the Human Rights Council 1 January 2020–31 December 2020 by Regional Groups," 2022, https://www.ohchr.org/en/hr-bodies/hrc/group2020.
84. Kim Jee-hee, "Korea Promoted to Developed Nation by Unctad," *Korea JoongAng Daily*, 4 July 2021.
85. P4G, "Republic of Korea," 2022, https://p4gpartnerships.org/global-ecosystems /country-partners/republic-korea.
86. European Commission, "EU and 15 World Trade Organization Members Establish Contingency Appeal Arrangement for Trade Disputes," 27 March 2020, https://ec.europa.eu/commission/presscorner/detail/en/IP_20_538.
87. U.S. Indo-Pacific Command, "U.S., Allied Forces Conduct Exercise Pacific Vanguard 2021 off Coast of Australia," 9 July 2021, https://www.pacom.mil /Media/News/News-Article-View/Article/2689702/us-allied-forces-conduct-exercise-pacific-vanguard-2021-off-coast-of-australia/; U.S. IndoPacific Command, "Six Indo-Pacific Nations Begin Exercise Sea Dragon," 6 January 2022, https://www.pacom.mil/Media/News/News-Article-View/Article/2890954/six-indo-pacific-nations-begin-exercise-sea-dragon/.
88. ADB, "Republic of Korea–Pacific Alliance Free Trade Agreement," 2015, https://aric.adb.org/fta/republic-of-korea-pacific-alliance-free-trade -agreement.
89. Yonhap, "S. Korea Decides to Join CPTPP Trade Agreement," *Yonhap News*, 15 April 2022.
90. ADB, "Republic of Korea–Central America Free Trade Agreement"; ADB, "Republic of Korea–MERCOSUS Free Trade Agreement," 2015, https://aric.adb.org/fta/korea-mercosur-preferential-trading-agreement.
91. IDB, "Trust Funds."
92. KOICA, "Total Flows by Region."
93. KBS, *KBS 2018 Annual Report* (Seoul: KBS, 2018), 27.
94. Ministry of Foreign Affairs of the Republic of Korea, "Outcome of the 5th Korea–Africa Forum," 10 March 2022, https://www.mofa.go.kr/eng/brd/m_5676/view.do?seq=322014.
95. African Development Bank Group, "Korea."
96. African Development Bank Group, "African Development Bank and Korea Launch the Korea–Africa Energy Investment Facility," 23 May 2018, https://www.afdb.org/fr/press-releases/african-development-bank-and -korea-launch-korea-africa-energy-investment-facility.
97. KNOC, "Operations—Senegal," 31 December 2021, https://www.knoc.co.kr/ENG/sub03/sub03_1_3_2.jsp.
98. Korea Energy Statistical Information System, "Annual Imports of Crude Oil by Country."
99. KOICA, "Total Flows by Region."
100. KOCIS, "History."
101. ADB, "Republic of Korea–Pacific Alliance Trade Agreement," 2022, https://aric.adb.org/fta/republic-of-korea-pacific-alliance-free-trade -agreement.

102. Government of Mexico, "The Foreign Ministers of Mexico and South Korea Agree to Promote a Bilateral FTA," 4 July 2022.
103. Interview with ROK Presidential Office official, Seoul, 12 August 2022.
104. Joe Saballa, "Canada Asks South Korea to Supply More Artillery Rounds," The Defense Post, 2 June 2022.

結論

1. WTO, *World Trade Statistical Review 2021* (Geneva: World Trade Organization, 2021), 58.
2. United Nations Conference on Trade and Development (UNCTAD), *World Investment Review 2021: Investing in Sustainable Recovery* (New York: United Nations, 2021), 7.
3. World Bank, "Trade (% of GDP)," 2022, https://data.worldbank.org/indicator/NE.TRD.GNFS.ZS?most_recent_value_desc=true.
4. Park Jin, "Dinner Speech at the 17th Jeju Forum," 15 September 2022.

Horizon 視野 007

南韓大戰略：
中等強國，自己的命運自己創造
SOUTH KOREA'S GRAND STRATEGY: MAKING ITS OWN DESTINY

作者　拉蒙．帕切科．帕爾多（Ramon Pacheco Pardo）
翻譯　林添貴

總編輯　林奇伯
文字編輯　張雅惠
文稿校對　李宗洋
封面設計　韓衣非
美術設計　走路花工作室

出版　明白文化事業有限公司
地址：231 新北市新店區民權路 108-3 號 6 樓
電話：02-2218-1417　傳真：02- 8667-2166
發行　遠足文化事業股份有限公司（讀書共和國出版集團）
地址：231 新北市新店區民權路 108-2 號 9 樓
郵撥帳號：19504465 遠足文化事業股份有限公司
電話：02-2218-1417
讀書共和國客服信箱：service@bookrep.com.tw
讀書共和國網路書店：https://www.bookrep.com.tw
團體訂購請洽業務部：02-2218-1417 分機 1124
法律顧問　華洋法律事務所 蘇文生律師
印製　博創印藝文化事業有限公司

出版日期　2024 年 7 月初版
定價　650 元
ISBN　978-626-98658-1-9（平裝）
9786269865802（EPUB）
書號　3JHR0007

國家圖書館出版品預行編目（CIP）資料

南韓大戰略 : 中等強國，自己的命運自己創造 / 拉蒙 . 帕切科 . 帕爾多 (Ramon Pacheco Pardo) 著 ; 林添貴譯 . -- 初版 . -- 新北市 : 明白文化事業有限公司出版 : 遠足文化事業股份有限公司發行 , 2024.07
面 ;　公分 . -- (Horizon 視野 ; 7)
譯自 : South Korea's grand strategy : making its own destiny
ISBN 978-626-98658-1-9(平裝)

1.CST: 地緣政治 2.CST: 國際關係 3.CST: 韓國

571.15　113006943

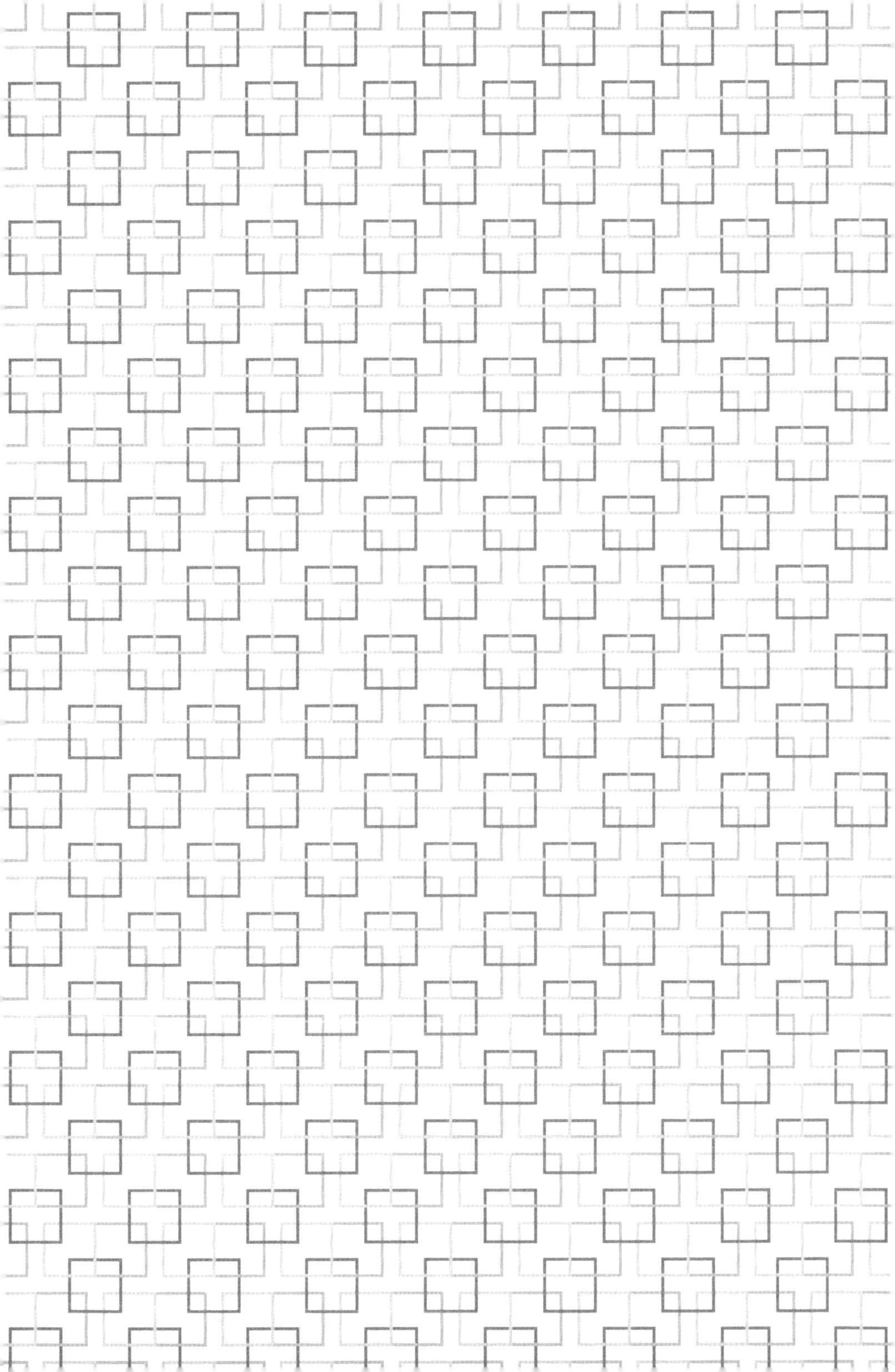